科技成果转化
生态环境和制度优化

郭菊娥　张　旭　裴云龙　邢光远　著

国家社会科学基金重大项目：基于市场导向的重大科技项目
成果转化的生态环境和制度优化（17ZDA083）

科学出版社
北京

内 容 简 介

本书以实现高水平科技自立自强为目标，首先对科技成果转化的关系进行解构，阐述了科技成果转化主体的功能定位与生态关系；其次分析核心企业主导科技成果转化的实现机制，包括决策逻辑、投资机制、契约机制与共享机制；最后系统论述了政府支持科技成果转化的激励机制与政策保障。本书揭示了科技成果转化创新要素的实体关系、价值活动、演化机理以及实现机制契约条件因素的影响效应等，为我国核心企业主导科技成果有效转化提供决策依据。

本书适合科技管理研究者、管理者和实践者等阅读与参考。

图书在版编目（CIP）数据

科技成果转化生态环境和制度优化 / 郭菊娥等著. —北京：科学出版社，2024.12
ISBN 978-7-03-077534-4

Ⅰ. ①科⋯ Ⅱ. ①郭⋯ Ⅲ. ①科技成果-成果转化-研究-中国 Ⅳ. ①F124.3

中国国家版本馆 CIP 数据核字（2024）第 013723 号

责任编辑：王丹妮 / 责任校对：王晓茜
责任印制：张 伟 / 封面设计：有道设计

科 学 出 版 社 出版
北京东黄城根北街 16 号
邮政编码：100717
http://www.sciencep.com

北京天宇星印刷厂印刷
科学出版社发行 各地新华书店经销

*

2024 年 12 月第 一 版　开本：720×1000　1/16
2024 年 12 月第一次印刷　印张：14 1/2
字数：293 000

定价：162.00 元
（如有印装质量问题，我社负责调换）

序　言

习近平总书记在中国科学院第二十次院士大会、中国工程院第十五次院士大会和中国科学技术协会第十次全国代表大会上发表重要讲话，强调"要增强企业创新动力，正向激励企业创新，反向倒逼企业创新。要发挥企业出题者作用，推进重点项目协同和研发活动一体化，加快构建龙头企业牵头、高校院所支撑、各创新主体相互协同的创新联合体，发展高效强大的共性技术供给体系，提高科技成果转移转化成效"[①]。《中华人民共和国国民经济和社会发展第十四个五年规划和 2035 年远景目标纲要》明确提出要"提升企业技术创新能力。完善技术创新市场导向机制，强化企业创新主体地位，促进各类创新要素向企业集聚，形成以企业为主体、市场为导向、产学研用深度融合的技术创新体系"。核心企业主导科技成果转化是深入学习贯彻习近平总书记重要讲话精神，践行《中华人民共和国国民经济和社会发展第十四个五年规划和 2035 年远景目标纲要》，提升企业创新能力的重要战略举措。

世界百年未有之大变局加速演进，科技创新成为国际战略博弈的主要战场。特别是美国商务部工业与安全局不断滥用国家力量肆意打压中国企业，制定出口管制的"实体清单"，包括华为、海康威视、大疆创新等一大批我国优秀的科技企业。我国不仅在"海斗一号"万米海试，北斗卫星导航系统全面开通，中国空间站天和核心舱成功发射，"神威·太湖之光"超级计算机首次实现千万核心并行第一性原理计算模拟，"墨子号"实现量子密钥分发等战略高技术领域取得新跨越，而且在 C919 大飞机试飞成功，时速 600 公里高速磁浮试验样车成功试跑，最大直径盾构机的顺利始发等高端产业取得新突破。这表明在党中央的坚强领导下，在全国科技界和社会各界共同努力下，我国科技实力正在从量的积累迈向质的飞跃、从点的突破迈向系统能力提升，完全有基础、有底气、有信心、有能力抓住新一轮科技革命和产业变革的机遇，不仅实现科技自立，而且能够在一些领域引领世界科技发展，为核心企业主导实现科技成果转化提供良好的生态环境。

该书以市场导向合作共赢为目标，以创新生态系统的资源互补、协同创新、价值共创特征为前提条件，以核心企业嵌入创新链与供应链、搭建创新联合体、形成创新生态系统等实现科技成果转化为基石，以因果和效果双元决策逻辑与契

[①] 《习近平：在中国科学院第二十次院士大会、中国工程院第十五次院士大会、中国科协第十次全国代表大会上的讲话》，http://www.cppcc.gov.cn/zxww/2021/05/31/ARTI1622422439957114.shtml?eqid=8ca597170007213c0000000000464411bea，2021 年 5 月 31 日。

约机制设计为突破口，以科技成果转化实际调研资料定量分析和质性研究的关系解构为实际场景，围绕核心企业主导科技成果转化的实现机制，对科技成果转化的关系解构、核心企业主导科技成果转化的实现机制以及政府支撑科技成果转化的激励机制展开系统论述，揭示科技成果转化创新要素的实体关系、价值活动、演化机理以及实现机制契约条件因素的影响效应等，为我国核心企业主导科技成果有效转化提供决策依据。

该书针对科技成果转化的关系解构及其核心企业主导转化的实现机制问题进行系统规律和理论建模实现机制研究，具有扎实的理论基础和深度调研的实践依据，该书得到核心企业主导科技成果转化是不同参与主体为各自目标诉求合作组成有契约关系的创新联合体，形成多元主体间关系契约治理的实现机制等结论，是当前研究核心企业与科技成果转化参与主体协同融合，提升企业创新能力不可多得的优秀论著。希望作者持续深化完善创新成果，不断拓展新问题并取得更好的创新成果，持续向企业、研究者等读者奉上更重要的学术论著。

西安交通大学
中国工程院院士
2023 年 5 月

前　言

2021年11月11日，中国共产党第十九届中央委员会第六次全体会议通过的《中共中央关于党的百年奋斗重大成就和历史经验的决议》指出"党坚持实施创新驱动发展战略，把科技自立自强作为国家发展的战略支撑，健全新型举国体制，强化国家战略科技力量，加强基础研究，推进关键核心技术攻关和自主创新"等。国际环境错综复杂且不稳定和不确定性明显增加，百年未有之大变局加速演进，全球产业链供应链面临重塑，这导致围绕科技自立自强的竞争空前激烈，科技成果转化创新已成为国际战略博弈的主战场。为激发核心企业创新主体地位和要素集聚功能，增强主导科技成果转化持续合作攻关的主动性和创造性，本书重点关注核心企业深入学习贯彻习近平总书记重要讲话精神，分析核心企业在投资吸引社会资本和政府各类资金等、承载科技成果转化持续合作共同研发，最终实现产业化创新的过程机制，理清参与主体的价值活动事项与多层级实现关系、双元决策机理逻辑及其目标诉求、契约设计等协同创新的演化机理和关系解构，并在此基础上提出核心企业主导科技成果转化的政策建议。

1. 核心企业概念辨析与选择依据

通过对已有文献进行回顾，辨析核心企业、主导企业和领军企业的特点与区别，在此基础上给出本书选择核心企业的依据。①核心企业：核心企业是创新生态系统的驱动者，由于其掌握了数字创新的关键技术和核心资源，从而在整个创新生态系统中居重要地位。产业链中企业关系的协调，主要依靠内生自组织机制，核心企业是在产业链上起支配地位和作用的"链主"，位于产业链的技术中枢和市场中枢。关键核心技术突破是核心企业针对不同环节特定技术特征，同创新生态系统成员构建适配耦合研发网络和商业化网络的结果。②主导企业：供应链的物流策略是由主导企业决定的，制造商在正向供应链中为主导企业，逆向供应链中为从属企业，同一条供应链主导企业可能发生变化；产业链主导企业主要通过契约方式组建产业链的合作联盟，通过优化联盟内协作机制提升产业链绩效，或者通过核心能力培育，增强对产业链上下游其他产业的影响力，构建动态产业链的合作关系。主导企业是平台生态系统的建立者或主导者，掌握着技术系统中决定未来发展的核心要素，能够驱动行业层面的创新，制定平台运作和利益分配规则。③领军企业：领军企业是在技术上有先导性和带领性、有持续竞争优势、业绩长期稳定并处于前列的企业，其核心属性是"领先"或"先锋"。领军企业是行业的核心力量，在技术创新、产业升级和经济发展上发挥着重要的引领和示范作用。

领军企业是引领产业技术进步与实现关键核心技术突破的主体，其技术是产业同期的先导技术。

本书认为核心企业、主导企业和领军企业都在某一属性范围内具有优势和主导性。核心企业概念主要应用于创新生态系统、供应链、产业集群研究等；主导企业概念主要应用于产业链研究，强调主导企业在具备技术优势和高质量产品生产的实力基础上，带动产业链上下游互补企业市场地位的供应链主导模式，聚焦供应链主导企业同从属企业联动的关系；领军企业概念强调企业的"领先"或"先锋"属性，具有实现产业核心技术突破的创新能力。本书揭示核心企业、主导企业嵌入供应链、平台、创新生态系统、产业集群等系统的过程，体现核心企业与"非核心企业""互补企业"等合作者间的关系；对领军企业更聚焦于以某一企业行为作为研究对象，考察如何构建突破关键核心技术等。本书提到的核心企业不仅具备技术优势和高质量产品生产的优秀实力，而且有能力选择主导科技成果转化进行产品化生产的决策主体，更能吸引科技成果转化不同主体参与到核心企业转化持续合作攻关的价值活动实践中，聚焦核心企业承载科技成果转化价值链的生态环境和实现机制。

2. 核心企业主导科技成果转化的生态关系与分享机制

习近平总书记在党的十九届五中全会指出："系统观念是具有基础性的思想和工作方法。"[①]科技成果转化链条的生态环境涉及政府、高校/研究所、企业、中介机构和金融机构等多元生态主体，其通过要素转移与行为协同形成网络合作机制，最终实现科技项目成果的有效转化。本书以系统思维为研究方法，以核心企业主导科技成果转化参与伙伴的共同利益为基础，以提升核心企业的创新能力为目标，明确科技成果转化全过程不同环节参与主体的关系解构和契约合作规则，给出利益分享关系的条件保障。

1) 核心企业主导科技成果转化的生态主体关系

核心企业主导科技成果转化以提升创新能力和价值创造为导向，通过合伙或协议契约等方式建立多模态创新联合体，实现资源互补融合、知识协同共享、价值共创共享，形成促进科技成果转化协同创新生态系统。其中，成员异质性、共生演化、个体目标与整体目标协同是创新生态系统的核心特征，创新生态系统领导者在其中发挥着发现核心价值主张等作用，企业创新生态系统为企业提供资源、合作伙伴和重要市场信息网络等。本书基于系统观念从核心企业主导科技成果实现最终产品落地的视角，根据多元制度逻辑理论辨析企业通过购买高校或者研究所及其内部的科技人员的科技成果，或者获得授权使用科技成果，或者共同持续

[①] 引自2020年11月4日《人民日报》第2版的文章：《关于〈中共中央关于制定国民经济和社会发展第十四个五年规划和二〇三五年远景目标的建议〉的说明》。

研发科技成果等进行工程化生产并转化为最终产品，满足市场需求并实现其经济效益的生态主体关系解构。

2）核心企业主导科技成果转化的利益共享机制

科技成果转化利益分享是制约科技成果转化效率与动力的关键因素。部分研究从产学研利益主体的利益倾向差异性，分析各行为主体在资金风险承担、机会主义及利益分配方面的行为差异性，并指出政府角色在科技成果转化的利益分配中的重要性。还有研究从创新体系的主体要素视角，研究科技成果转化所表现的利益博弈关系的实质性，指出利益关系的均衡性是科技成果转化必须始终坚持的原则。更有研究基于不同主体视角，分析科技成果转化中利益突出问题，指出高校与科研人员之间的利益分配不均衡，企业科技成果转化盈利困难，是各利益主体间利益失衡的主要原因。现有研究主要探讨了利益分配机制，以及利益分配的内容、原则、策略和影响因素。本书从核心企业主导科技成果转化的生态关系入手，全面分析不同主体参与科技成果转化链条的职能与利益诉求，从生态系统的理论视角形成对科技成果转化利益分配关系的实现机制的研究。

3. 研究问题描述和章节安排

1）研究资料收集和问题描述

本书研究团队从2019年1月至2019年12月进行实际调研，收集整理了2015年《中华人民共和国促进科技成果转化法》修订以来全国各省区市出台的促进科技成果转化的法规政策文件，收集并整理国内外具有重大影响、被广泛新闻报道的科技成果转化案例63项。

访谈的政府、事业机构及国有企业包括陕西省科技资源统筹中心、陕西省创业投资协会、陕西省军民融合发展协同创新研究中心、国家技术转移东部中心、上海国际技术交易市场、上海技术交易所、国家技术转移南方中心、国家技术转移中部中心、湖北技术交易所、武汉光谷联合产权交易所、武汉知识产权交易所、武汉市科学技术局（现更名为武汉市科技创新局）、武汉市科技成果转化局、武汉市科技成果转化促进中心等。访谈的高校及科研院所包括中国科学院西安光学精密机械研究所、西安交通大学、西北农林科技大学、浙江大学、西交利物浦大学、山东理工大学、清华大学、北京航空航天大学、华南理工大学、湖南大学、中南大学、武汉大学、深圳光启高等理工研究院等。访谈的企业包括西安中科创星科技孵化器有限公司、西安统筹科技发展有限公司、西安科技大市场、苏州西博三维科技有限公司、苏州秉创科技有限公司、启迪之星（北京）科技企业孵化器有限公司、探维科技（北京）有限公司、深圳市石金科技股份有限公司、深圳市叠加科技有限公司、深圳市速加科技有限公司、深圳中科院知识产权投资有限公司、深圳市对接平台科技发展有限公司、深圳市深创谷技术服务有限公司等。形成约10万字的访谈调研资料，基于访谈调研资料，利用政策量化分析工具以及质性研究方法等展开科技成果转化的关系解构。

本书以市场导向合作共赢为目标，以创新生态系统的资源互补、协同创新、价值共创特征为前提条件，以因果和效果双元决策逻辑和契约机制设计为突破口，展开科技成果转化的关系解构和核心企业主导科技成果转化的实现机制以及政府支撑科技成果转化激励机制的系统论述，揭示科技成果转化创新要素的实体关系、价值活动、演化机理以及实现机制契约条件因素的影响效应等，为我国核心企业主导科技成果有效转化提供决策依据。

2）本书篇章节安排与研究方法和主要观点

第一篇科技成果转化的关系解构，包括第1章到第4章。

第1章国内外科技成果转化研究演进特征与热点问题。该章基于 Web of Science（科学网络，WoS）和中文社会科学引文索引（Chinese Social Sciences Citation Index，CSSCI）数据库2000~2019年的726篇中文和1404篇英文科技成果转化研究文献，运用可视化工具 VOSviewer 和 CiteSpace 绘制文献数量时间分布、国家合作网络、作者合作网络、关键词共现网络和共被引聚类等知识图谱。发现国内的研究内容热点主要包括知识管理、高校科技成果转化权利配置、科技成果转化的评价体系、科技成果产业化、科研院所促进科技成果转化机理、高校科技成果转化体系；国外的研究内容热点主要包括学术创业、学术专利许可、校企合作、创新创业、大学衍生公司等。

第2章我国科技成果转化全链条参与主体职能演进特征。该章以各机构的科技成果转化政策为研究对象，依据政策工具理论及政策量化分析方法，基于制度要素-政策工具维度与价值活动过程类型维度构建分析框架，对政策进行收集、整理、编码和量化分析，发现国家科技成果转化定价的制度安排整体呈现以规制要素为主的格局，说明国家更倾向于通过规定、许可以及禁止的方式对各机构的职责进行约定，保证成果交易市场稳健运行。当代科技成果转化生态环境形成了"强政府"和"强市场"的双元情境，能够有效调动科研人员和企业进行成果研发转化合作活动的灵活性，推动科研人员在进行科技成果转化时灵活转换或协同因果决策逻辑和效果决策逻辑。

第3章我国科技成果转化生态主体活动的实体关系特色。该章首先以32项科技成果转化案例描述为基础，根据各实体发挥的作用对其进行分类并对关系进行规范化标注，构建各案例的知识图谱，结构化表达实体、类别及其关系等；特别实体概念的形成是在各案例构建关系图谱的过程中不断修正完善的，当达到饱和状态时形成实体间多层级关系。其次，以生态系统理论的视角，基于市场化科技成果转化主体间共生关系的动力，得出科技成果转化跨学科、多种技术联合研发无形中增加了成果转化的风险和不确定性，促使高校和企业进行合作以共享技术、共担风险的结论。最后，提出科技成果转化将借助企业产业链资源和营销渠道经费投入等实现产业化的竞合机制。

第 4 章多元主体协同实现科技成果转化价值活动网络特征。该章基于多元制度逻辑理论，发现高校和科研院所遵循学术逻辑，追求科学合法性，重点关注成果的科学价值；产业遵循市场逻辑，追求市场合法性，重点关注成果的商业价值；政府遵循行政逻辑，追求政治合法性，重点关注成果的社会价值。不同主体围绕科技项目成果转化展开行动是合法性碰撞的过程。科技成果顺利转化通常需要建立在同时满足学术、市场和行政的合法性追求的基础上，如果合法性产生冲突时，主体间通过缩减自身合法性边界满足其他主体的合法性需求，或者延伸自身合法性边界与其他主体产生合法性交集，主导主体作为桥梁满足多元主体协同的合法性追求达到平衡的价值网络特征。

第二篇核心企业主导科技成果转化的实现机制，包括第 5 章到第 10 章。

第 5 章核心企业布局创新链实现科技成果转化的模式机制。该章以创新生态系统理论为基础，以提升企业技术创新能力和满足市场需求为目标诉求。首先，论述核心创新企业布局创新链集聚创新要素由"投资现有技术重塑竞争力"、"技术二次研发合作"以及"投资应用基础研究"三条途径实现；其次，阐述核心创新企业为协同外部不同技术拥有主体合作攻关创新，搭建"企业技术合作创新联合体"、"二次研发创新联合体"和"基础研究创新联合体"为承载体，实现价值共创和利益共享的合作机制；最后，提出核心企业创建以分布式、集群式、平台式架构系统集成的组织管理模式，重塑核心企业的创新生态环境和竞争力。

第 6 章核心企业主导科技成果转化的决策逻辑与契约特性。该章主要阐述了核心企业主导科技成果转化过程同时受因果逻辑和效果逻辑作用并呈现以下特征：一是科技成果转化的成功离不开核心企业自身坚实技术能力，其对意外事件呈现出主动、包容、开放的态度，帮助关键时刻找准问题点并有效解决；二是因果逻辑的预期回报维度在科技成果转化过程中相比其他维度体现得较少，在主导科技成果转化过程中主要强调如何更好地选择产品以满足市场需求，而对利润以及预期回报关注较少；三是效果逻辑可承受损失维度在科技成果转化过程中得到弱化。此外，从新制度经济学角度出发，发现不同主体向核心企业主导的科技成果转化投入要素并提出不同利益诉求的过程中，关键在于多元主体间基于关系契约治理的稳定性合作创新。

第 7 章核心企业主导技术成果转化实现的实物期权投资机制。该章基于已有研究，构建或有支付机制下核心企业并购技术转化成果的实物期权模型，研究目标公司技术特征（目标技术所处的生命周期特性）和双方的交易特征（核心企业的吸收能力和目标公司配合的程度特征）对并购决策的影响机理和效应，发现核心企业的吸收能力和目标公司在并购交易中的配合程度通过影响并购协同效应而最终影响并购技术转化成果的最优阈值；固定或有支付机制下核心企业并购技转化成果的最优阈值始终高于变动或有支付机制等。

第8章核心企业主导技术成果持续研发合作博弈的投资机制。该章构建了基于合作博弈的核心企业与科研团队共同持有技术成果持续研发实物期权的投资决策模型，通过推导纳什讨价还价的两阶段决策模型，给出双方"先就合同进行讨价还价，再由核心企业做出投资决策"的最优投资时机和最优合作契约关系条件，发现核心企业能够从产业角度提供专业见解，分享真实市场环境下的约束条件，为技术成果转化提供实现和验证的环境，在帮助外部科研团队完成技术成果转化的同时满足企业自身的技术发展需求。

第9章核心企业投资激励技术入股转化合作博弈的契约机制。该章构建了核心企业承接和成果发明团队间利益的非零和合作博弈关系模型，给出在一定条件下的纯策略纳什均衡解，通过数值模拟测算影响双方决策机制的各类影响因素以及激励合作成功的条件，挖掘各因素在成果发明团队与承接核心企业投资间合作且竞争中发挥作用的效能。研究发现合作博弈模型与承接核心企业投资单决策最优化模型能更好地体现双方合作且竞争的特性，为科技成果转化路径优化和模式创新提出契约机制。

第10章核心企业主导科技成果一体化融合实现的共享机制。该章根据区块链技术支撑核心企业与创新主体围绕科技成果转化新型合作模式建立委托代理模型，以逻辑推理获得最优努力水平和收益分配比例为依据，利用数值模拟获得区块链技术应用的影响效果如下。①区块链技术的应用使所有创新主体以主导创新和促进成果转化创新活动的方式，参与技术需求实现的全过程创新，付出的总体努力大于传统模式下创新主体的努力水平。②区块链技术的应用有利于源头创新，使创新主体投入的努力水平大于传统模式，获得的最优收益也大于传统模式等。

第三篇政府支撑科技成果转化的激励机制，包括第11章到第12章。

第11章政府引导基金支撑科技成果转化的激励机制。该章构建了基金募集链和投资链相互衔接的讨价还价博弈模型，通过逻辑推理获得最优解析解并进行参数模拟测算得到如下几点结论。①在基金募集链上政府和民间资本的最优契约中，双方收益差异体现在议价能力倍数上，募集群的主体更关注可获得收益，政府为实现引导目的，通过议价确定较多应获得收益给予民间资本较多的转移期望收益。②在基金投资链上成果承载企业和科技成果转化基金的最优契约中，双方收益差异体现在单位议价能力上，成果承载企业和科技成果转化基金比较的是每单位议价能力上投入的成本和资金的差异。③在链群视角下的最优契约中，参与引导基金募集与投资的民间资本、政府、成果承载企业和风险投资机构基于其出资比例、让利和补偿比例以及权益分配比例共享转化成果收益，其最终收益从大到小的排序分别为民间资本、成果承载企业、政府和风险投资机构。

第12章政府引导实现关键技术成功转化的政策激励保障。该章已完成的政策建议如下。一是坚持我国科技成果转化的发展特点，关注影响科技成果转化各主体创新的核心要素，营造以政府引导为前提，以市场导向为动力的生态环境建设；二是政府建立科技成果转化培育与转化数据库，充分发挥"政产学研金服用"共同体的协同作用和转化资金支持；三是建设多元化与专业化并举的科技服务体系，采取多种方式培养和激励科技成果转化的人才队伍建设；四是破解高校科技成果转化难点和堵点，推动核心企业主导的多模态创新联合体创新驱动平台建设等。

郭菊娥

2023 年 12 月

目 录

第一篇 科技成果转化的关系解构

第1章 国内外科技成果转化研究演进特征与热点问题 ………………… 3
1.1 国内外科技成果转化研究文献的演进特征 ……………………………… 3
1.2 国内外科技成果转化文献研究热点内容构成特征 ……………………… 9
1.3 国内外科技成果转化文献研究热点态势特征分析 ……………………… 14

第2章 我国科技成果转化全链条参与主体职能演进特征 ……………… 17
2.1 我国科技成果转化全链条多元参与主体的动力机制 …………………… 17
2.2 我国科技成果转化全链条定价制度的发展特征 ………………………… 28
2.3 我国科技成果转化全链条参与主体的行为关系 ………………………… 34

第3章 我国科技成果转化生态主体活动的实体关系特色 ……………… 39
3.1 不同生态主体实现科技成果转化活动的实体关系解构 ………………… 39
3.2 高校与生态主体合作实现科技成果转化演进模式解构 ………………… 48
3.3 生态主体融合实现科技成果转化的关系演化机制 ……………………… 56

第4章 多元主体协同实现科技成果转化价值活动网络特征 …………… 59
4.1 技术成熟度视角下多元主体协同实现科技成果转化的价值活动 ……… 59
4.2 制度逻辑视角下多元主体协同实现科技项目成果转化的价值活动 …… 60
4.3 供给与需求视角下多元主体协同实现科技成果转化的价值特征 ……… 62

第二篇 核心企业主导科技成果转化的实现机制

第5章 核心企业布局创新链实现科技成果转化的模式机制 …………… 67
5.1 核心企业布局创新链集聚创新要素的理论依据 ………………………… 67
5.2 核心企业布局创新链实现科技成果转化的目标诉求 …………………… 69
5.3 核心企业搭建创新联合体集聚创新要素的实现模式 …………………… 72
5.4 核心企业集聚创新要素实现科技成果转化的创新机制 ………………… 76

第6章 核心企业主导科技成果转化的决策逻辑与契约特性 …………… 79
6.1 核心企业主导科技成果转化的决策逻辑及其行为特征 ………………… 79
6.2 核心企业主导科技成果转化关系契约的稳定性 ………………………… 85

第7章 核心企业主导技术成果转化实现的实物期权投资机制 ………… 92
7.1 或有支付机制下核心企业技术并购决策实物期权模型构建 …………… 92
7.2 目标技术与交易特征对核心企业技术并购决策的影响机理 …………100
7.3 目标技术与交易特征对核心企业技术并购决策的影响效应 …………102
7.4 核心企业技术并购或有支付机制的实现策略 …………………………105

第8章 核心企业主导技术成果持续研发合作博弈的投资机制 …………107

8.1 核心企业技术成果持续研发合作博弈问题建模 ……………………… 107
8.2 核心企业技术成果持续研发合作博弈的作用机理 …………………… 113
8.3 核心企业投资决策及合作契约因素的影响效应 ……………………… 115
8.4 核心企业主导技术成果持续研发转化合作的实现策略 ……………… 120

第9章 核心企业投资激励技术入股转化合作博弈的契约机制 ……………… 121
9.1 核心企业投资激励技术入股转化问题描述和模型设定 ……………… 121
9.2 技术入股合作研发两阶段问题描述及合作博弈决策机制 …………… 123
9.3 合作博弈问题纯策略纳什均衡及其影响效应特征 …………………… 129
9.4 核心企业主导技术入股持续转化的实现策略 ………………………… 138

第10章 核心企业主导科技成果一体化融合实现的共享机制 ………………… 139
10.1 企业技术需求驱动创新链布局的一体化融合情景构建 …………… 139
10.2 一体化融合升级典型场景的合作机制建模与效果分析 …………… 142
10.3 核心企业主导科技成果一体化融合升级典型场景效果评价 ……… 149
10.4 核心企业技术驱动科技成果一体化融合升级效能展望 …………… 152

第三篇 政府支撑科技成果转化的激励机制

第11章 政府引导基金支撑科技成果转化的激励机制 ………………………… 157
11.1 政府引导基金链群契约设计思路与基本假设 ……………………… 157
11.2 政府引导基金链群的讨价还价博弈模型构建 ……………………… 161
11.3 政府引导基金链群讨价还价博弈模型的机理关系 ………………… 163
11.4 政府引导基金支持科技成果转化的实现策略 ……………………… 174

第12章 政府引导实现关键技术成功转化的政策激励保障 …………………… 179
12.1 高校支撑颠覆性技术创新发展的建议 ……………………………… 179
12.2 落实"一带一路"科技创新行动计划的建议 ……………………… 181
12.3 破解高校科技成果转化难点和堵点的建议 ………………………… 184
12.4 强化校企合作实现高水平科技自立自强的建议 …………………… 187
12.5 促进大学科技园打造2.0升级版的举措建议 ……………………… 190
12.6 激活先进制造行业技术创新活力的建议 …………………………… 193
12.7 持续完善高校人才流动管理体系的建议 …………………………… 196
12.8 完善高校科技成果转化收益分配机制的建议 ……………………… 198
12.9 加快提升国内技术经理人团队建设的政策建议 …………………… 201
12.10 市场导向的科技成果转化生态环境和制度优化建议 …………… 203

参考文献 ……………………………………………………………………………… 208
附录 …………………………………………………………………………………… 214
　　附录1 成果发明人访谈提纲 …………………………………………………… 214
　　附录2 主导企业的访谈提纲 …………………………………………………… 215

第一篇

科技成果转化的关系解构

第1章 国内外科技成果转化研究演进特征与热点问题

为分析国内外科技成果转化研究演进特征，本章基于 Web of Science（科学网络，WoS）和中文社会科学引文索引（Chinese Social Sciences Citation Index，CSSCI）数据库 2000~2019 年的 726 篇中文和 1404 篇英文科技成果转化研究文献，运用可视化工具 VOSviewer 和 CiteSpace 绘制文献数量时间分布、国家合作网络、作者合作网络、关键词共现网络和共被引聚类等知识图谱。结果发现，国外关于科技成果转化的研究可以追溯到 1776 年，研究热点主要关注学术创业、学术专利许可、校企合作、创新创业、大学衍生公司；国内的研究热点主要围绕知识管理、高校科技成果转化权利配置、科技成果转化的评价体系、科技成果产业化、科研院所促进科技成果转化机理、高校科技成果转化体系。这些研究揭示了我国科技成果转化同国家的科技成果转化政策实践有很强的关系。

1.1 国内外科技成果转化研究文献的演进特征

Miller 等[1]从四螺旋的角度对大学技术转移（university technology transfer，UTT）模式通过确定关键主题，制定研究议程，充分描述了 UTT 从三螺旋（政府、产业和大学）到四螺旋（学术、产业、政府、用户）生态系统的动态发展；Mendoza 和 Sanchez[2]为了解大学到企业技术转移的研究状况，对各作者研究文献通过确定影响技术转移过程的 15 种模型、15 种机制、3 种动因、30 种积极因素和 21 种消极因素等进行了系统回顾分析；McAdam 等[3]回顾了有关大学孵化器业务流程和网络的现有文献，以定义研究议程，试图将业务过程和创业网络概念联系起来；原长弘等[4]评述了 1994~2002 年国内在高校科技成果转化方面的研究；陈璐等[5]借助 CiteSpace 软件，梳理出高校科技成果研究领域的基础文献、重要期刊、核心作者、热点主题和研究趋势。通过对文献的整理，本书发现对该领域的研究普遍集中在转化模式、转化效率、转化现状等方面，缺少从该领域的发文情况、研究热点及发展趋势等全局角度，系统梳理 1992~2018 年关于科技成果转化研究历程的国内外对比研究。因此，本章在分析国内外科技成果转化研究历程的基础上，通过动态对比各阶段的研究内容，定位我国当前在该领域所处的发展阶段，同时借鉴国外的研究经验，预测科技成果转化研究的发展趋势。

1.1.1 研究方法与检索策略选择的依据

知识图谱是显示知识发展进程与结构关系的一系列各种不同的图形,用来描述知识资源及其载体,挖掘、分析、构建、绘制和显示知识及其之间的相互联系,是一种利用时空思维将感性抽象认识转化为理性直观分析的文献计量方式[6]。近年来知识图谱被广泛应用于各领域的长期定量回顾研究。运用知识图谱可视化工具 VOSviewer 和 CiteSpace 对收录在 WoS 数据库中的科技成果转化相关的英文出版物,以及收录在 CSSCI 数据库中的中文出版物进行系统定量研究,涉及的研究方法如下。①合作网络分析:包括国家和作者的合作网络,分别代表宏观和微观层面的社区结构。②共被引网络分析:文献共被引网络揭示该领域知识基础和研究范式[7]。③聚类分析:在文献共被引网络的基础上,自动对文献进行分类和标注,为洞察文献的底层知识结构提供思路[8]。④共现网络分析:关键词共现网络可反映研究主题和前沿热点的演变[9]。

本章中的英文论文数据收集自学术界公认权威和丰富的 WoS 数据库中的科学引文索引扩展版(Science Citation Index Expanded,SCI-E)和社会科学引文索引(Social Sciences Citation Index,SSCI)两个子数据库,中文论文数据收集自 CSSCI 数据库。由于科技成果转化这个概念极具中国特点,因此在中文文献检索时,直接搜索主题词"科技成果转化",时间跨度为 2000~2019 年,文献类型设定为期刊论文。在英文文献中,没有与"科技成果转化"对应一致的术语,相近的术语包括"技术转移"(technology transfer)、"研究商业化"(research commercialization)、"学术成果商业化"(commercialization of academic research results)、"技术商业化"(technology commercialization)等。考虑到查全率和查准率的不可兼得性,以追求查全率、放松查准率为准则,首先以"technology transfer"作为种子词检索论文,筛选发现新的主题词并添加到种子词中,重复这一过程,直到没有新的主题词发现。最后确定包括"technology transfer""technology commercialization""academic entrepreneurship""research commercialization""university-industry link"等主题词。最终的检索策略设置如下:时间跨度为 2000~2019 年,文献类型设定为文章(article)和综述(review),在 WoS 数据库中使用高级检索(advanced search),具体的检索规则如下:

TS=((("technology transfer" OR "knowledge transfer" OR "research commercialization" OR "technology commercialization" OR "spin* off*" OR "academic entrepreneurship" OR "academic start* up*" OR "science park" OR "technology transfer office*" OR TTO) AND (university)) OR ("university-industry collaboration*" OR "university-industry link*" OR "university-industry relations"))。

按照以上检索策略,分别在 CSSCI 数据库和 WoS 数据库里获得了 726 篇科技成果转化相关的中文论文和 2387 篇英文论文。由于主题词精准,中文论文可全部作为原始数据材料进行分析。对 2387 篇英文论文,逐一阅读每篇论文的题目、摘要和关键词,剔除研究图书馆管理或医学类知识转移、高等教育、高校或企业内的个体工作效率、企业运营等文献,最后得到 1404 篇英文论文。

1.1.2　2000~2019 年研究文献演进态势和期刊来源特征

2000~2019 年英文和中文期刊年发论文数量的变化态势如图 1-1 所示。英文期刊发文数量最少的年份是 2000 年,论文数量为 19 篇,发文数量最多的年份是 2019 年,论文数量为 135 篇,呈现波动增长的态势。中文期刊论文从 2000~2019 年平均每年的发文量相差不大。从 2007 年开始,科技成果转化领域的英文期刊论文数量持续多于中文期刊发文数量,这表明相关学者在此之后保持对该领域的持续关注并且一直不断加大研究力度;中文期刊发文数量曲线较为平缓,这表明我国学者对科技成果转化研究的关注具有持续性。此外,研究特别发现中央政府和地方各级政府在 2000~2020 年发布较多促进科技成果转化的政策及法规,这同我国在该领域研究方面呈现出的持续关注状态密切关联。

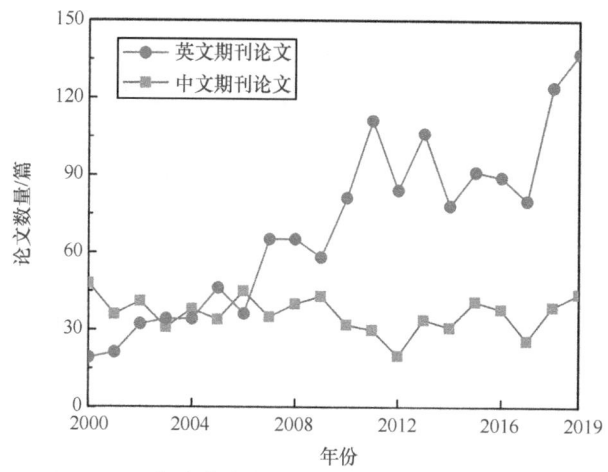

图 1-1　2000~2019 年中英文期刊科技成果转化相关论文的数量分布图

学术期刊是科学成果传播、交流和传承的重要信息载体,分析期刊来源可以帮助研究人员和政策制定者缩小对相关信息的访问范围[10]。检索结果显示,1404 篇英文论文发表在 285 个期刊,涵盖商业经济学、工程学、运筹管理学、公共管理学、生态环境学、科学技术等研究领域;726 篇中文论文发表在 50 个期刊,涵盖管理学、经济学、教育学、图书情报学、法学、文化学等研究领域。表 1-1 和

表 1-2 分别显示了 2000~2019 年发表科技成果转化文献量排名前十的国外和国内期刊，以及这些期刊的影响因子、科技成果转化论文的总发文量以及发文年份区间。国外期刊中，*The Journal of Technology Transfer* 以总发文量 215 篇排名第一，是美国 Technology Transfer Society（技术转让协会）的官方期刊，它不仅特别强调对管理方法和技术转让战略的研究，还包括对公共政策发展、监管和法律问题以及全球趋势等影响这些实践和战略的外部环境的研究；*Research Policy* 是一种多学科期刊，主要关注科研政策、技术创新和环境等方面的研究，被公认为创新研究领域的领先期刊。

表 1-1　WoS 数据库中科技成果转化发文量排名前十的期刊列表

序号	期刊名称	影响因子	总发文量/篇	年份区间
1	The Journal of Technology Transfer	4.147	215	2007~2019 年
2	Research Policy	5.351	152	2000~2019 年
3	Technovation	5.729	82	2000~2019 年
4	Science and Public Policy	1.730	42	2010~2019 年
5	Technological Forecasting and Social Change	5.846	39	2001~2019 年
6	Technology Analysis & Strategic Management	1.867	39	2002~2019 年
7	Scientometrics	2.867	38	2003~2019 年
8	International Journal of Technology Management	1.348	36	2001~2019 年
9	R&D Management	2.908	27	2000~2019 年
10	Small Business Economics	4.803	19	2000~2019 年

表 1-2　CSSCI 数据库中科技成果转化发文量排名前十的期刊列表

序号	期刊名称	影响因子	总发文量/篇	年份区间
1	《科技管理研究》	1.952	79	2003~2016 年
2	《科技进步与对策》	2.722	66	2003~2019 年
3	《中国科技论坛》	2.409	63	2000~2019 年
4	《科学学与科学技术管理》	4.311	36	2000~2019 年
5	《科学管理研究》	1.724	30	2000~2019 年
6	《科学学研究》	4.238	20	2001~2019 年
7	《中国高等教育》	1.795	20	2000~2019 年
8	《研究与发展管理》	4.506	19	2000~2018 年
9	《情报杂志》	2.863	16	2006~2018 年
10	《中国软科学》	5.418	14	2000~2019 年

1.1.3　研究高产国家、影响力作者及其合作网络分析

通过分析不同国家在科技成果转化研究方面的发文情况、学者合作网络，有助于进一步厘清不同国家在科技成果转化领域研究态势、中外学者在该领域的学

术合作交流等情况。本节运用 VOSviewer 绘制不同国家或地区之间协作的可视化地图：具体绘制策略是在网络中每个合著者被分配一个节点，节点的大小和颜色分别表示该节点所属的出版物数量和集群。连接的厚度代表了合作的强度（合作论文的数量）。需要注意的是，为了清晰起见，在分析中只考虑最大的子网络。

科技成果转化研究的国家合作网络如图 1-2 所示。作为网络中最突出的三节点，美国、英国和意大利在科技成果转化研究方面的发文量排在前三位，且三者间表现出很强的合作关系，此外，美国、英国、意大利与中国的合作强度明显低于与欧美国家的合作强度。第二次世界大战后美国最早意识到国际科技合作的巨大价值，率先引进欧洲先进技术发展本国工业，同时在教育方面全盘吸收与本国语言、文化接近的欧洲教育和传统习俗，通过政治举措引进在战争中发挥巨大作用的欧洲科学家。因此美国与欧洲国家表现出的强合作关系与其国际科技合作的战略选择有密切联系。

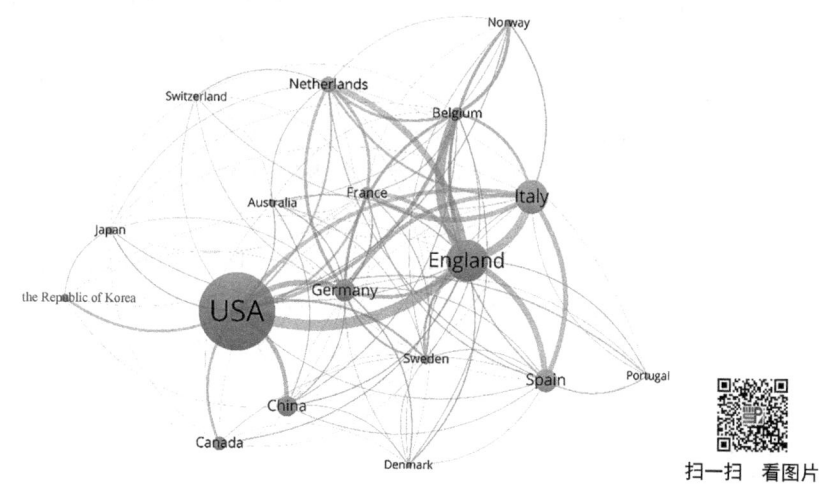

图 1-2 科技成果转化研究的国家合作网络

使用被引频次评价论文质量是目前学术界的主流方法。通常作者的论文被引用的次数越多，说明学者的学术影响力就越大。追踪科技成果转化领域内最具影响力的学者，有助于识别竞争群体以及发现可能的合作。本节对科技成果转化领域发表 5 篇以上论文的国外和国内前 10 位学者进行排名，同时列出每位学者的发文量、被引次数及平均被引次数，见表 1-3。

表 1-3 国外和国内高产和最具影响力学者列表

序号	国外学者	发文篇数/篇	被引次数/次	平均被引次数/次	国内学者	发文篇数/篇	被引次数/次	平均被引次数/次
1	Wright, Mike	33	4570	138.48	刘希宋	26	47	1.81
2	Rasmussen, Einar	19	1214	63.89	喻登科	21	39	1.86

续表

序号	国外学者	发文篇数/篇	被引次数/次	平均被引次数/次	国内学者	发文篇数/篇	被引次数/次	平均被引次数/次
3	Grimaldi, Rosa	14	2217	158.36	李玥	13	21	1.62
4	Link, Albert N	14	1161	82.93	姜树凯	10	12	1.20
5	Hayter, Christopher S	13	365	28.08	张胜	9	38	4.22
6	D'Este, Pablo	12	2570	214.17	郭英远	8	37	4.63
7	Lockett, Andy	12	2523	210.25	曹霞	6	7	1.17
8	Siegel, Donald S	12	2584	215.33	周荣	5	9	1.80
9	McAdam, Rodney	11	482	43.82	原长弘	5	17	3.40
10	Audretsch, Daviad B	10	612	61.20	尹航	5	19	3.80

从表1-3可以看出，国外学者的发文量较国内学者多，国外学者的文章被引次数远远超过国内学者。帝国理工学院的Mike Wright教授是WoS数据库中，科技成果转化领域发文最多的学者，检索结果显示其在2000~2019年共发文33篇。Mike Wright教授的研究重点是企业所有权流动和企业融资。他是管理创业学会（Academy of Management Entrepreneurship）的前任主席，在学术创业和创业方面的出版物排名全球第一，2003~2019年发表的论文研究内容涉及科技成果转化的政策、学术创业、风险投资、技术转移生态系统等。国内发文量排第一的学者是哈尔滨工程大学的刘希宋教授，其在2000~2019年发文总量达26篇，2006~2011年发表的论文主要研究内容涉及科技成果转化与知识管理的相互作用以及国防工业科技成果转化相关内容。在国内作者中，发文时间较近且数量较多的是西安交通大学管理学院的原长弘教授和西安交通大学公共政策与管理学院的张胜、郭英远教授。

作者合作网络帮助找到科技成果转化领域的核心作者，并确定他们合作的强度。为了探究科技成果转化领域有影响力的作者，本节使用VOSviewer分别绘制了国外和国内作者合作网络分布，如图1-3所示。国外作者合作网络图制作时，设定参数"minimum number of documents of an author"为5，在2571位作者中有63名满足条件。其中最大的合作网络包括30名作者。国内作者合作网络图制作时，设定参数"minimum number of documents of an author"为3，在1171位作者中有49名满足条件。从图1-3（a）中可以看出，国外作者之间的连线数量密集，排名前10位的国外学者，彼此之间合作发表了多篇文章。研究发现国外的民间学术机构对学者之间、学者与实践者之间的合作交流有促进作用。这一类机构的成员普遍是大学教授和博士生、相关社会科学和其他领域的学者、重视知识创造和应用的实践者，其所属利益集团可以对该机构的学术活动、年度会议、专业会议、期刊以及与相关社团的合作活动给予支持，从多方面搭建交流平台，促进相关领域研究者合作。图

1-3（b）显示，国内作者间的连线稀疏，图中大多数节点之间没有线条连接，说明我国在科技成果转化领域研究的学者多以独立研究的形式发表成果。

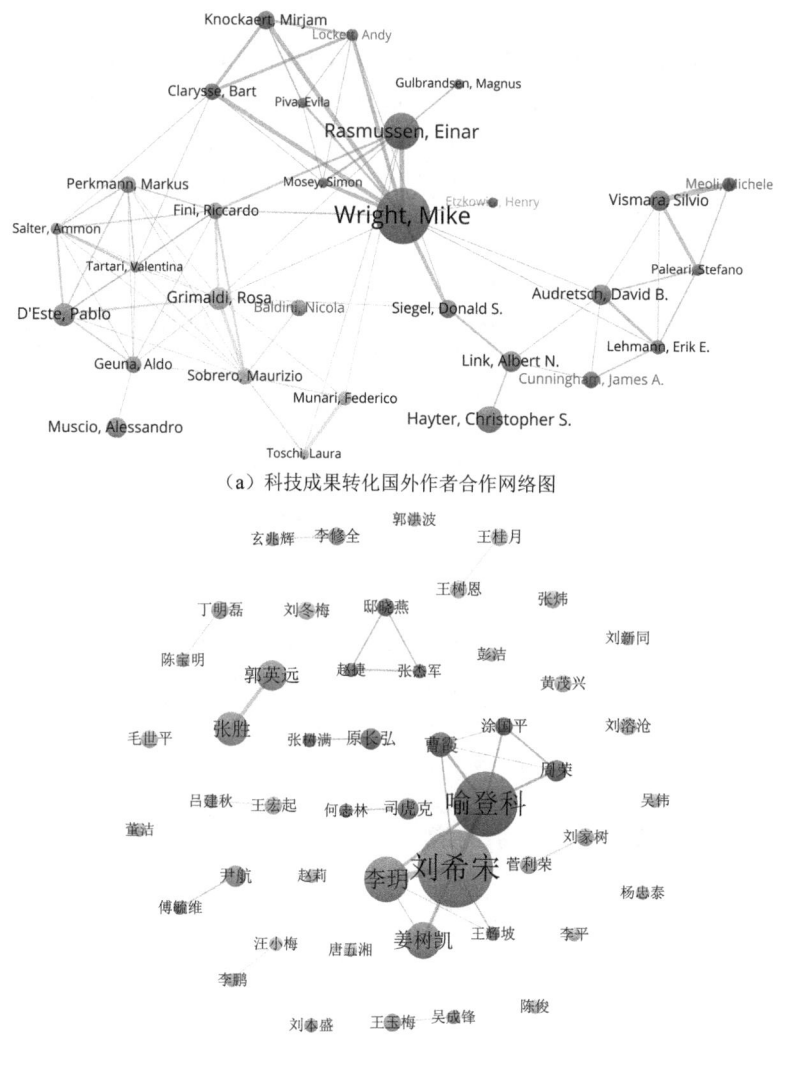

（a）科技成果转化国外作者合作网络图

（b）科技成果转化国内作者合作网络图

图 1-3　科技成果转化国内外作者合作网络图

1.2　国内外科技成果转化文献研究热点内容构成特征

关键词不仅代表文献讨论的核心问题，而且可以反映某一时期的热点领域和话题。关键词共现分析（keyword co-occurrence analysis，KCA）是对一组关键词两两统计它们在同一篇文献出现的次数，共现次数反映关键词之间的亲疏关系。本章提取论文的标题、摘要以及作者提供的关键词信息，构建关键词共现网络。

1.2.1 国内科技成果转化文献研究热点内容构成特色

在中文论文数据中设定参数"minimum number of occurrences of a keyword"为 5，只有出现在至少 5 种期刊中的关键词才会被显示出来，手工剔除那些不符合的关键词（如"世界"、"未来"和"增加"等）。在 1307 个关键词中有 46 个满足条件，版图参数"attraction"和"repulsion"分别设置为 2 和–1，聚类阈值参数"min.cluster size"设置为 5[11]，共现网络如图 1-4 所示。关键词圆圈的大小表示出现的频率，关键词之间连线的粗细程度表明关键词之间共现强度。从图 1-4 可以看出，科技成果转化的主题词构成了 6 个研究热点。根据国内科技成果转化研究的特点和现状，将 6 个热点话题总结如下。

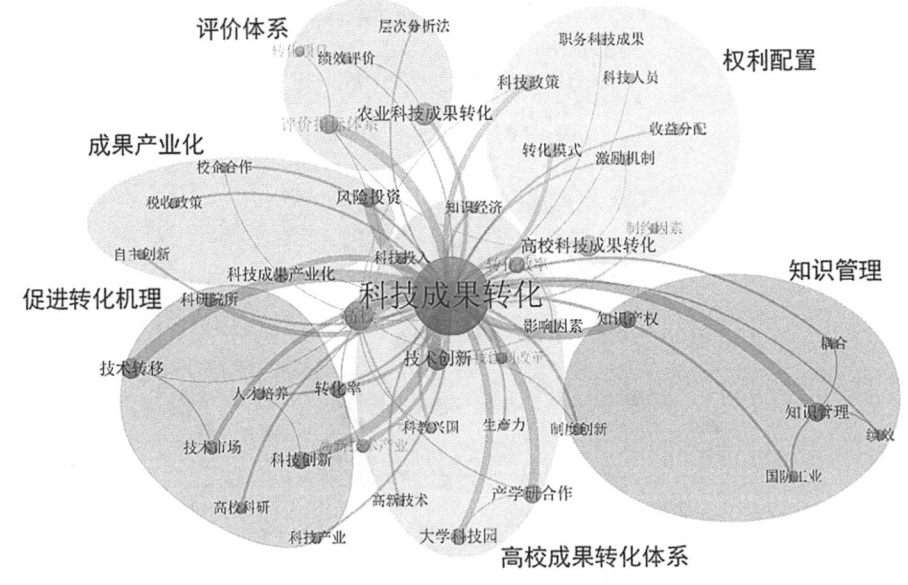

图 1-4　科技成果转化中文关键词共现网络

（1）知识管理：国内外科技成果转化效率的巨大差异，将知识管理理论与方法引入支撑成果转化全过程。喻登科等[12]认为建立知识管理绩效和科技成果转化绩效间的正向反馈和增益循环，可以有效促进科技成果转化绩效的提升。李玥和刘希宋[13]认为科技成果转化与知识管理两系统之间存在内部的联系，两者相互作用彼此影响形成耦合，通过相互促进与制约，推动科技成果的有效转化。学者将知识管理作为科技成果转化问题的核心，从作用机理、实施路径、策略研究等多维度分析其对科技成果转化的影响。

（2）权利配置：高校作为科技成果转化问题的关键主体，合理配置其成果转化权利，可以提高转化效率，为高校科技成果转化改革政策提供理论指导，促进我国科技成果转化体制改革。郭英远等[14]指出,处置权和收益权的配置模式,是高校成果转化权利配置最关键、最核心的要素。他们围绕高校内部包括学校、学院(系)、成果转化团队、发明人及团队等利益相关者,研究合理配置其权利的方式,如何从机制、策略支持分配模式等问题,提出了在高校内部委托专业团队处置成果,在利益相关者之间建立激励兼容的收益模式,发明人参与成果转化处置等有效提高成果转化率的结论。

(3)评价体系:科技成果转化评价是针对全链条各环节作用收益效果的计量。尹航[15]通过构建基于 BP (back propagation,反向传播)神经网络,对科技成果转化项目技术经济可行性进行评估,从而提高项目的优选率;周荣等[16]提出加权交叉效率 DEA (data envelopment analysis,数据包络分析)模型,从投入和成效两方面对大学科技园科技成果转化效率进行分析;刘希宋和成勇[17]运用人工神经网络方法从市场、社会、生态三个方面构建了能够反映科技成果转化效果的评价体系;杜蓉和姜树凯[18]将科技成果转化的风险细分为可衡量的指标,建立基于模糊积分方法的风险评价模型,有效提高了决策的科学性。

(4)成果产业化:成果产业化是产业技术进步的标志,产业技术发展越快,成果产业化周期越短,实现生产目的的可能性越大[19],相关研究主要针对创新能力、政策以及组织等产业技术进步要素展开。孙卫等[20]对美国高校科技成果转化的成功经验进行分析,从成果转化政策、风险投资的重要性、办学理念等方面提出建议;田国华和张胜[21]以煤制低碳烯烃技术为例,构建包含政府、研发机构、企业、中试平台四个主体的大型科技成果转化模式,为中国大型科技成果高效转化提供新范式。

(5)促进转化机理:科研院所是我国创新体系的重要组成部分,有效加速转制科研院所科技成果转化效率,是促进我国科技与创新结合的着力点[22]。张胜和郭英远[23]研究发现,我国现有的行政审批体制不利于促进市场化下的国有科研事业单位的科技成果转化活动,建议完善市场导向下的科技成果转化管理体制,发挥技术市场配置资源的作用;张树满等[24]以中国科学院西安光学精密机械研究所为对象,研究转制科研院所通过协同科技创业促进科技成果转化的机理,将转制科研院所科技成果转化的理论与实证研究相结合,提出了以转制科研院所为主体的协同科技创新理论。

(6)高校成果转化体系:高校成果转化体系是技术创新领域的一个重要分支[25],包括了科技市场、产业集团、大学科技园、大学创业园、技术转移中心、工程研究中心、产学研联合工厂等。原长弘等[4]对 1994~2002 年国内高校科技成果转化进行研究,认为理论研究还不够成熟,调查研究和案例分析还有待加强;周荣等[16]基于加权交叉效率 DEA 模型,从时间序列上和横截面上对不同国家大学科技园的科技成果转化效率进行评价,认为各国大学科技园差异较大,建议加大资源投入，加强知识创新能力提升，促进大学科技园均衡发展。

1.2.2 国外科技成果转化文献研究热点内容构成特色

在英文论文数据中设定参数"minimum number of occurrences of a keyword"为10，在2640个关键词中有42个满足条件。版图参数"attraction"和"repulsion"分别设置为2和–1，聚类阈值参数"min.cluster size"为5，获得共现网络如图1-5所示。从图1-5中可以看出，科技成果转化的主题词构成了5个研究热点。根据国外科技成果转化研究的特点和现状，将这5个热点话题总结如下。

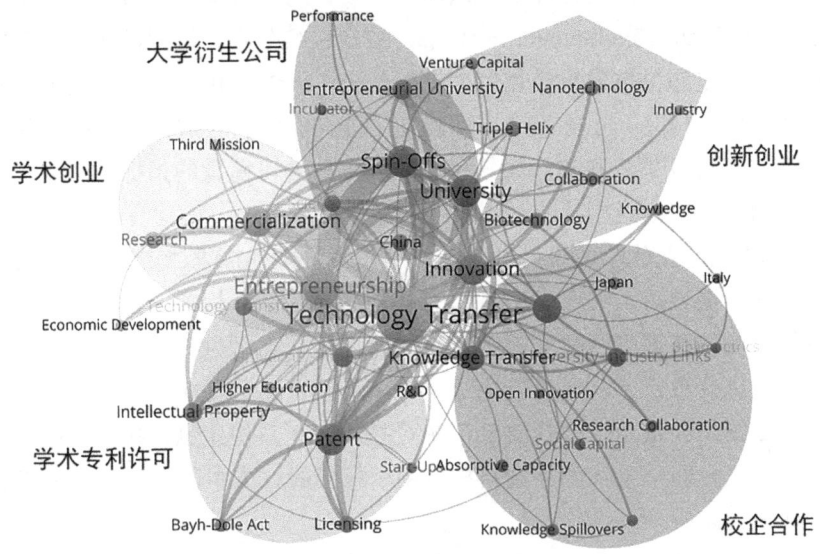

图1-5　科技成果转化英文关键词共现网络

（1）学术创业：学术创业就是将学术科学家开发的创新成果商业化[26]，其本质是通过技术来提高各国在经济市场中的竞争优势，变革管理方式和优化政策制度，改变大学结构，加强企业和大学对技术商业化的激励。Thursby等[27]的论文首次对不同所有权制度鼓励技术商业化的能力进行实证检验，得出发明者所有权制度下运行的大学可以成功地将大学发明商业化的结论；Fini等[28]的论文研究校级支持机制（university-level support mechanisms，ULSMs）在创造学术副产品方面的性质和作用，发现尽管监管立法框架有助于提高大学进行技术转让活动的意愿，但大学通过学术副产品将研究成果商业化的成功程度取决于它们的内部政策和当地环境的特殊性。

（2）学术专利许可：大学专利和许可作为衡量大学"产出"的一种手段，是学术研究成果转移市场的一种机制。1980年的《拜杜法案》（Bayh-Dole Act）在联邦机构之间制定了统一的专利政策，使得大学各领域的研究成果更容易获得专利。Mowery 等[29]的研究表明学术研究、产业和政策方面等一系列发展结合在一起，增加了美国大学在技术许可方面的活动，《拜杜法案》虽然重要，但没有决定性。Agrawal 和 Henderson[30]探讨了专利在多大程度上代表大学溢出知识的规模、方向和影响，结果发现专利是大学知识转移的一个相对较小的渠道，专利数量并不是衡量新知识总产量的有用指标，发明专利也不能取代更基础的研究，甚至可能只是一种补充活动。

（3）校企合作（universities-industry collaboration，UIC）：UIC 是指高等教育系统的任何部分与产业之间的互动，其主要目的是促进知识和技术的交流，在国家和部门层面提高创新和经济竞争力[31]。UIC 已被广泛认为是在开放创新中提高组织能力的一个有前途的工具。Petruzzelli[32]建立了关于校企合作研发对创新绩效影响的可测试假设，着重研究了技术关联、先前合作关系和地理距离三个相关因素对校企联合创新价值的影响；Laursen 等[33]通过探索地理毗邻的作用以及英国校企合作中大学的水平，发现地理空间毗邻与大学质量是影响企业与大学进行研究协作的两个因素。

（4）创新创业：以知识为基础的创业成为经济增长、创造就业机会和立足全球竞争市场的重要手段。大学作为知识的生产者和传播者，试图围绕基础研究和核心教育建立更富有成效和创造性的知识溢出机制，以促进知识商业化、实现创新和经济的增长。Guerrero 和 Urbano[34]提出了一个建议模型，该模型以制度经济学和资源基础观的经验衡量制约创业型大学发展的环境和内部因素与它们需要实现的教学、研究和创业使命之间的相互关系；Audretsch[35]认为随着经济发展从物质资本驱动到知识驱动，再到创业驱动，大学的角色也随着时间的推移发生了变化，目前大学在创业社会中的作用已由促进技术转让扩展到专注于提高创业资本，带动创业社会的繁荣发展。

（5）大学衍生公司（university spin-offs，USOs）：USOs 是指为了利用大学分配的知识产权而成立的衍生公司，其既是技术转让的重要载体，也是经济活动的重要机制。Walter 等[36]指出大学衍生公司的业绩受到其企业发展和组织间关系能力（网络能力）的积极影响，同时衍生公司的创业导向提升了竞争优势；Di Gregorio 和 Shane[37]研究发现，智力卓越的科学家以及对技术转移办公室初创的衍生公司进行股权投资和保持较低发明人专利使用费的政策会促进一所大学内新公司的成立；O'Shea 等[38]建议加强大学内的创业活动，实施创业教育、创业研究和创业资源项目，这能够使学术创业文化在大学中涌现，同时指出分配给大学的财政资源的规模和性质在一定程度上影响学术创业。

通过分析国内和国外科技成果转化领域研究热点内容，本书发现我国对科技成果转化的研究跟国家的科技成果转化实践有关。首先，受体制机制的制约，科技成果转化政策、法律法规实际落实效果不佳，科研项目在实施转化时权益分配不明确，行政审批体制不利于促进市场化下的国有科研事业单位科技成果转化活动；其次，技术交易市场尚处于发展阶段，需要促进资源合理配置，搭建成果转化平台，形成完整的创新生态系统；最后，高等院校、科研院所的科技成果成熟度不够高，同企业的需求信息不匹配等，难以做到以需求为导向、以市场为导向的研究开发。在市场经济机制成熟的国家，知识、技术等创新要素的流动是按照市场机制、资源最优配置原则自发组织与实现的，科技成果转化主要是对技术转移方面的相关政策制定规则（如专利法、合同法）、完善市场机制、对创新主体的创新能力培养等方面的研究。

1.3　国内外科技成果转化文献研究热点态势特征分析

美国学者 Henry Small（亨利•斯莫尔）在 1973 年首次提出文献共被引分析是指两篇文献同时出现在第三篇引文参考文献目录中，则这两篇文献形成共被引关系。科技成果转化领域的前沿可以通过被研究者频繁引用的论文反映，并且用论文描述该领域的动态特性[39]。本节使用每篇论文发表时间往前倒推 8 年的参考文献开展共被引分析。例如，社会科学引文索引数据库一篇论文在 2005 年发表，选取该论文引用的时间在 1997～2005 年这一范围的参考文献进行共被引可视化。如图 1-6 所示，最终生成的共被引网络包括 587 个节点和 5526 个连接。节点大小表示各文献的共被引频次；连接和节点从下到上、从左到右表示时间的态势特征。

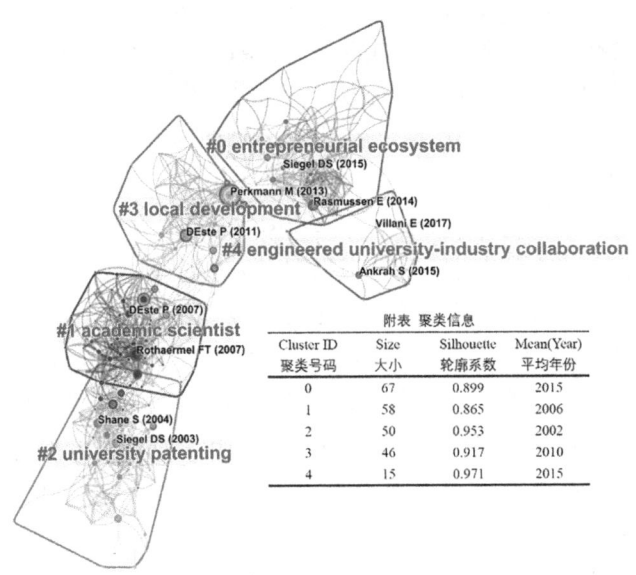

图 1-6　2000～2019 年科技成果转化文献共被引网络聚类分析

entrepreneurial ecosystem 即创业生态系统，academic scientist 即学术科学家，university patenting 即大学专利，local development 即地方发展，engineered university-industry collaboration 即工程大学和工业界的合作

为了探究前沿知识是如何随着时间演进迁移变化的，本书对共被引网络进行聚类分析，如图 1-6 所示，形成 5 个能反映模式和主题的主聚类。采用对数似然比（logi-likelihood ratio，LLR）算法从 1404 篇英文论文的关键词以及 WoS 补充的关键词中提取名词性术语，对聚类进行标注。图 1-6 中聚类的面积显示出集群的大小，也表明集群中包含引文数量的多少。

从图 1-6 可以看出，2000~2019 年科技成果转化研究热点按时间顺序的发展为#2 大学专利（2002 年）→#1 学术科学家（2006 年）→#3 地方发展（2010 年）→#0 创业生态系统（2015 年）→#4 工程大学和工业界的合作（2015 年）。每个聚类的轮廓系数都在 0.5 以上，说明聚类结果是合理的。#2 大学专利跨度 2000~2009 年，是最大的一个聚类。在 2000~2019 年，出现了五个聚类，其中#0 创业生态系统是文献数量最多的一个聚类。

本节通过对 2000~2019 年国外在科技成果转化领域每个阶段研究主题的深入了解，应用国际通行经验预测科技成果转化领域发展态势特征并描绘出其发展轨迹，发现知识产权是科技成果转化的核心，以专利形式表现的科技成果作为高端知识的代表蕴含着巨大的经济价值。在科技成果转化研究的早期，大学专利的制度问题、权属划分问题及法律问题等是研究重点，随着法律法规的不断完善，研究重点转向如何有效地激励学术科学家在科技成果转化活动中发挥积极的作用。科技成果转化研究的不断成熟，也为地方经济的发展带来了机遇和挑战，如何发挥区域优势，合理配置资源，推动地方产业升级改造，促进科技成果转化等问题需要进一步探究。

科技成果转化从早期独立知识点的深入研究及模型构建和经验研究，逐渐地转变为系统的演化研究。在本身就拥有成熟的市场机制下，未来研究需要将重点放在通过环境、人和系统的有机结合对创新体系进行完善，在动态的演化发展中提升科技成果转化系统内要素的自组织能力。结合科技成果转化领域发展态势特征分析，发现我国在科技成果转化领域的发展阶段中，多以高校、科研院所等主体在我国特有的体制机制下有效推进科技成果转化发展的研究为主。同时，国内研究也关注科技中介机构的发展，学者提出大力建设科技园区、出台技术转让相关政策、实施税收优惠、加大对科研人员的力度奖励、建设国际创新中心等建议。此外，以企业作为创新主体，基于市场化交易的技术转让、许可、投资的研究逐渐成为主流。实际上科技成果转化的目的就是拉动经济提升效益，不论是与国外科技成果转化领域研究发展轨迹对比，还是对我国自身目前所取得成果的总结，都可以看出关于整个链条的"供给端"相关学者已经做了足够充分的研究，未来应该更多地在"需求端"加大研究的力度，以市场和企业需求为导向，推动科技、金融相结合，构建成熟的创新系统，带动科技成果转化全链条有效运转，这正是本书选择核心企业承载科技成果转化研究的原因。

（1）2000～2019 年国外期刊发文量总体呈上升趋势，国内期刊每年发文量相对比较均衡，国内期刊发文总量少于国外期刊发文总量。按照发文总量排名，国外和国内排名第一的期刊分别是 *The Journal of Technology Transfer* 和《科技管理研究》。国外期刊发文领域涵盖商业经济学、工程学、运筹管理学、公共管理学、生态环境学、科学技术等，国内期刊发文领域涵盖管理学、经济学、教育学、图书馆学、情报与文献学、法学、文化学等。

（2）美国是科技成果转化领域发文量排名第一的高产国家，其次是英国、意大利、德国、西班牙、中国。欧美国家发文量远超亚洲国家，中国在亚洲国家中排名第一。Mike Wright、Einar Rasmussen、刘希宋、喻登科分别代表国外和国内科技成果转化领域较为活跃的研究者，并对该领域的发展和合作网络的形成发挥了重要作用。

（3）通过提取论文的标题和摘要构建关键词共现网络，发现国内的研究内容热点主要包括知识管理、高校科技成果转化权利配置、科技成果转化的评价体系、科技成果产业化、科研院所促进科技成果转化机理、高校科技成果转化体系；国外的研究内容热点主要包括学术创业、学术专利许可、校企合作、创新创业、大学衍生公司。

（4）基于国外学者对科技成果转化领域长期大量的研究数据，通过分析共被引聚类，发现 2000～2019 年该领域的研究趋势为大学专利（2002 年）→学术科学家（2006 年）→地方发展（2010 年）→创业生态系统（2015 年）→工程大学和工业界的合作（2015 年）。

第 2 章　我国科技成果转化全链条参与主体职能演进特征

多元主体参与科技成果转化的动力是整个成果转化生态环境良性发展的基础。科技成果转化最为关键的动力来源是供给侧的高校和需求侧的企业，动力保障根源是政府创造的制度环境。在科技成果转化生态系统中，高校和研究所及其内部的科技人员是科技成果的主要供给方；企业通过购买科技成果或者获得授权两种方式使用科技成果，将科技成果转化为现实生产力，在满足市场需求的同时实现其经济效益，因此企业是科技成果的主要应用方。有效的动力保障制度能够使各利益相关方公平合理地享受知识产权带来的利益，也激励科研人员把知识产权与自身利益结合起来，研发出更多高质量的技术成果，这意味着动力保障制度既要保证科研人员的收益，又要满足企业发展的需要，还要满足促进科技水平和社会经济发展的总目标。"三螺旋结构"理论很好地解决了在技术成果转化中高校、企业和政府的分工和功能定位问题。在多元多层级的生态主体网络结构中，生态主体不仅存在价值活动的联系，而且在生态环境的背后还隐藏着一张基于制度产生的联系网络，它体现了生态环境运作的制度逻辑。在科技成果转化执行过程中，党中央、国务院制定总体性的政策指导各部委的工作，各部委再依据各自的职能制定细分的政策，各部委通过成果管理制度规范了高校科技成果转化的规则，通过项目管理制度指导科研人员进行科技项目的申报、研究、评奖到最后的成果转化，通过制定补贴或税收优惠等政策鼓励企业接收科技成果。此外，高校通过发布相关制度给予参与成果转化的科研人员激励，或者对其行为进行一定的约束。成果转化的核心是企业与科研人员的合作，除了以转让的形式合作外，企业还可以在科技项目立项时就直接参与，或者通过和高校共建多模态创新联合体的方式研发企业需要的科技成果。

2.1　我国科技成果转化全链条多元参与主体的动力机制

2.1.1　政府主体提供的动力保障制度演进特征

政府作为科技成果转化的生态主体涉及科技部、教育部、财政部、国家知识产权局、国家税务总局和各地方政府等。如图 2-1 所示，在科技成果转化各环节阶段以及多维度方面，不同部门都需要制定相应的政策文件实现规范的职能。科技成果管理制度促进了科技成果转化链条的畅通性；税收制度提高了科技成果转化的效率；人才制度则为科技成果转化注入了强劲的发展动力。

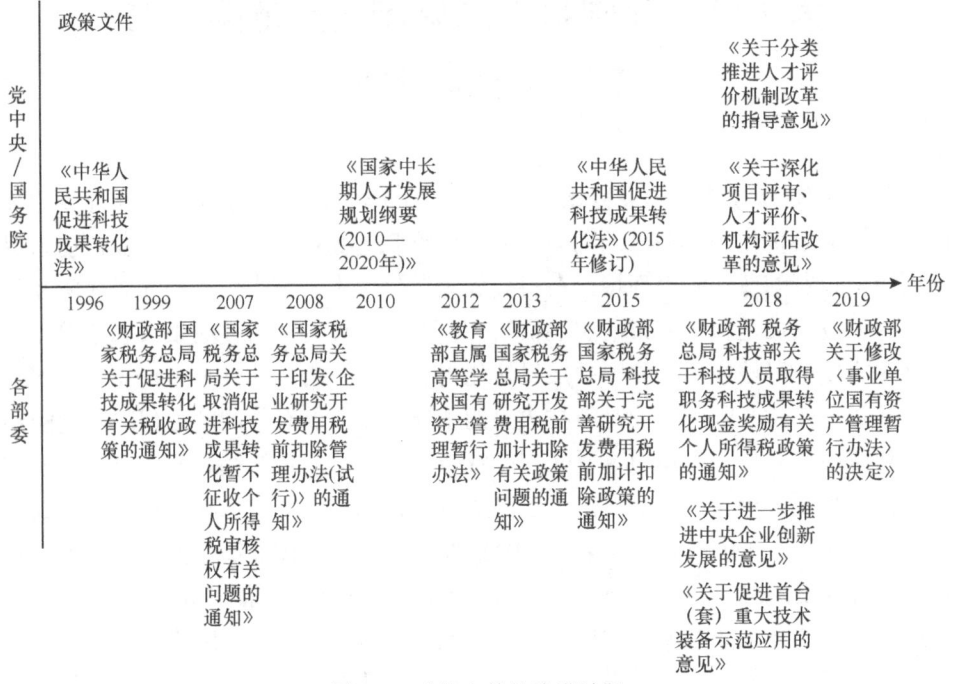

图 2-1　政策文件的演进过程

（1）科技成果转化管理制度的优化。中央部委制定的科技成果管理制度一直是影响科技成果转化效率的重要因素。2015 年新修订的《中华人民共和国促进科技成果转化法》颁布，政府将科技成果收益权、处置权充分下放，高校科技成果转化工作的局面迎来新格局。2019 年颁布的《财政部关于修改〈事业单位国有资产管理暂行办法〉的决定》指出，国家设立的研究开发机构、高等院校对其持有的科技成果，可以自主决定转让、许可或者作价投资，不需报主管部门、财政部门审批或者备案，同时也可自主决定是否进行评估。通过对高校调研发现，被调研高校表示这些制度极大地促进了高校参与科技成果转化工作的积极性。这也表明，政府应该在大方向上引领把控，在细节上充分放权，给予高校更高的自由度，让高校敢做、愿做、积极去做，这样才能使科技成果转化的生态环境焕发勃勃生机。

（2）科技成果转化收益税收制度的优化。国家对于科技成果转化税收的修改方向在某种程度上体现了"简政放权"的原则。1999 年发布的《财政部 国家税务总局关于促进科技成果转化有关税收政策的通知》是首次出台的关于科技成果转化的税收政策，具体规定了转化过程中各项收益所得的税收政策。2007 年发布的文件《国家税务总局关于取消促进科技成果转化暂不征收个人所得税审核权有关问题的通知》提到，科研机构、高等学校转化职务科技成果以股份或出资比例等股权形式给予个人奖励，经主管税务机关审核后，暂不征收个人所得税，2007年8月1日起停止执行审核权。《财政部 税务总局 科技部关于科技人员取得职务科技成果转化现金奖励有关个人所得税政策的通知》也规定从职务科技成果转化收入中给予科技人员的现金奖励，可减按50%计入科技人员当月"工资、薪金所得"，依法缴纳个人所得税。由此可见，国家税务总局相关政策制定的目的在于提高科技成果转化的税收优惠，鼓励成果转化，同时简化审批审核的手续和流程，提高转化效率。

（3）科技成果转化相关人才培养制度的优化。区域创新能力的跃升和突破发展，关键是人才的引进和产业的配套。其中，人才引进是科技创新的基础，有了科技创新的成果，结合配套的产业，就能形成良好的科技成果转化生态环境。2010年国务院印发了《国家中长期人才发展规划纲要（2010—2020年）》指出我国人才发展的指导方针是服务发展、人才优先、以用为本、创新机制、高端引领、整体开发。政府若要引进人才，需要重点关注人才的需求：一是落户、教育医疗环境等生活上的需求；二是充分的经济回报需求；三是要真正满足人才内心的价值需求，让他们产生归属感与成就感，才能保证人才不会流失。2018年国务院相继印发了《关于分类推进人才评价机制改革的指导意见》和《关于深化项目评审、人才评价、机构评估改革的意见》，为满足人才的价值需求提供了制度保障。

苏州市政府在人才引进方面颁布了一系列的政策，这些政策使苏州市在吸引和留住人才方面取得了良好的效果。苏州市科学技术局的一位处长讲述，苏州处于长江南岸，地理条件好，具有交通便利、人口密集等优势，苏州市靠产业转移发展经济，承载改革开放红利，是招商引资的天堂。从产业布局来说，苏州市的强势产业以传统工业为主，创新能力弱，多为车间型企业，处于产业链中下游，但苏州的工业基础和配套环境好，加上政府重视引进人才，特别是在生物医药领域营造了良好的科技研发和成果转化生态环境，经过多年的长期积淀成长了一批企业，成为国内生物医药研发高地，这推动了苏州市科技成果转化支撑区域经济高质量发展。

地方经济发展经验和科技成果转化生态环境差异体现在科技转化人才的供给和环境营造等方面。国家认识到人才引进对于地方经济发展的重要性，科技成果转化工作对人才的水平提出了更高的要求。浙江大学技术转移中心的负责人指出，国家发展需要大量创新，然而目前条件并不成熟，亚洲的日本高校创新能力强，是因为他们已经完成了人才和技术的积累。浙江大学创新技术研究院的负责人表示，投资方之所以愿意投资进行科技成果转化的公司，主要看重的是其背后科研团队的潜力而不纯粹是成果本身。

2.1.2 高校院所内部的动力保障制度变化特征

如图 2-2 所示，高校系统的科研人员及科研团队产出了数量众多、种类丰富的科技成果，需要通过高校设立的成果转化部门对外进行转化实践。保障高校科研人员参与科技成果转化工作的积极性和原动力，需要高校科技成果转化的体制机制创新：一是增加对科研人员直接的经济和科研激励；二是提升成果转化部门专业化的服务能力，这不仅能够催生更高的转化效率，还能有效降低科研人员承担的风险，也能增强科研人员委托转化的意愿；三是创新科研人员参与科技成果转化的体制机制，更好地激发科研人员的积极性；四是加速识别有市场价值的成果，实施转化以获得收益，这也是高校与科研人员转化的助推器。

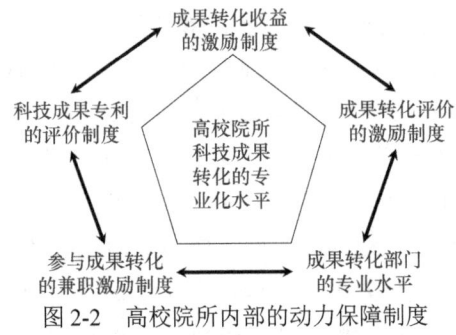

图 2-2　高校院所内部的动力保障制度

（1）成果转化收益的激励制度。高校制定的具体经济激励措施是推动高校科研人员进行科技成果转化的重要动力。2015 年修订的《中华人民共和国促进科技成果转化法》颁布，各地方政府响应中央号召，制定或修订了地方的科技成果转化政策；各高校也纷纷制定了相应的《知识产权管理办法》、《科技成果转化管理办法》或《科技成果评估处置和利益分配管理办法》等规定。各高校也依据各地经济、文化等因素的差异和自身对科技成果转化工作的认识以及过往的经验，规定了成果转化收益的奖励比例。其中，以清华大学、浙江大学、武汉大学、中南大学等为代表的收益分配比例为不管是现金收益还是股权收益，一律是科研团队占 70%，学校和学院各占 15%；湖南大学则将科研团队、学校、学院所占比例设定为 80%、10% 和 10%，给科研人员以更强的激励，以促进科研人员参与科技成果转化。美国高校技术转移机构广泛使用"三三三制"利益分配原则，即发明者、发明者所在院系和发明者所在学校分别获得专利使用费净收入的三分之一，这种分配原则更大地调动了学校和院系参与科技成果转化工作的积极性。这一状况也显示了我国与美国在科技、经济实力以及社会文化等方面的差异，这些差异导致两国在分配比例上呈现出较为不同的分配模式。

科技成果转化收益的处置存在现金收入个税较高、高校股权作为国有资产在管理中手续复杂的问题。例如，中南大学科研部的一位负责人表示，因为以现金转化的形式提取成果转化现金收益时需要上缴大额的个人所得税，于是他们采取了较为灵活的解决方案，将签订合同70%的收益给课题组，让课题组自行决定收益处置方式。①可以全部提取现金，但需要缴纳的个人所得税高，所以很多教授不愿意，如一位院士的项目收益为315万元，一次性提走最后获得不到总收益金额的40%；②可以全部作为科研经费，但是报销麻烦；③可以部分现金提走、部分留作科研经费。比较好的改善是在2018年5月，财政部、税务总局与科技部联合出台了《关于科技人员取得职务科技成果转化现金奖励有关个人所得税政策的通知》的文件，其中说明了依法批准设立的非营利性研究开发机构和高等学校，从职务科技成果转化收入中给予科技人员的现金奖励，可减按50%计入科技人员当月"工资、薪金所得"，依法缴纳个人所得税，以此提高科技人员科技创新成果所得。遗憾的是在本课题组实际访谈的时间点，还有很多地方政府或高校没有形成具体落实的文件，对于减税的实际效果，暂且无法准确评判。此外，当企业融资方式为作价入股时，初创企业可能要经过多轮融资且刚开始收到的投资可能比较少。然而，随着技术越来越成熟，企业需要引入战略投资，其资产、价值都会发生变化。学校股权作为国资管理，相关手续可能较为复杂。因此，很多企业不希望学校持股，尤其当企业处于准备上市阶段时，学校在上市前退出很可能使企业损失大量利益。

（2）成果转化评价的激励制度。科研激励是在经济激励不起作用时的动力补充保障。在经济激励方面，各高校基本呈现以收益的70%为基准向上浮动的模式。然而，部分高校科研人员参与科技成果转化的热情仍然不高，这是因为当科研人员收入已经能够充分满足生活需求时经济激励对他们而言效果并不明显，也就是说，有重大科技成果的科技人员在学校的职务和研发收入都比较高时，经济激励的边界递减效应明显。西安交通大学某学院的院长说道，有很多实力强的科研人员，自身的收入本就不低，他们觉得现有的收入完全可以满足他们的生活，做科技成果转化的风险太大而且会分散做科研的精力，因此不愿意去做。武汉大学的一位教授则持相反的看法，在被问到做科技成果转化是否会影响平时的科研工作这一问题时，他表示这个肯定影响文章、纵向课题申请，但他认为如果研究成果能够变成产品在市场上被广泛应用，产生较大的社会影响力，其成就感也会更高。山东大学做了一个尝试，在教学型、科研型和教学科研型教授的基础上，新增了产业型教授，实施教授分类考核，让科研人员意识到做科技成果转化是可以评职称的，是被高度重视的。

（3）成果转化部门的专业水平。高校科技成果转化部门的专业性不足是科技成果转化效果较差的主要原因。高校的科研部或新设立的科技成果转化中心、技术转移中心或成果与知识产权管理办公室等机构，承担了高校科技成果对外转化的主要功能，其不仅需要具备较强的行政管理功能，而且需要提供科技成果转化服务的专业性增值服务，各高科技成果转化部门专业化水平差异是造成不同高校科技成果转化效果差异的重要原因。清华大学成果与知识产权管理办公室提供了非常完善的服务，使科技成果转化工作成为全国各高校的标杆。在清华大学发明人需要进行科技成果转化时，首先成果与知识产权管理办公室的工作人员会对技术进行分析制定转化策略，其次该部门将寻找技术需求方并推广技术，最后该部门找到合作方后会通过许可、转让或作价入股等方式实现科技成果转化。如果发明人有意向，成果与知识产权管理办公室还会协助发明人进行自主创业实现成果转化。

（4）参与成果转化的兼职激励制度。高校科研人员兼职参与科技成果转化是一个较为敏感的问题。尽管2017年发布的《中共教育部党组关于加快直属高校高层次人才发展的指导意见》提出，教学科研人员在学校同意的前提下，按规范的制度和程序到科研机构、企业兼职，然而各高校对于具体细则的落实有较大差异。武汉大学老师表示学校对兼职还没有相关规定，采取睁一只眼闭一只眼的态度，既没有明面上的支持但也没有反对。《清华大学关于教师校外兼职活动的若干规定（试行）》和《湖南大学关于教职工校外兼职的若干规定（暂行）》等规定，说明了高校老师兼职管理的流程、工作时间的要求和取酬等问题，将在校老师的兼职问题公开化、透明化处理，这对高校老师一直担心的兼职取酬问题是非常重要的突破。

（5）科技成果专利的评价制度。正确看待专利价值是促进专利成为科技成果转化动力的重要保障。高校专利数量成为评估高校实力的一个标准，部分高校在科研人员考核要求中加入了专利数量考核，导致涌现了很多没有任何实际转化价值的"注水专利"，影响科技成果转化工作的效率和质量。中南大学科学研究部负责人表示，实际有价值的专利成果数量远远少于明面的专利数量，很多教师撰写专利是为了评职称和拿绩效。部分企业也利用一些没有价值的专利申请高新企业的牌子以达到免税的目的，利用政策依靠政府补贴存活。令人欣慰的是，现在大多数高校已经认识到这一问题的严重性，不再以专利数量作为奖励和评职称的标准，而是侧重于专利转化产生的经济与社会效益，教师若想凭借专利获得经济收益，就要进行科技成果转化，形成科技成果转化供给的良好生态。

2.1.3 面向产业主体的动力保障制度演进特征

《中华人民共和国国民经济和社会发展第十四个五年规划和2035年远景目标纲要》（以下简称"十四五"规划）第二篇"坚持创新驱动发展 全面塑造发展新优势"中第五章明确提出要"提升企业技术创新能力。完善技术创新市场导向机制，强化企业创新主体地位，促进各类创新要素向企业集聚，形成以企业为主体、市场为导向、产学研用深度融合的技术创新体系"。习近平总书记在中国科学院第二十次院士大会、中国工程院第十五次院士大会和中国科协第十次全国代表大会上发表重要讲话，强调"要增强企业创新动力，正向激励企业创新，反向倒逼企业创新。要发挥企业出题者作用，推进重点项目协同和研发活动一体化，加快构建龙头企业牵头、高校院所支撑、各创新主体相互协同的创新联合体，发展高效强大的共性技术供给体系，提高科技成果转移转化成效"①。

企业参与科技成果转化不同阶段的深入程度和承载体功能的有效发挥是决定科技成果转化成败的关键。如图 2-3 所示，企业可以在立项阶段就参与科技成果转化的研发，这要求企业必须是具备一定的科技和经济实力的市场现存企业，以参与科技项目立项或者和高校共建实验室的模式，在立项初期就引导成果按照企业的需要进行研发创新研究。此外，企业进行成果转化的常见参与方式还有如下两类，一是在产品化试验阶段接收实验室成果，依靠企业的资金和科研人员的能力完成产品化试验，将科技成果转化为产品进入市场；二是企业直接购买已经基本具备产品属性的成果进行产品试验，主要任务是将其推向市场，并和科研人员逐步改良产品，使其更加适应市场的真实需求。以上两类参与模式的特点是企业获得的是已经产生的成果，企业可以对现有成果进行购买，或者将成果转化后续流程作价入股新创企业。

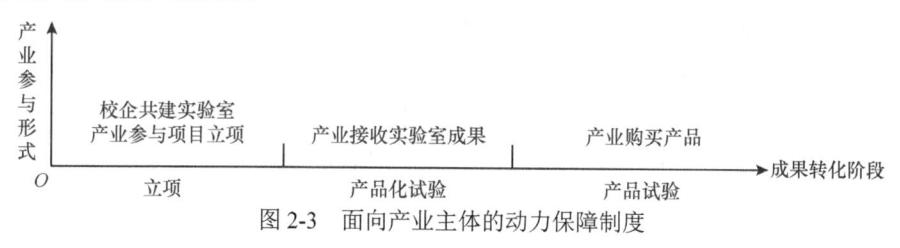

图 2-3 面向产业主体的动力保障制度

（1）产业参与立项阶段的动力保障。2018 年科技部和国务院国有资产监督管理委员会印发的《关于进一步推进中央企业创新发展的意见》提出，在集中度较高、中央企业具有明显优势的产业领域，将中央企业的重大创新需求纳入相关科技计划项目指南，支持中央企业牵头承担国家科技重大专项、重点研发计划重点专项和"科技创新 2030-重大项目"，结合项目特点，可按照"一企一策"原则制定管理、投入和知识产权分享机制，优化管理流程，提高实施效率，一体化推进基础研究、共性技术研发、应用示范和成果转化。2019 年 1 月科技部部长王志刚在召开的第十二届中国产学研合作创新大会上指出，科技部将加快构建以企业为主体、市场为导向、产学研深度融合的技术创新体系，进一步优化创新创业生态，为民营企业营造公平

---

① 《（受权发布）习近平：在中国科学院第二十次院士大会、中国工程院第十五次院士大会、中国科协第十次全国代表大会上的讲话》，https://www.chinacourt.org/article/detail/2021/05/id/6067608.shtml，2021 年 5 月 8 日。

竞争的创新环境和市场环境。同时，支持民营企业加大科技投入，充分利用好各类政策工具，采取前期资金投入、后期补助等方式，对民营企业竞争前技术研发给予扶持，鼓励有能力的民营企业探索前沿无人区。完善科技金融体系，强化对民营科技企业创新创业成长阶段的资金支持，缓解高成长性企业可能面临的融资难、融资贵的问题。总之，要充分发挥民营企业机制体制灵活、市场敏感度高等特点，推动高校和科研院成果在民营企业转移转化，加快形成具有市场竞争力的产品[①]。各级政府也应针对研发创新平台、企业技术中心等项目建设，以及在重点高新技术领域发挥引领作用和进行成果转化的企业制定一系列资金补助和奖励计划。

2018年中美贸易摩擦升级和技术壁垒不断加强，我国在光刻机、操作系统、高端芯片等技术领域出现了"卡脖子"问题，凸显了基础研究薄弱成为创新驱动发展战略的短板这一问题。习近平总书记在党的十九大报告中提出"加强应用基础研究，拓展实施国家重大科技项目，突出关键共性技术、前沿引领技术、现代工程技术、颠覆性技术创新"的重要创新任务[②]。基于市场导向，国家十分重视企业在重大项目科技攻关立项中的直接参与，政府也鼓励企业构建开放式创新平台以投资与其未来发展相关的应用基础研究，撬动社会资本联合投资进行科技攻关。在政府相关政策的支持下，这些开放式创新平台形成了推动关键核心技术创新的多模态联合体。企业与政府、社会资本提供方成立种子基金，为科研团队提供资金，支持科研团队进行与企业未来发展领域相关的基础项目研究，培养出相关领域的专业人才，进而使研究成果能够转化为专利、样品等技术成果。企业主导将技术成果在企业内外部平台与其他创新主体的技术进行集成创新以形成新技术，再经小试、中试、产品定型等环节最终形成产品，而后企业将获得与其他参与主体分享的经济效益，或是继续将收益投资种子基金持续支持基础研究。政府与科研团队从中获得社会经济效益，激励科研团队参与应用基础研究，形成长期合作攻克关键核心技术的创新联合体。各创新主体以契约的形式参与到企业应用基础研究到商业化的过程中，越前端的创新主体其投资收益越高，该契约设计激励社会资本投资企业的应用基础研究，同时鼓励各创新主体参与原始创新。

（2）产业参与中试阶段的动力保障。以利益为导向的企业会自主地追求具有充分市场潜力的科技成果，拒绝没有市场价值的或者市场价值尚未被发掘的科技成果。在科技成果转化涉及的多元参与主体中，企业作为科技成果的需求方，本身就依附于市场规则的大环境存在，拥有着追求利益的动力。当企业认为某项科

---

① 《科技部：鼓励支持民营企业参与国家重大科技任务》，http://www.xinhuanet.com/politics/2019-01/06/c_1210031490.htm，2019年1月6日。

② 引自2017年10月28日《人民日报》第1版的文章：《决胜全面建成小康社会 夺取新时代中国特色社会主义伟大胜利》。

技成果具有巨大的市场潜力时，会主动寻求合作；若企业认为科技成果转化的成本风险大于其预测收益时，往往不愿意参与到该科技成果的转化实践中。在产品化试验阶段的成果往往以实验室技术形态存在，成果能否成功产品化以及其具有的市场价值均具有很大的不确定性，这使企业在接收科技成果转化时面临巨大的风险。

国家为了补偿企业在产品化试验阶段承担的风险，多次出台了研究费用的税前加计扣除政策，呈现出逐步扩大可税前加计扣除费用的范围以及对费用种类说明更详细的态势，体现了国家支持力度的加大和规范税收管理的加强。2008年国家税务总局发布了《关于印发〈企业研究开发费用税前扣除管理办法（试行）〉的通知》，提出当企业从事《国家重点支持的高新技术领域》和国家发展和改革委员会等部门公布的《当前优先发展的高技术产业化重点领域指南（2007年度）》规定项目的研究开发活动时，其在一个纳税年度中实际发生的部分类目费用支出，允许在计算应纳税所得额时按照规定实行加计扣除。2013年出台的《财政部 国家税务总局关于研究开发费用税前加计扣除有关政策问题的通知》指出企业从事研发活动发生的五险一金费用、研发活动费用、测试费用、鉴定费用等支出，可纳入税前加计扣除的研究开发费用范围。2015年财政部、国家税务总局和科技部联合出台的《关于完善研究开发费用税前加计扣除政策的通知》指出，企业开展研发活动中实际发生的研发费用，未形成无形资产计入当期损益的，在按规定据实扣除的基础上，按照本年度实际发生额的50%，从本年度应纳税所得额中扣除；形成无形资产的，按照无形资产成本的150%在税前摊销。

2020年5月，科技部等九部门联合印发《赋予科研人员职务科技成果所有权或长期使用权试点实施方案》，通过赋予科研人员职务科技成果所有权或长期使用权实施产权激励，完善科技成果转化激励政策，激发科研人员创新创业的积极性。然而，科研人员的技术成果进行二次开发和应用的过程中，存在开发周期长、不确定性高、市场接受度低等现实条件约束，需要大量资金支持。在我们对高校科研团队、创业企业调研时，多名受访者表示，风险投资公司和基金管理公司等风险投资机构看重回报率和回报周期，更愿意直接投资产品或是已看到市场价值的初创公司，而不是原始的技术成果。因此，企业与科研团队合作进行技术成果的二次研发，既可解决企业发展过程中的技术需求，又可解决科研团队在技术成果向商业化转化的过程中面临的资金缺乏、难以找到承载企业等问题。

（3）产业参与试验阶段的动力保障。产品试验阶段成果的市场价值已经得到了初步的发掘，然而新产品的价值是否能够替代已被成熟应用多年的旧产品，是企业产品市场化时面临的问题。因此，我们需要关注当科技成果形成新产品的价值未被市场充分挖掘时，如何催生企业生产新产品的动力，进而使企业参与到科技成果转化"最后一公里"的市场攻关工作中这一问题。武汉大学自强创业班的一位教授指出，在当前的市场环境下，高新技术创业和一般创业的很大区别在于市场的教育程度差异。现在企业追求热点更容易赚到快钱，而真正要做创新产品的事情却面临较大困难，这是因为一方面市场对新产品不熟悉、不了解，企业不愿意放弃已有的成熟产品冒着风险去尝试新产品；另一方面解决科技成果转化到制造出新产品实际上是有困难的且是一个漫长的过程，目前市场上还没有很好扶持创新产品发展的办法。湖南大学科技成果转化中心（知识产权中心）的负责人提供了一个很好案例，陈政清院士的团队发明了电涡流阻尼器减振技术，发明出来时是领先于当前市场的新技术。当时市场广泛应用的是德国油压阻尼减振技术，对于业主单位来说应用新技术风险很大，很多企业宁愿花更多的成本使用旧的成熟的技术，也不愿冒险使用据说成本更低效果更好，但未经过市场验证的新技术。为了让该技术打开市场，湖南大学科技成果转化中心（知识产权中心）和科研团队商量，决定以20万元的较低价格授权给一家做减振的公司，用来给上海中心大厦做减振。结果在新技术使用后不久，上海经历了13级台风，上海中心大厦很好地经受住了台风的考验，于是电涡流阻尼器减振技术才慢慢打开了国内市场。

国家发展和改革委员会2018年4月出台的《关于促进首台（套）重大技术装备示范应用的意见》指出，对从事重大技术装备研发制造的企业，按现行税收政策规定享受企业所得税税前加计扣除优惠，经认定为高新技术企业的，减按15%税率征收企业所得税。企业购置首台套产品，符合现行税收政策条件的，按规定享受税收抵免、固定资产加速折旧等税收优惠政策。面对首台套产品风险问题，需要增强保险"稳定器"作用。①继续实施首台套保险补偿政策。积极营造良好的政策环境和社会氛围，吸引更多企业参与。②优化首台套保险运行机制。完善能进能出的动态调整机制，优化事故责任鉴定流程，建立健全理赔快速通道，积累有关保险数据，不断优化保险方案，提供优质服务。③鼓励地方和保险机构积极探索。鼓励有条件的地方结合产业基础、行业特点自主研究制定保险补偿政策，并做好与国家首台套保险补偿政策的区分和衔接；鼓励保险机构根据市场需求，在中央和地方首台套保险补偿政策外，创新险种、扩大承保范围。然而，在课题组访谈的时间节点，有些地方政府没有形成具体落实文件，有些即使形成了文件，在文件出台后也未有重大技术装备科技成果转化的案例，因此对于该政策的实际效果暂且无法准确评判。

（4）促进产业全流程参与科技成果转化的动力保障。中小企业受资金、人才等创新资源约束，自行投入R&D（research and experimental development，研究与试验发展）成本太高，在完善的技术市场和信息对称的前提下，中小企业获取交易技术信息将具有更高的便利性和可行性。据统计，我国科研成果转让中2/3是自行联系洽谈完成的，利用技术市场的仅占10%。很可能出现资金丰富的企业无法及时得到新技术，还要花去大笔的"搜寻成本"，而有技术的科研机构将新技术束之高阁，难以适时实现商业化转移转化的情况。大企业与中小企业不同，其拥有成熟的 R&D 部门或研发团队，一般研发工作可以在企业内部完成，在寻求超出企业当前研发能力的颠覆式创新技术或具有战略意义的前瞻技术研发时，为了避免帕金森定律、路径依赖等造成的创新效率低下问题，大企业会考虑利用外部风险投资现有技术，或投资具有相应研发能力的研究团队进行技术开发，以抢占市场技术前沿和实现更强的市场资源集聚。

企业风险投资（corporate venture capital，CVC）是指主营业务为非金融类的企业作为 CVC 母公司，向创业企业进行资金及技术方面的投资，通过换取创业企业部分股权实现财务目标及战略收益的投资方式。基于 CVC 对投资失败的包容性，这一投资方式使上市公司轻松打破与创业企业间的壁垒，提高企业投资效率，调和企业短期盈利率和长远发展前景的矛盾，并激发企业的自主创新活力，使企业能够从容迎接突破性技术创新带来的挑战。随着 2015 年《国务院关于大力推进大众创业万众创新若干政策措施的意见》的发布，我国创业者高涨的创业热情带动了 CVC 的爆发式增长，越来越多的大规模企业开始采用 CVC 方式补充或取代公司组织内部的研发活动，以保持企业的持续创新能力和竞争优势。大规模企业进行 CVC 不仅是学习和吸纳前沿技术、创新商业模式的有效方式，而且是企业业务扩张形成产业生态圈的重要创新手段。虽然国内公司的 CVC 与传统创业投资相比发展较晚，但目前其在整个风险投资行业中所占的总投资份额已日趋上升。根据 CB Insights 数据智库公布的数据，2017 年全球 CVC 投资金额已经占全部风险投资交易金额的 20%，投资数量占独立风险投资（independent venture capital，IVC）数量的 25%；2018 年全球 CVC 投资金额已占全部风险投资交易总额的 23%，累计金额达 530 亿美元；2020 年全球 CVC 投资金额占风险投资总额的 24%，投资金额为 731 亿美元并创历史新高。此外，中国 CVC 发展更为迅速，2020 年中国 CVC 参与的投资金额达 110 亿美元，同比增长 68%。从 2013 年起中国互联网企业快速增长，我国 CVC 进入爆发式增长期，腾讯、阿里巴巴、京东、小米等互联网巨头都设立了独立子公司或战略投资部门以开展 CVC 活动，联想、复星、海尔等传统企业也开始在行业内外大举投资。与 IVC 投资行业广泛分布在各行业赛道这一特点不同，CVC 往往沿着大企业所在的产业生态链进行新业务战略布局。由此可见，大企业开展 CVC，不仅是促进企业自身发展、实现突破性创新的重要举措，还可以通过产业与资本的有效配置，引导企业资金由虚向实转化进而促进企业的开放式创新，这既有助于解决小微创新企业融资难的问题，又可以作用于传统企业转型升级，助力底层创新，提升中国企业的国际影响力，全面推进国家创新体系建设，实现经济结构转型。

2.2 我国科技成果转化全链条定价制度的发展特征

科技成果转化的合理定价是科技成果成功交易转化的基本保障，科技成果转化的合理可行定价使得科技成果成功转移转化与承接方的交易更加流畅。厘清改革开放以来宏观科技成果转化定价政策的历史演进与当前全国各地、各高校科技成果转化定价政策的基本情况，是研究科技成果转化定价的重要依据。本节以各机构的科技成果转化定价政策为研究对象，依据政策工具理论及政策量化分析方法，基于制度要素-政策工具维度与定价过程活动类型维度构建分析框架，对政策进行收集、整理、编码和量化分析，辨析制度安排特征变化及其影响因素，并揭示我国科技成果转化定价政策的演进格局。斯科特在1995年指出规制要素、规范要素与认知要素共同构成制度并分别具有独特的遵守基础：规制要素强调明确的、外在的规制过程；规范要素强调说明和评价维度，包括价值观和规范；认知要素强调组织或个体对制度理解是由外在文化框架塑造的，规制、规范和认知三类制度要素相互协调，是组织整体稳定运行的支撑。政策工具是为取得政策目标而采取的手段、技术或途径，规制要素对应于权威工具、激励工具与系统变革工具，规范要素对应于能力建设工具，认知要素对应于象征和劝诫工具，各类的政策工具定义、表现形式与假设前提不同。从政策类型角度，根据科技成果转化定价的规律和特点，界定、准备、处理、反馈四类活动协调配合的制度安排构成了完整的治理体系。

2.2.1 基于政策工具维度的科技成果转化定价制度阶段特征分析

改革开放四十多年以来，我国科技成果转化体制发生了重大变革，从由政府计划主导转化过程的全链条转化为由市场供求关系主导的科技成果转化，配套的相关法律法规逐步健全，技术交易市场从无到有，风险投资机构等产生并逐步壮大发展，定价方式形成了多元化的模式，这保障了我国创新驱动发展战略的有效实施，也有效支撑了科技发展对经济发展的乘数效应和模式转变。纵观四十多年来的变革，依据法规政策的出台与重大事件的发生可以将科技成果转化分为四大阶段：第一阶段，1978年至1992年，我国积极探索市场化的科技成果转化体制，由政府牵头初步建立了中国技术转移市场，举办了全国技术成果交易会等，国家实施若干科技计划加强科技成果推广应用，大力发展技术市场，支持科技人员合理流动等，促进科技与经济的结合，科技成果转化呈现出全面开花的态势；第二阶段，1993年至2005年，社会主义市场经济体制的建立不仅标志着中国深化改革的推进，同时也促进了科技成果转化，加快了定价机制的形成，引入高新区、企业孵化器、生产力促进中心等促进科技成果转化的承载实体，完善支持中小企业技术创新的软环境，使科技成果转化在各个方面都得到深化；第三阶段，2006年至2012年，政府出台了国家中长期科技发展规划纲要，重大科技成果转化的各项相关法规与条文进一步得到了明晰和完善，通过国家技术创新工程和税收优惠政策等措施推动科技成果转化，科技成果转化呈现加速发展的态势；第四阶段，2013年至今，党的十八大提出了实施创新驱动发展战略，科技交易市场制度得到了完善和规范，突破了科技成果转化的体制机制等障碍因素的制约，使得政策环境条件保障进一步完善。

第一阶段，我国颁布的政策和意见首先是规制要素，占总体的62.5%；其次是规范要素，占总体的25%；最后是认知要素，占总体的12.5%。1980年国务院提出了创造发明的重要技术成果要实行有偿转让的政策，科技成果转化进入了初始和拓荒阶段，国家需要运用权威工具对各个机构的职责与权力进行规定，制定各个机构在科技成果转化中应发挥的作用。规制要素的使用可以加速新领域的建设过程，因此我国在第一阶段以使用权威工具为重点并辅以能力建设工具，对成果转化初期遇到的问题通过推动建设第三方机构、培养相关技术人才、开拓市场等方法来提供解决方案。

第二阶段，我国颁布的政策规制要素占总体的50%，规范要素占比相较于第一阶段由25%大幅提升到41.6%，认知要素的使用仍然停留在较低的水平。在完成科技成果转化领域建设的初期，出现了技术交易市场不能有效率地运营等问题，第二阶段国家更着重于完善能力建设工具，通过加大第三方交易及评估机构的建设力度、拓宽交易平台等措施使成果转化更合理和更具效率。2002年国家经济贸易委员会、教育部批准组织和引导专业技术力量发展科技中介机构，组织有条件的科研单位、高等院校立足于科研设备优势和人才优势，兴办各类科技中介机构，使第三方定价为科技成果承接方与转让方提供参考依据，推动技术交易市场的稳定运行，完成了科学成果转化领域主体生态环境的架构建设。

第三阶段，2006年全国科技大会首次明确提出建设创新型国家战略并颁布了《国家中长期科学与技术发展规划纲要（2006—2020年）》，我国科技改革政策由"国家主导型"转变为"国家指导型"，并更加注重市场的调节作用，国家发行的政策多为指导性政策，为各省市科技成果转化提供指引。第三阶段国家层面关于科技成果转化定价的相关政策样本较少，不具备较高的参考性，但各省市关于科技成果转化定价的政策相继出台，为我国科技成果转化改革提供了动力保障。

第四阶段，十八大以来，规制要素在我国颁布的科技成果转化定价政策中又重新占据主导地位，占总体的70%；其次是规范因素，占总体的30%。这说明前三阶段完成了第三方交易机构的建设，科技成果转化已建立较为完善的定价机制。因此，第四阶段国家减少了对能力建设工具的使用，把重点重新放在对权威工具的使用上，通过对科技成果转化定价中具体细节步骤的进一步规范，保证成果转化市场的稳健运行，为各高校科研机构制定科技成果转化管理办法提供指导参考。

基于主题和关键事件等梳理改革开放四十多年以来国家出台的科技成果转化定价相关的政策及意见，得到的政策工具的定义、表现形式与假设前提的梳理结果如表 2-1 所示，定价活动类型及主要环节的梳理结果如表 2-2 所示。从表 2-1 可以看出，首先规制要素占全部政策的比重最大，政策呈现以规制要素为主的局面；其次为规范要素，而规范要素中以能力建设工具为主；最后为认知要素。梳理国家出台的关于科技成果转化定价的政策及意见发现，政府更加偏重使用规制要素中的权威工具，呈现形式为面向各企业、高校及相关科研机构的命令、规定、许可等，这也表明国家为防止出现破坏市场规则的行为，给出了指导方式与制约方法。从表 2-2 可以看出，科技成果转化的活动类型主要包括界定、准备、处理、反馈四类。相关国家政策强调对于能力建设工具的使用，并关注第三方交易评估机构建设和具有评估定价相关技术人才培养等政策。这些科技转化活动拓宽了流通渠道，创建了交易平台，为科技成果转化交易提供了媒介，也为科技成果转化定价提供了标准与参考，促使成果转化市场更加健康地发展。受科技成果转化定价本身的性质约束，科技成果评估定价更多地基于事实与数据，国家颁布的政策和意见很少使用与价值原则相关的象征和劝诫工具。

表 2-1 政策工具的定义、表现形式与假设前提

制度要素类型	工具类型	定义	表现形式	假设前提
规制要素	权威工具	教育部运用自身的政治权威对政策目标对象（高校本科生、研究生、教师和/或科研人员等）和政策执行者（高校）的行为进行强制性规定要求	命令、规定、许可、禁止等	政策执行者不需要额外的刺激或回报就能按照指示行动，预期结果是服从或做出与要求一致的行动
	激励工具	凭借正向或负向的回报和反馈来诱使政策目标对象和政策执行者采取政策制定者所期望的行动	奖励、处罚、授权等	政策执行者追求自身效用最大化，对激励产生回应
	系统变革工具	当政策制定者认为现有激励和资源配置下的组织不能产生期望的政策效果时，需要通过对组织结构的变革来重新分配权威，以促进政策目标的实现	新组织建立、已有组织裁撤或合并、职能重新界定等	政策环境和政策目标对象发生变化，已有政策工具已难以奏效
规范要素	能力建设工具	通过向政策目标对象和政策执行者提供各种培训教育、相关设备或工具、有效信息、评估等来为他们期望的行动提供各方面支持	资源支持	政策目标实现的主要因素是政策目标对象缺乏能力、技术、培训、信息等资源，而非其意愿，政府提供的资源预期能带来长远收益
认知要素	象征和劝诫工具	通过对人们价值观和信念等的引导、启发和互动等促使政策目标对象和政策执行者采取相关行动	象征、呼吁等无形价值	政策目标对象的行动基于信念和价值判断，当政策提倡事项与自己价值观一致时，会更主动地行动

表 2-2 科技成果转化定价活动类型及主要环节

活动类型	主要环节	备注
界定	转化价格界定	科技成果的转化是否有偿
	转化方式界定	科技成果转化的不同方式或模式
	定价方式界定	科技成果转化定价的不同议价形式
准备	技术市场准备	拓宽技术市场及成果流通渠道等
	第三方机构准备	建立第三方评估的机构及定价机构等
处理	科技成果转化的定价流程	定价的原则、步骤、过程等内容
反馈	对定价过程的监督	对不同定价过程的反馈与监督
	信息公开	向社会适当公开成果转化定价的具体信息

综上所述，基于制度要素-政策工具维度研究发现，国家科技成果转化定价的制度安排整体呈现以规制要素为主的格局，尽管规制要素所占比重也有波动，但其一直处于较高水平，并且相关政策数量持续增长。这说明在制定科技成果转化定价的相关政策时，国家更倾向于通过规定、许可以及禁止的方式对各机构的职责进行约定，保证成果交易市场稳健运行，例如国家设立的研究开发机构、高等院校对其持有的科技成果，可以自主决定转让、许可或者作价投资，但应当通过协议定价、在技术交易市场挂牌交易、拍卖等方式确定价格。规范要素的演变特点阶段性较强，政府采用能力建设工具对第三方机构以及交易平台的建设进行推进。第一阶段科技成果转化处于拓荒时期，国家对第三方机构的建设要求较低，但随着时间的推进以及转化定价过程中各种不合理问题的出现，第三方机构的定价及交易的引入发挥了重要作用，因此第二阶段国家更着重于对能力建设工具的使用。当第三方机构及平台的运行有了较为完善的规定时，规范要素所占比重也相应地下降。此外，由于科技成果转化定价本身属性的制约，在改革开放以来的每一阶段，认知要素所占比重一直处于较低水平。

2.2.2 基于活动类型维度的科技成果转化定价政策类型特征分析

根据科技成果转化定价的规律和特点，从政策类型角度给出的界定、准备、处理、反馈四类活动协调配合的制度安排的政策类型占比格局如图 2-4 所示，深入挖掘发现以下特点。

第一，界定、准备、处理、反馈四类政策结构差异大。准备活动占比最大，为 43.7%；其次为界定，占比为 31.3%；反馈与处理活动均占 12.5%。这说明政策的关注重点在于对科技成果转化市场方式方法的宏观性要求、技术交易市场的构建以及第三方交易评估机构的建设，以保障科技成果转化交易定价过程合理有序地运行，而不对定价的具体步骤以及细节进行要求，这也说明了国家重视发挥相

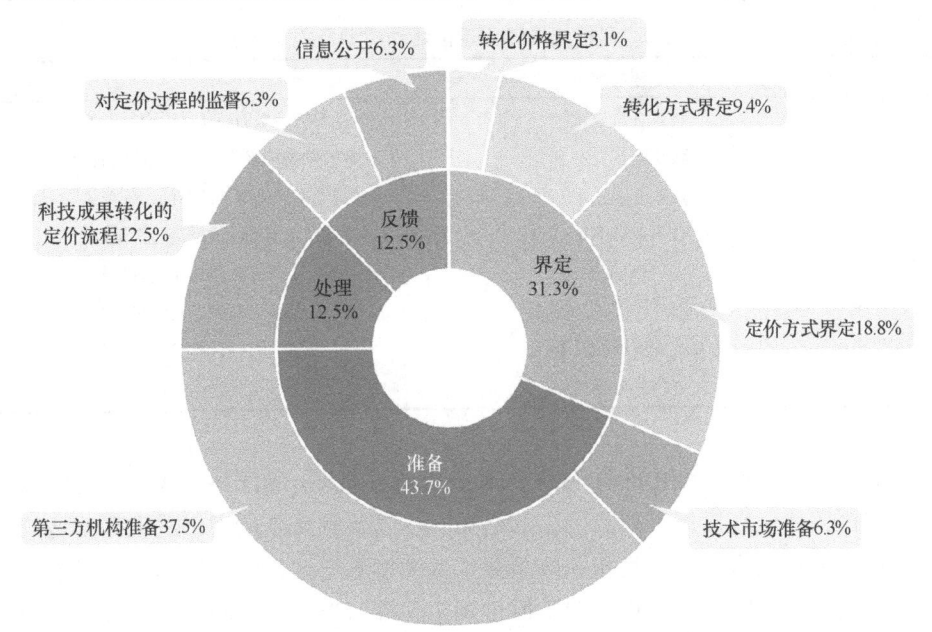

图 2-4 科技成果转化定价政策的活动类型比重图
因四舍五入，图中数据存在加和不一致问题

关机构的主观能动性以促进科技成果有效转化。

第二，不同活动类型的具体环节占比存在差异。在准备活动中第三方机构的准备占比较大，占总体的 37.5%，说明政策偏重完善第三方评估与交易机构的定价监督方面，以保证科技成果转化的合理定价；技术市场准备作为一种带有启迪和开拓性质的活动，在政策发展演变过程中占比较低，为 6.3%。在界定活动中以科技成果转化的定价方式界定为主，占比为 18.8%，进一步说明国家对科技成果转化的定价途径进行了合法规定，为各高校各机构完成定价过程提供了可遵循的依据。在处理活动中国家颁布的政策强调了定价过程应该遵循的步骤，因此科技成果的承接方与转让方可以按照政策提供的步骤开展流程，使科技成果转化过程得以有序运行。在反馈活动中对定价过程的监督与信息公开的比重相同，均占总体的 6.3%，表明国家对于内部监督与外部监督呈现双管齐下的态度，在定价过程监督反馈的基础上，社会公众也能够在转化结束后对定价结果进行监督。只有内外部力量同时发挥作用，科技成果转化定价才能更加合理。

第三，不同时间段由特定问题导向产生的政策数目提升。从发展阶段来看，科技成果转化定价四类政策呈现出一定的时间规律。第一阶段科技成果转化市场处于拓荒期，大部分政策为界定活动，为科技成果转化定价提供依据与指导。第二阶段科技成果转化的定价过程出现了许多问题，因此国家出台了大量基于准备活动类型的政策，目的是通过第三方机构的介入使科技成果转化过程稳健运行，使科技成果定价活动更具合理性。经过了第三阶段中我国的科技深化改革实践，各项活动在政策中所占的比重在第四阶段又恢复了新的稳定状态。

综上，基于活动类型维度的科技成果转化定价政策分析发现，科技成果转化定价制度整体上侧重准备活动，但随着时间的推移以及实践问题的产生，各种活动的比例又会发生一定程度的波动。针对第一阶段中发现的实践问题，第二阶段国家着力引入第三方机构来平稳市场运行，如 2015 年修订的《中华人民共和国促进科技成果转化法》第三十条提出"国家培育和发展技术市场，鼓励创办科技中介服务机构，为技术交易提供交易场所、信息平台以及信息检索、加工与分析、评估、经纪等服务"的内容。此外，国家出台了大量关于第三方机构准备的政策，并且特别注重细节的具体要求。

2.2.3 基于实际调研的科技成果转化定价特征分析

《中华人民共和国促进科技成果转化法》第十八条规定科技成果转化定价方式主要有以下三种：协议定价，以及在公开的技术交易市场上挂牌交易或者拍卖定价。《中国科技成果转化 2020 年度报告（高等院校与科研院所篇）》与《2020 全国技术市场统计年报》全面统计了 2019 年度高等院所与科研院所科技成果转化合同的定价评估情况，结果显示整体科技成果转化合同以协议定价和不评估为主。

以协议方式定价的科技成果转化项目为 14 392 项，占科技成果转化项目总数的 97%，合同金额 143.5 亿元；以拍卖方式定价的为 170 项，占总数的 1.1%，合同金额 1.3 亿元；以在技术交易市场挂牌交易方式定价的为 275 项，占比 1.9%，合同金额 7.6 亿元。协议定价方式程序简单，交易双方深度参与定价过程并在形成共识后达成交易，且交易结果在有限范围内公开，因此该种定价方式容易被企业接受而广泛采用。拍卖定价的定价方式的定价过程既充分公开又有竞价，但因程序比较复杂、存在较高的实施门槛而较少被采用。以在技术交易市场挂牌交易的方式定价，可使定价过程充分公开且有一定程度的竞价，但因该种定价方式的交易周期长且交易成本高而较少被采用。

经过评估的科技成果转化项目为 3370 项，占转化项目总数的 22.7%，合同成交总金额为 87.3 亿元，平均成交额为 258.9 万元。未经评估的转化项目为 11 467 项，占转化项目总数的 77.3%，成交金额为 65.2 亿元，平均成交额为 56.8 万元。由此可见，评估与未评估间的平均成交额相差较大。财政部 2019 年 3 月 29 日公布的《关于修改〈事业单位国有资产管理暂行办法〉的决定》，将是否对科技成果进行评估的决定权交给高校院所。高校院所在决定是否对科技成果进行评估还是持比较慎重的态度，从平均成交金额来看，高校院所会将交易金额较大的项目委托第三方进行资产评估，以规避交易风险。

课题组的调研验证了上述统计结果的有效性。例如，山东理工大学毕玉遂教授的无氯氟聚氨酯化学发泡剂技术的转化案例，一开始企业和学校谈判定为"专利转让费+股份"，后来企业担心国有股份不利于上市，于是便基于市场价格来计算专利转让费，费用为 4.8 亿多元，最后定为 5 亿元分期支付。中南大学科学研究部李昌友部长结合自身成果转化工作经历，认为目前科技转化定价以协议定价为主，在实际操作过程中基本是团队与企业协商定价，对于一些较大项目学校科学研究部会介入，一起和企业谈判。湖南大学科技成果转化中心（知识产权中心）曾志媛主任表示如果成果明确与学校没有关联，则通常会选择协议定价，主要考虑前期的研发成本、将来的市场等综合因素；如果成果与学校存在关联，会更加公允地评估定价。

目前有部分高校和科研院所对科技成果转化的定价尝试新的做法，例如，西北工业大学率先推出学校专利占企业干股 1% 的做法，其价值取决于专利未来落地的成长性，学校可以在后续股权融资中退出，这不仅解决了定价问题，避免了国有资产流失，而且推动了高校技术转化。中国科学院西安光学精密机械研究所、浙江大学也在探索类似的做法并已有成效，如对科技成果转化的定价方式以协议定价方式为主体，以拍卖和挂牌交易定价方式为必要补充，此外，当前也在不断尝试和探索发展一些新的定价方式。

2.3 我国科技成果转化全链条参与主体的行为关系

2.3.1 2015 年《中华人民共和国促进科技成果转化法》颁布前的阶段特征

（1）高校科技成果转化是科研人员以技术开发和服务为主的技术转化交易。《中华人民共和国促进科技成果转化法》颁布前，高校和产业间存在的较大的知识、资源异质性导致虽然产业对技术创新有明确需求，但二者进行成果转化时存在信息鸿沟和信任壁垒。这一方面是因为科研人员缺少对市场的洞察，低估或错估自己科研成果的价值；另一方面是因为产业界企业家对前沿科技和新技术研发投资持保守态度，导致产业和高校间仍难以形成长期的合作关系，目前大多数合作为一次性的技术转让，缺少联合开发和持续研发型的成果转化，阻碍了科技成果转化进程。这一时期不同主体间的合法性追求存在冲突，如早期政府对国有资产"三权"（即使用权、处置权、收益权）合法性的追求和科技成果转化过程中高校对科技成果"三权"合法性的追求存在冲突，特别是处置权合法性的需求方面，高校及科研人员身为成果的研发者却不具有成果处置权而非常被动，这一局面造成了科技成果转化过程中的体制机制障碍。同时，高校对科技成果技术先进性和理论先进性的追求和产业对科技成果经济效益的追求存在冲突，这导致高校科研人员进行成果转化的积极性较低，也存在少数制度法规不健全导致科研人员在不知情时对成果进行私自转化的情况，从而使高校知识产权流失，危害了高校作为科技创新成果供给方的利益，阻碍了高校的科技创新进程。

（2）高校科技成果转化的主要障碍是政策体系原则性和扶持力度较弱。高校科技成果转化主体间的差异性导致彼此间信息和资源流动性差，在缺乏政府合理引导的情况下很难形成有效的转化合作机制。此外，在这一时期科技中介服务机构建设不健全，发挥企业在科技成果转化中主体作用的政策停留在原则层面，对科技成果市场化的科技金融形式和平台性质的金融支持模式较少，在联结和促进企业与高校院所协同创新的中介机构建设和服务职能延伸方面缺乏以市场力量为主导的管理创新，科技成果使用权、处置权和收益权的权属分配过度刚性、成果转化激励政策力度较低，因此，科研人员进行成果转化的积极性不高。

（3）高校科研人员科技成果转化不具有政府、高校等相关部门规制合法性的支撑。高校评价体系侧重于论文发展、基金等，一定程度上束缚了科研人员将科技贡献转化的创业行为或降低了科研人员将科技成果转移到企业实际应用的自觉性。不论是通过自行投产、技术转让、委托开发还是联合开发，如果科研人员进行成果转化活动的方式不符合当时的规范，将会导致他们面临严重的合法性冲突问题。因此，科研人员在进行成果转化时缺乏市场导向，没有形成同真实市场需求间通畅的信息流通渠道，倾向整合自身手头资源和社会网络资源，虽然科研专利数量多，但真正能实现转化的并不多。科研人员自身并不具备市场开发的实力、经验和经营能力，仅凭其自身识别市场及搜寻资源进行成果转化会极大降低成果转化效率。此外，这一时期也存在缺乏科研人员与市场需求间及时沟通和协作的平台等问题，难以实现成果的持续创新研发和大规模市场化。高校科研人员进行成果转化的主要方式有以下三种。①科研人员以自身或亲友的名义将职务发明申请专利，通过成立公司或者让他人进行成果转化；②科研人员独立接受校外企业委托，利用高校投资建设的实验室、设备及其他技术条件等提供技术服务；③科研人员将其在职期间完成的科技创新成果保留至离开原单位后再申请专利，规避职务发明相关法律法规。导致科研人员对科技创新成果进行隐蔽转化的原因主要如下。①国家及高校法律法规对于科技创新成果的权属分配过度刚性；②高校、政府对科研人员的科技成果转化奖励和报酬远低于科研人员隐蔽转化所得报酬。

（4）规制的合法性冲突导致科技成果转化呈现多元隐蔽模式和不确定性。科技成果转化活动的合法性冲突较高，导致进行资源探索和社会关系联结的成本较高，因此科研人员会基于"我是谁，我知道什么，我认识谁"对成果进行隐蔽转化，或通过自身所拥有的资金资源转化成果，或选择成果所在项目的联合申请企业协作转化。对科技成果进行隐蔽转化时，科研人员首先会对职务发明等手头资源进行充分识别和拼凑，针对国有资产定价难的问题，科研人员通常会以亲友的名义将职务发明申请专利并通过成立企业的方式进行隐蔽转化，这也导致科技成果转化具有"行动者依赖"特性，而成果能否实现转化在很大程度上取决于科研人员自身识别和利用机会、资源的能力，成果转化还受科研人员的身份、知识和网络资源的影响。例如，山东理工大学毕玉遂教授在研发转化无氯氟聚氨酯化学发泡剂的初期，受申请相关经费流程的客观制约，同时也出于保密需求，其研究只能靠工资和朋友的资助进行。

科技成果转化过程存在较大的不确定性，科研人员对成果转化的时间、精力和资源投入完全基于其所能承受的风险或损失程度。在未获得多主体合法性保护和许可的情景下，科研人员感知到科技成果转化的科学定价和具体实施过程存在较高的风险，难以衡量成果转化价值，因此，在对市场机遇的识别和利用过程中更倾向选择适合自身技能和社会关系的成果进行转化，注重转化活动的损失规避。此外，科研人员在成果转化过程中会依赖成本做出决策，控制损失程度，难以全力投入成果转化活动，导致该阶段成果转化效率低下和转化效果不佳。因此，该阶段科研人员的成果转化决策蕴藏着注重控制和以可承受损失为决策原则的效果决策逻辑。

2.3.2 2015 年《中华人民共和国促进科技成果转化法》颁布至 2018 年美国等"贸易摩擦+技术壁垒"阶段特征

为进一步保证科技成果的产出率和转化率，面对科研人员隐蔽转化科技成果难以真正转化为生产力这一问题，2015 年新修订的《中华人民共和国促进科技成果转化法》颁布，从政策保障和制度优化角度为高校科研人员进行科技成果转化活动提供了合法性保障，高校科研人员的成果转化活动开始受到法律保护，有效地削减了科研人员进行成果转化时面临的合法性冲突问题，提高了高校科研人员对其持有的职务发明和科技成果的转化意愿，打开了高校科技成果转化新局面。在国家层面，下放科技成果的使用权、处置权和收益权，提出对于高校和科研院所由财政资金支持形成的不涉及国防、国家安全、国家利益等的科技成果可以进行自主转移转化；在高校院所层面，要求简化科技成果转化校内审批备案程序，要求明确科研人员参与科技成果转化的身份限定和工作界定，并对成果转化收益奖励比例做出规定。该法提出"三权"松绑，许可以科技成果作为合作条件与他人共同实施转化，鼓励企业采取与高校院所联合建立研究开发平台、技术转移机构或技术创新联盟等产学研合作方式，或以科技成果作价投资，折算股份或出资比例等。随后各部委就其职能领域先后制定相应指导意见和实施细则，推动党中央、国务院政策落实；各高校纷纷制定相应的《知识产权管理办法》《科技成果转化管理办法》或《科技成果评估处置和利益分配管理办法》等文件，同时根据对科技成果转化工作的认识及过往的经验，规定了成果转化收益的奖励比例。以清华大学、浙江大学、武汉大学、中南大学等为代表的收益分配比例规定如下：不管是现金收益还是股权收益，一律采取科研团队占 70%，学校和学院各占 15%的分配方式。湖南大学则将科研团队、学校、学院所占比例设定为 80%、10%和 10%，意在给科研人员以更强的激励，激励科研人员参与科技成果转化。

科技成果转化政策引导效应体现在政府对科技成果转化具有先导性和基础性作用，政府颁布出台的政策法规对推动科技成果转化至关重要，但先前阶段科技成果转化环境产生的"锁定效应"对《中华人民共和国促进科技成果转化法》颁布出台的一系列支持政策产生了阻碍。首先是高校科研人员的"认知性锁定"，体现为认知层面的惯性，即便已经认识到《中华人民共和国促进科技成果转化法》会提供更为宽松的科技成果转化环境，但科研人员仍然存在对先前隐蔽转化成果行为的路径依赖，"认知性锁定"会正向影响科研人员对成本和损失的感知，削弱其对收益的感知程度，科研人员的"认知性锁定"程度越高，其成果转化意愿就越低；其次是高校政策法规的"政治性锁定"，《中华人民共和国促进科技成果转化法》出台实施后，高校并没有同步制定颁布进一步推动科技成果转化活动的相关政策法规，科研人员进行成果转化活动的审批手续和程序依然繁杂，审批周期冗长，科研人员认为科技成果转化的前景和未来形势依然处于不明朗的状态，导致其进行成果转化的积极性仍然不高，大部分科研人员对于成果转化实践处于观望状态。

在《中华人民共和国促进科技成果转化法》政策支持推动下，媒体报道的和产业中成功的成果转化案例的示范，使科研人员感受到了政策放开后科技成果转化的供需空间，看到了政府、企业以及第三方中介服务机构切实推动科技成果转化目标的实现成效。高校科研人员进行科技成果转化活动获得了更多的来自政府规制的合法性、来自社会其他主体规范的合法性以及对于自身转化活动认知的合法性，大大降低了合法性冲突，提高了科研人员参与科技成果转化活动的积极主动性。同时，中介服务平台帮助科研人员对接技术成果和市场需求、政府引导基金带动风险投资助力实现科技成果的产业化和商品化、承接成果转化的企业与高校合力构建开发平台促进产学研结合，提升自主创新能力等，政策引导下更宽松的成果转化环境、更顺畅的成果转化路径，使科研人员对成果转化活动有了更积极的预期，科研人员更愿意参与到科技成果转化活动实践中。山东理工大学科学技术处副处长石文峰在访谈中提到，学校老师转化的动机很大程度上来源于《中华人民共和国促进科技成果转化法》颁布后的分配政策以及典型案例的号召，毕玉遂老师的转化案例被报道后，学校很多老师都跃跃欲试，希望学校能为自己的专利提供科技服务。因此，本阶段科研人员的成果转化决策蕴藏着目标导向和以良好预期为决策原则的因果决策逻辑。

2.3.3 2018年美国等"贸易摩擦+技术壁垒"至今科技自立自强阶段特征

2018年以来中美贸易摩擦持续升温,美国凭借在我国"卡脖子"技术方面的垄断地位,不断对我国拥有技术优势的企业和研发机构实施技术壁垒和挥舞制裁大棒,尽管美国对我国企业采取的一系列限制性措施制约了我国企业技术创新发展的步伐,但是也开创了我国高校院所科技创新和企业有效协同开发转化成果的新局面。美国在生物医药、新材料、工业机器人、新能源汽车、信息技术等高科技领域对中国征收高额关税,禁止美国企业与中国高科技企业合作,禁止中国高科技企业进入美国及相关盟国市场,并利用国际技术联盟对我国进行技术封锁。此外,美国还通过多种方式向中国施压,贸易摩擦升级和技术壁垒设限,增加有关中国企业的进出口成本,压缩中国企业利润空间,以制约我国技术创新的步伐。同时,美国还通过围堵中国的科研院校打压中国科技发展,中国多所高校机器人制造应用、高科技制造业和航天航空等专业的留学生签证被限制,多所高校被列入美国商务部"未经验证清单"。因此,在贸易摩擦和技术壁垒不断增加的环境下,中国面临影响国家长期发展的技术创新和突破困境,尤其是关键核心技术的创新突破。正如习近平总书记所说:"实践反复告诉我们,关键核心技术是要不来、买不来、讨不来的。只有把关键核心技术掌握在自己手中,才能从根本上保障国家经济安全、国防安全和其他安全。"[1]

在响应国家推动关键核心技术创新突破的号召下,高校基础研究支持体系不断得到完善,特色学科发展和优势学科建设得到重视,重点领域的基础研究得到强化,高水平研发平台和一系列技术创新中心、新兴产业创新中心加速建设,推动了企业和高校院所对新材料、生物医药、信息技术及智能制造等领域进行关键性、颠覆性、原创性和支撑性的技术开发。高校科研人员更关注对原创技术进行研发以及有效转化,以弱化对在国外技术和成果基础上进行创新的依赖;企业自身的技术研发和创新需求得到了极大的调动,促使企业在国内的高校院所中寻找可行的新技术、新方法和新工艺,为企业自立自强可持续创新提供发展动力。

本阶段科技成果转化生态环境形成了"强政府"和"强市场"的双元情境,表现为政府通过提供税收优惠、公共平台搭建等政策工具推动企业创新,市场通过发挥供需配置作用为科技成果转化注入创新活力。"强政府"和"强市场"的双元情境能够有效调动科研人员和企业进行成果研发转化合作活动的灵活性,推动科研人员在进行科技成果转化时灵活转换以及协同因果决策逻辑和效果决策逻辑。

---

[1]《习近平:在中国科学院第十九次院士大会、中国工程院第十四次院士大会上的讲话》,http://jhsjk.people.cn/article/30019215,2018年5月28日。

第 3 章　我国科技成果转化生态主体活动的实体关系特色

本章基于科技成果转化从科研立项、成果产出到最终产品创新链的投入要素与增值的过程凝练特征并给出科技成果转化实体关系和价值活动的全景图。首先，本章基于本体论利用大量调研案例信息资料，根据"构成主体—主体间协同联系—生态主体网络功能"逻辑构建科技成果转化实体关系，论证价值活动过程机理，补充科技成果转化只关注单一主体所涉及的外部影响因素等的关系研究，澄清主体间作用关系模糊等问题，揭示科技成果转化生态主体间的共生合作业态。其次，本章基于多元制度逻辑视角对政府、高校和产业间因不同价值导向、利益诉求以及行为范式导致的合法性张力展开研究，总结出科技成果转化的三阶段特征如下：第一阶段以高校和产业两大主体互动为主，高校的学术逻辑和产业的市场逻辑需求不同，因此高校和产业在科技成果转化合作的具体过程中面临行为范式张力、价值认知张力以及主导权张力；第二阶段政府通过供给侧推动路径和需求侧拉动路径，激励高校和产业间合作参与科技成果转化，大大缓解了高校与产业间的合法性张力；第三阶段政府"躬身入局"，认识到科教资源和产业资源对区域经济社会发展的重要作用，借由自身行政资源推动高校和产业两者合作持续创造科技成果转化价值来提升竞争力。最后，提出学术逻辑和市场逻辑的差异导致高校和产业组织间存在合法性张力这一结论，这限制了高校科技成果转化的活力；政府治理逻辑主导下，以政策激励为主要方式减少高校和产业间的制度障碍，促进科技成果转化活动，虽能有效缓解主体间的合法性张力，但无法消除张力难以为科技成果转化提供长久动力的问题；政府可以通过治理逻辑和其他制度逻辑的有效融合，将其价值导向嵌入高校和产业组织形成合法性合力，依托高校和产业组织自我合法性追求实现政府提升区域科技成果转化创新能力的目标。

3.1　不同生态主体实现科技成果转化活动的实体关系解构

科技成果转化的不同主体在生态环境中占据不同生态位发挥其功能，并通过技术、信息、资金、人才的交流交换呈现互补共生关系，如图 3-1 所示。本节主要对调研过程中了解的生态主体现状进行特征和问题凝练分析，生态主体涉及高校、研究院所、科技成果转化承载企业、金融以及中介服务机构等。

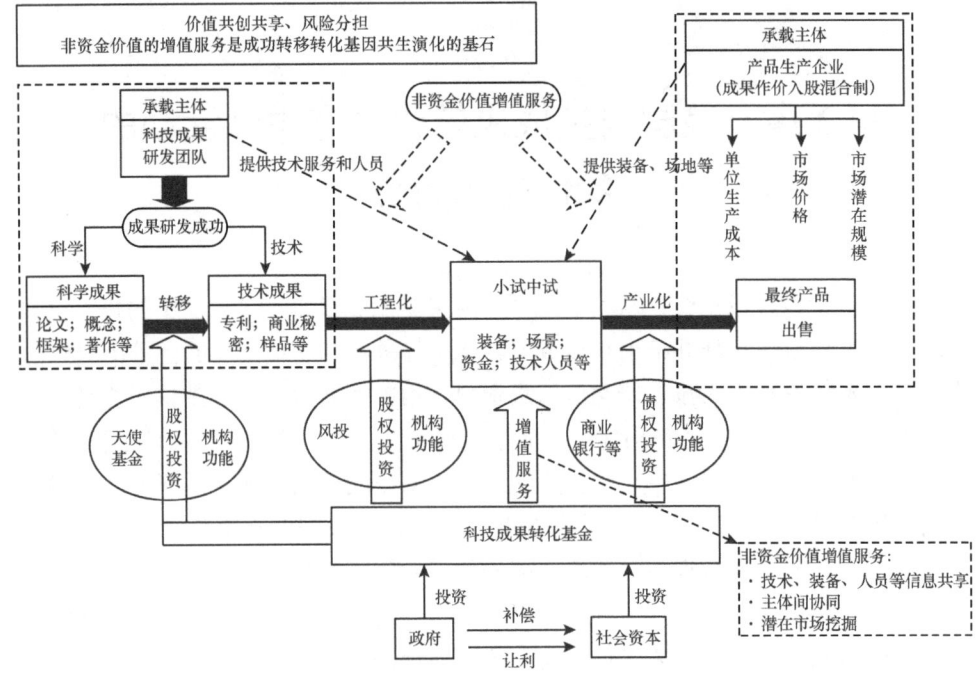

图 3-1 科技成果转化涉及的生态主体功能的联系机理

3.1.1 高校院所科技成果转化实现活动的关系特征

基于研究者被调研单位和个人提供的信息，本节给出以高校为核心的科技成果转化机构设置，如图 3-2 所示。

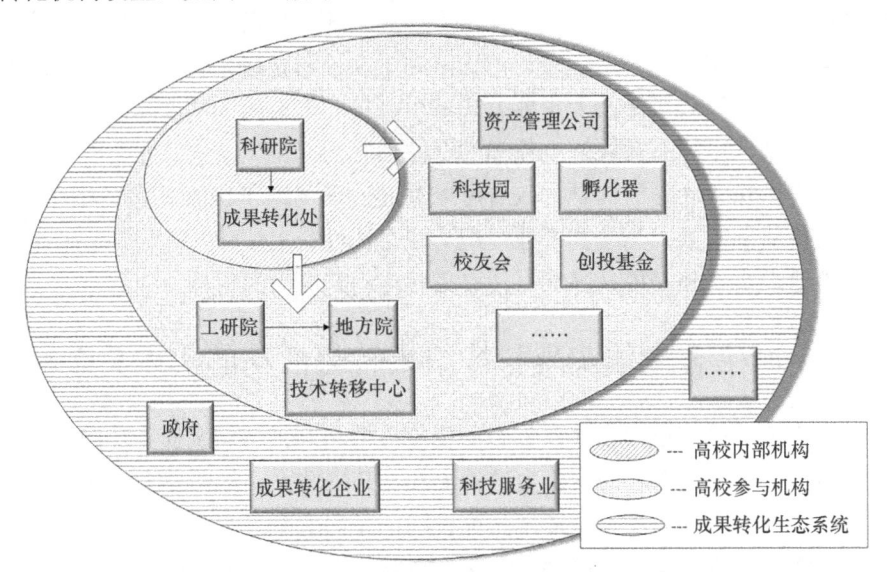

图 3-2 以高校为核心的科技成果转化机构设置

1. 高校科技成果转化机构设置和激励的系统化特征提取

清华大学、浙江大学等均有非常成熟且运行良好的机构，相关机构包括科研院、成果转化处、工研院及地方院、资产管理公司、科技园、创投基金以及校友会等。其他调研高校机构设置均很完善，但成果转化效果参差不齐，与学校品牌影响、专业特点以及地方区域发展关系较大。某些高校存在较多"一套班子多挂牌"现象，部分机构的设置只是为完成上级指令或政绩工程。学校对成果转让、许可产生的收益可以按照横向科研经费进行管理，或是按照学校的收益分配办法，清华大学、中南大学等高校是将收益的70%分配给课题组，湖南大学分配比为80%，长沙理工大学分配比为90%；对于成果作价入股投资形成的股份，出资比例按照学校规定一般是将70%分配给课题组；中国科学院化学研究所结合自身特点分配50%给课题组。新的科技成果转化法的出台，显著激发了高校科研人员成果转化的积极性。

2. 高校院所主要通过协议定价实施科技成果转化

学校对重大科技项目成果极为重视，提供了各方的支持和服务，而且管理较为完善，然而，这些成果能否带来较大的效益还需依据需求匹配等实际问题来判断。科技成果价格可通过协议定价、在技术市场挂牌交易、拍卖等方式确定，但高校及科研院所大多采用协议定价的方式。中南大学采取团队与企业协商定价的方式进行科技成果转化，对于一些重大项目科研部会介入一起谈判，以成果作价入股形式转化的则要求必须进行评估，但第三方评估机构对领先科技成果的评估难以把握市场价值。学校关于普通项目的科技成果管理较为松散，大部分教师都在外面成立公司，在公司规模较小时不会追究知识产权问题，当发展到一定规模时老师需要与学校洽谈职业发明和知识产权的问题，因此普通项目跟市场需求方企业结合更紧密，更容易成功转化。

3.1.2 承载企业实现科技成果转化活动的特征提取

本节基于调研采访的科技成果转化企业以及转化涉及的案例，给出企业承载科技成果转化的现状关系，如图 3-3 所示，进一步揭示科技成果转化生态环境中承载企业的角色特征。

1. 拥有良好市场前景的科技成果是企业成功转化的必备条件

苏州西博三维科技有限公司是一家专业提供研发生产白光、激光检测系统和设备的科技型企业，公司的系列非接触式三维光学测量系统成功应用于航天航空、汽车、重型机械等行业和机械、材料、力学、土木工程等十多个学科，以及国防、

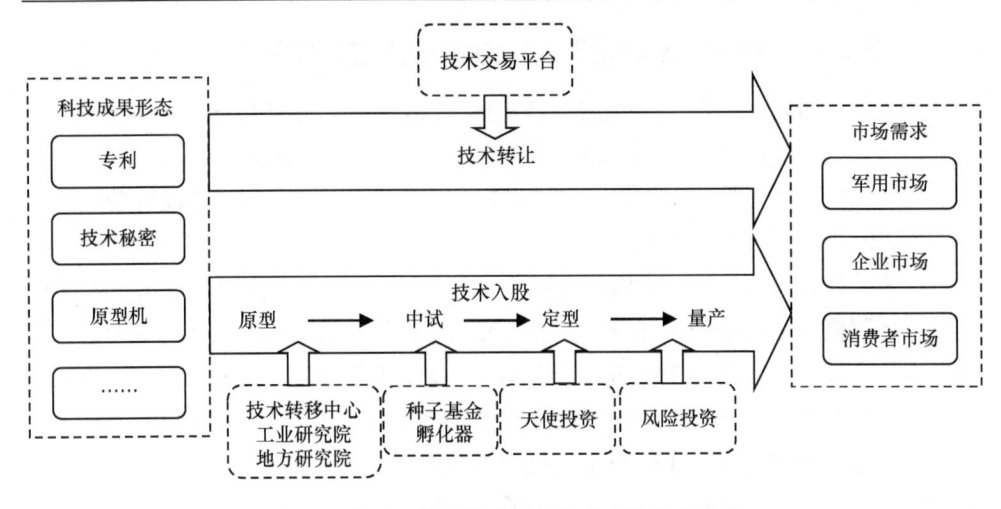

图 3-3 企业承接科技成果转化生态的角色业态

航天、汽车、模具、医疗仪器、服装、人体扫描、文物复原、玩具、工艺品、动画等诸多领域。探维科技（北京）有限公司（以下简称探维科技）凭借十多年积累的科研成果和技术开发经验，对车载激光雷达应用场景进行深度研究，提出了新一代固态扫描激光雷达技术方案，解决了目前车载激光雷达结构复杂、价格昂贵、难以量产、不符车规等多个痛点和难题。华南脑控（广东）智能科技有限公司（以下简称华南脑控）的"脑机接口"技术在残疾人神经功能辅助康复、特殊环境（如太空船的超重/失重环境、危险环境）设备操控等方面具有重要应用前景。科大讯飞与华南理工大学设立的合资公司研究"脑机协同"在医疗、教育领域的创新应用和产业化落地，完善产业布局，推动了人工智能技术与"脑机协同"技术的融合。江苏汇博机器人技术股份有限公司（以下简称汇博机器人）成立了研发团队，该团队能够及时捕捉市场需求，为建设新的卫浴行业提供解决方案，同时连续多年参与国家项目，使公司的工业机器人市场反响很好。广东华凯明信科技有限公司研发的新型膜材料，可应用于水污染、空气污染处理等多个方向。

2. 市场化运营管理是科技成果转化企业成败的关键

探维科技的 CEO 王世玮提到，"市场化的事情，按市场化的方式来做，那就有市场化的结果"，探维科技的发展亮点是其合理的股权分配比例。清华大学对于成果转化过程中的股权分配比例的处理十分灵活，形成以知识价值为导向的分配政策，对科技创新人才按照实际科研产出进行激励，学校占知识产权的比例在 10%~30%，这既为双方提供了谈判的空间，又使团队在用注册资本对冲投资方时具备了主动性，从政策层面最大限度地激发了科研人员的创新活力。探维科技的负责人同时表示，公司本身就是一个市场化主体，只有它的股权架构和经营目标得到了匹配，公司才能长久稳定地发展。如果是科研项目主导的公司，那老师理应拥有更高的占股比例。然而，若是探维科技这样的互联网初创公司，如果还是体制内兼职人员占多数是与公司发展不匹配的，与企业的长期愿景可能会存在冲突，难以得到投资方的认可。

在以师徒形式成立的苏州A科技有限公司中，权力不均衡导致公司治理结构出现了一些影响公司健康发展的问题。苏州西博三维科技有限公司的负责人表示，公司在很长时间一直是半企业、半研究所运作，经营决策优先考虑师生情谊、师兄弟感情而不是管理，且产品以技术为导向，多而不精，一直依靠技术红利，未能适应市场需求。2013年原公司停运，新公司苏州西博三维科技有限公司的法人梁老师，仅占股50%，且其不参与公司经营管理，让公司市场化运营，公司才逐渐发展起来。课题组在调研时，华南脑控成立时间还较短，李远清老师为公司法人、董事长，持股74.82%，计划成立持股平台急需将代持股份进行分摊，虽然目前很多需要决策的事情要由李老师拍板，但李老师表示，大学的老师及其团队特色优势在于研发，而生产和销售是短板，希望日后将更多精力放在研发上以持续保持技术优势。汇博机器人的技术负责人表示，企业管理不管是老师自己做还是让学生出面，关键是找到具有市场思维的团队，才能运作成功，好的企业合伙人应该有三个，分别负责市场、技术、战略。华南理工大学肖凯军团队在顺德创新园成立了广东华凯明信科技有限公司，肖老师担任董事长与法人，具体经营管理则聘请了专业经理人任总经理，并组建了两个专业的销售团队。

3. 专利布局和权益分配是支撑成果市场转化的重要保障

汇博机器人公司在刚成立时不太重视专利的布局，但在意识到该问题后在做产品时也开始注意专利的挖掘，一个产品能挖掘出四五十项专利以实施专利布局。华南脑控从最初的成果转化到最终成立公司共历时两年多，在此过程中陆续出现的专利所有权主要有两种情况：一种情况是，由国家支持在实验室研发获得的专利，所有权属于学校；另一种情况是，公司在已有基础技术上进行改进或者新买技术二次研发形成的专利，所有权属于公司，如果是学校的专利将来转化到公司需要按照成果转化程序执行。

公司股权直接体现权益分配，这既包括对成果转化利益的分配，也包括对公司管理权的分摊。科技成果转化占主导地位的创新型公司，应当灵活处理，采用各种形式建立股权机制，为科技成果向市场应用转化提供良好的土壤。研究调研的公司的股权情况如下：探维科技的股权由科研团队占80%，学校占20%；苏州西博三维科技有限公司的股权为科研团队领头人梁老师占股50%；华南脑控由科大讯飞全资子公司讯飞云创持股9.58%，科大讯飞副总裁胡郁占2.39%，李远清老师知识产权作价占74.82%，学校占13.21%。

3.1.3 风险投资等金融机构支持科技成果转化的实现活动特征

风险投资具有风险共担、利益共享和价值共创的特点，有助于促进科技成果转化、培育科技型中小企业、支撑创新驱动发展战略。2015年以来我国创投市场已成为仅次于美国的第二大市场，然而不同于美国风险投资坚持高科技行业的投资导向，我国风险投资更关注互联网、消费等商业模式创新的行业，并普遍热衷投资偏后期的首次公开募股前项目。调研结果显示，只有科技成果中试成功后，风险投资才愿意进入，这也导致大量的科技成果因为缺乏足够的资金，难以越过"死亡之谷"而频频夭折。

1. 引导延长风险投资基金存续期培育科技型投资机构

政府应充分发挥引导基金的牵引带动作用，撬动社会资本和风险投资的长期投入，鉴于风险投资基金存续期长短会影响投资进入时机，建议适当放宽养老金、保险资金等长期资金参与风险投资等的限制。通过对澳大利亚、英国和我国引导基金中政府投资比例和对社会资本补偿模式分析得出，国外成功的创新引导基金设立时，政府投资比例大，对社会资本让利幅度更大。国内各省级引导基金，政府出资比例小，对社会资本撬动需求大，相比政府的风险补偿多采用相对短期如3~5年的固定收益加同股同权模式，创业投资的锁定期往往超过8年，因为在3~5年内创业投资很可能无法获得可观利润，所以在短期内引导基金以自身固定收益的形式补偿社会资本，将无法产生预期的撬动效能。新时代政府要实现科技成果转化推动产业升级和结构调整，迫切需要完善风险投资基金引导激励作用机制，尤其是基金的存续期和风险补偿机制，对充分发挥风险投资基金引导效应和杠杆效应具有重要的现实价值。

科技型风险投资机构在做出投资决策时不仅基于对创业者的判断，还基于对新技术的技术壁垒和商业价值的理解，他们对创造巨大商业价值的科技创新项目有着充足的预期信念，依托中国科学院西安光学精密机械研究所成立发展的中科创星就是其中的典型代表。在实践中，科技型风险投资机构选择科技成果转化项目实施投资时，其投资能力主要体现在对标的项目的调研、评估和管理能力上，这种能力可以理解为投资机构在促进科技项目转化成功上的努力程度。也就是说，科技成果转化项目投资能力越高的风险投资机构越能准确估计标的项目的价值，最大化发挥努力程度促进科技项目转化成功。

2. 鼓励科技成果转化承载体建立企业风险投资资金池

企业风险投资（CVC）相比独立风险投资（IVC），不仅没有基金存续期的限制，而且有能力及早识别技术的商业价值，因此CVC更适合投资科技成果转化的早期阶段，从而激励技术创新。CVC相比较IVC呈现以下特征：①在投资组合策略方面，CVC偏好技术关联度高且处于生命周期较早阶段的新创公司；②在注资策略方面，CVC偏好更高的投资金额和更少的投资轮次，并且对联合投资有更强的选择偏好；③CVC倾向于选择具有更高战略回报的新创企业。

科技成果转化承载企业注资并委托风险投资机构作为CVC的投资管理主体，并由CVC承载主体设立CVC基金作为投资科技成果转化的资金池，用以参与运作和管理科技成果转化企业。当企业自有资金充裕，且能够独立承担投资风险时，CVC基金的设立不需要寻找投资合作伙伴，许多资金雄厚的头部企业经常采用这种方式进行CVC实践。然而CVC承载主体对科技成果转化可能产生误判，投资越到后期对资金的需求就越多，这种情况下CVC承载主体会选择联合投资，联合对象主要为专业投资机构、政府资本合作或募集社会资本。联合投资使得多个参与方对科技成果转化进行权益性投资，可以有效分散风险并减轻资金压力，实现共同承担风险、共同分享投资收益。

3.1.4 众创空间等孵化平台支持科技成果转化的实现活动特征

1. 创业服务专业化程度低，缺乏持续的盈利模式

调研显示2/3受调研的众创空间管理人员没有接受过专业培训，创业服务人员专业能力不足，导致众创空间大多仅提供工位、物业、公共设施等基础服务，欠缺投融资、创新网络、创业辅导等增值服务。受调查的入驻创业企业在满分为5分的评判准则下，对众创空间获取资源的满意度评价只有2.9分。其中，创业企业对基础服务、知识获取的满意度评价均为3.2分；对资金、产学研网络、创业导师等资源的满意度为2.4~2.9分。我们调研发现，60%的众创空间的主要收入来源是政府补贴或租金收入，并且经常为了吸引创业者入驻给予租金减免的优惠，缺乏投资收益渠道；65%的受访者提到了众创空间尚未实现可持续发展和自主盈利，可持续发展能力急需提升。

2. 考核指标轻实际贡献，服务能力不能满足需求

在受访的众创空间管理人员中，有73%的人员认为，在评价本空间绩效时，他们主要致力于满足政府对于发展规模的考核要求，如场地面积、入驻率、活动举办场数、创业导师数量等数量指标。这是因为政府对众创空间相关补贴和奖励发放主要依据这些标准，可能导致众创空间盲目扩张，几乎每家众创空间都忙于举办培训会、分享会、交流会等活动，但活动效果参差不齐。调查发现1/3的受访谈创业者不愿参加空间举办的各类活动，认为现有模式不仅造成了社会资源和公共资金浪费，而且难以激发众创空间追求实际贡献、重质量提升的内在动机。

调查显示，众创空间内创业者的需求主要是招募合适的员工和为产品/服务开拓有获利前景的细分市场，而众创空间主要提供的服务是廉价场所和商业知识，两者存在一定程度的不匹配。此外，众创空间普遍缺乏与高校在科技成果转化方面的对接渠道，以陕西省为例，受访谈的 11 个非学术创业者对其与高校/科研机构的科技联系强度打分均为 2~3 分，不利于入驻企业充分利用陕西科教大省的科技资源优势开展产学研合作，这也说明陕西高校科技成果就地转化的市场化程度较低，众创空间没有起到很好的承载和桥梁作用。

3.1.5 技术经理人服务科技成果转化的实现活动特征

1. 全国缺乏评考体系，人才培养体系不健全

科技成果转化工作对从业人员的综合素质能力要求很高，特别是要重视其对科技成果的商业价值评估与交易撮合的能力，这反映出其融合技术与商务的能力需求。这一职业目前尚未被正式纳入国家职业资格体系，市场上仍然难以找到统一的技术经理人认证标准。同时，该行业缺乏市场准入机制、监督管理机制和退出机制，诸多技术拥有者在交易过程中难鉴真伪，使公众对技术经理人角色持有畏惧和怀疑心理，因而造成技术经理人难以在社会上建立起较高的信誉度和认可度。职业评价体系的缺失进一步导致技术经理人的晋升渠道受阻，如职称序列缺位，从而制约了人才的成长，压制了技术经理人自身的职业认同感，同时也降低了职业的吸引力。尽管国内部分地区已出台针对技术经理人的人才后备规划及培训方案，但调查发现培训主要围绕政策解读、概念解析、流程剖析等展开，并未取得理想的教学效果。同时，从事技术转移转化工作的既有高校科技管理人员和科研人员，也有社会中介机构的相关从业人员。前者以学校科研与技术开发人员为主，具备较高的科学文化水平和专业素养，一般将技术转移转化工作作为副业，市场意识和实操经验相对不足；后者实践经验相对丰富但文化素质水平则参差不齐。这也导致技术经理人人群专业化程度低，无法支撑科技成果与需求的有效对接。

2. 精专权威服务机构数量少，无法激活市场潜力

2020 年科技部、教育部印发了《关于进一步推进高等学校专业化技术转移机构建设发展的实施意见》，然而，总体来看，目前国内技术市场不成熟，技术转移交易频率低，黏性弱，市场信任度不足，科技成果转化生态不成熟，技术经理人的收入主要是佣金或咨询费。虽然一些地方政府已经对技术经理人实行了佣金管理措施，如江苏省技术产权交易市场颁布了《技术经理人从业佣金收费标准》，但技术交易过程中技术经理人很少能够按照技术交易的实际金额提取佣金。一些技术经理人在合作中可能收益甚微，部分企业虽然在科研项目授权第一阶段给出了经费，但在后期授权阶段却以项目未产生收益或其他理由拒绝支付后续技术转移费用。诸类现象使得技术经理人的收入情况难以得到有效保障，技术转移工作的激励性效果有限，无法激活科技成果转化的市场潜力。

本节设计的本体结构为科技成果转化领域：对科技成果转化领域的专业术语、概念、关系等进行识别归纳，完成对实体类别的分类，厘清逻辑关系的链条。我们通过实地调研、网络搜集、资料查询等方式搜集典型科技成果转化案例93项，对其中32（25+7）项案例的描述文本进行人工标注形成基本语料库，规范化实体类别以及关系表达，为本体结构案例分析提供基础。实地调研案例来源于对北京、山东、广州、深圳、武汉、长沙、杭州及西安等地的部分科研机构、企业进行的访谈资料，抽取了其中的典型案例25项，总结谈话记录再做后续补充形成案例文本。其余7项案例由本科生、硕士生通过网络搜集、文献资料查询等方式整理获得，形成对案例的详细描述文本，其中部分为书籍或文献资料中的原始文本。本节以科技成果转化本体论描述为基础，对选取的32项案例进行人工标注，在此过程中进一步细化实体类别以及关系表达。首先对每项案例完成文本的标注，主要是对各实体进行识别，根据其发挥的作用进行分类，并且对关系的描述进行标注和规范化；其次构建每项案例的知识图谱，结构化表达实体、类别及其关系；最后对案例文本中描述用规范的管理词汇或科技成果转化词汇进行加标签处理并凝练总结概括。在对具体案例进行凝练总结归纳的基础上，本书构建科技成果转化实体分类模型，其中实体或概念的形成是在每项案例构建关系图谱的过程中不断修正完善达到饱和状态下形成的，这些特别分类的实体或概念，都在某项成果转化案例中发挥了不可或缺的作用。其中一级实体或概念包括团队、人、需求、产品或服务、成果、课题、时间、组织、政策、奖项，每一级实体概念下又包含了几项层级的分类。以组织为例，它包括政府机构、科技服务机构、研究机构、金融机构、企业等。其中，企业又细分为委托企业、投资企业、成果承载企业、研究型企业、同行企业；政府机构又可以分为中央政府和地方政府部门两类，他们在具体案例中发挥的作用有显著区别。

在科技成果转化多元多层级实体分类模型的基础上，不同生态主体按照属性差异可以划分为以下几种类型，如图3-4所示。遵循市场规则的企业组织，包括承接科技成果的原有企业，新科技成果衍生成立的新创企业，提供设备、财税、法律、场地、中介等科技服务的孵化企业以及银行、风险投资等金融企业；遵循科学规则的高等院校和科研院所，是原创科技成果的提供者；遵循行政规则的行政机关，包括各级政府、教育部门、财政部门和科技部门等。基于科技成果转化全局性视角，遵循行政规则的行政机关，一方面通过制定政策和法律为科技成果转化提供制度环境，另一方面为成果转化过程中涉及的信息互通、启动资金等提供服务。此外，依托高校成立的一些混生组织如工程技术中心，将科技成果开发为符合市场需求的产品；校地联合成立的科技资源中心，为企业寻求适宜的技术成果提供中介服务；政府规划成立的科技产业园，促进产业链上下游企业聚集，推动科技成果产业化发展。

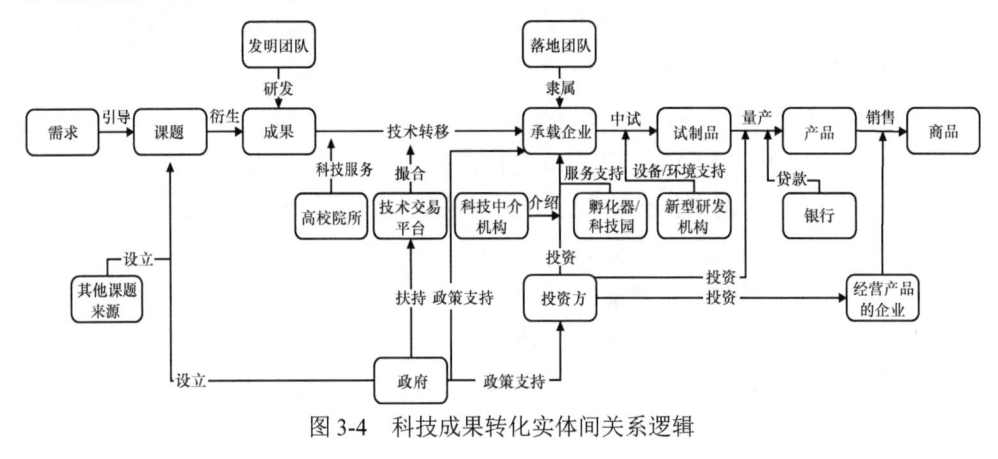

图 3-4 科技成果转化实体间关系逻辑

3.2 高校与生态主体合作实现科技成果转化演进模式解构

3.2.1 高校与产业自主交互行为的科技成果转化 1.0 模式

高校科技成果转化的 1.0 模式主要是高校和产业两大主体之间的交互行为，也是高校科技成果转化的早期形态。尽管学界公认产学合作能够促进双方知识和技术的交流，进而提升双方发展潜力，但是学术逻辑和市场逻辑的不同要求使高校组织和产业组织在合作过程中存在合法性张力，具体包括行为范式张力、价值认知张力以及主导权张力三个层面。

行为范式张力主要表现为高校组织和产业组织开展研发活动时所遵循的理念、目标设定以及执行方式都存在显著不同，进而影响技术成果从高校组织向产业组织转移的可行性。在理念上，高校科研是学术逻辑主导下的知识创新，重视知识的普适性和前沿性，其过程要求保持科学价值的中立性，尽力避免主观性，以达到科学研究的客观准确性。企业研发则是市场逻辑主导下的技术创新，重视技术的针对性和实用性，无论是新产品开发还是已有产品或技术的更新和迭代，都以市场需求为导向并有明确的应用场景。在目标设定上，高校科研侧重于未知领域的探索或是重大技术难题的攻克，其产出往往体现为某一技术指标的大幅度提升。企业研发则围绕生产和市场，侧重于满足客户需求，其产出往往体现为综合性能的提升。在执行方式上，高校科研侧重于对研究过程的细致刻画，关注结果背后的机理，对研究过程所花费的时间和资金成本并不敏感。企业研发则更加注重尽快得到期望的目标结果，不纠结于实现目标结果的机理而是强调实现目标结果的可行路径，并对时间和资金成本十分敏感。总体而言，高校组织和产业组织间的行为范式张力导致高校科研活动的产出虽具有显著的技术先进性，却通常不具备明确的商业化路径，需要结合二次研发等方式寻找潜在的商业化路径，这一过程又受到市场逻辑行为范式的影响，两种逻辑下行为范式的差异会直接影响高校组织和产业组织间的合作。

价值认知张力主要表现为高校组织和产业组织对科技成果的价值判断基础不同，进而影响科技成果从高校组织向产业组织转移的可达性。受学术逻辑影响，高校组织通常以技术先进性作为科技成果价值评判的标准，即成果所蕴含的技术标准越超前于当前行业水平则越值钱。另外，高校科研项目多来源于国家财政支持，受到避免国有资本流失的红线制约，前期科研投入也成为科技成果价值的重要评判依据之一。受市场逻辑影响，产业组织则以技术的市场潜力和市场竞争力作为衡量科技成果价值的标准，即科技成果的市场潜力越大、在竞品中的竞争力越显著则该成果价值越高。同时，由于科技成果转化链条较长风险较高，产业组织不愿为前景仍不明确的科技成果一次性投入过多资金。总体而言，高校组织和产业组织间的价值认知张力导致长期以来两者难以就科技成果的定价达成一致。技术持有方抱怨企业"不识货"，不甘心成果被"贱卖"；需求方则抱怨高校的科技成果大多"华而不实"，不愿意当"冤大头"。因此高校和产业间的合作多局限于一些"短平快"的转化项目，让很多具有重大技术价值的成果难以发挥应有的社会效益和经济效益。此外，当科技成果转化存在跨团队、跨学科技术成果相结合时，不同学科间、不同团队间对技术成果的价值判断和协商过程会更加复杂和困难。

主导权张力主要表现为高校组织和产业组织在转化过程中对主导权的索取，进而影响科技成果从高校组织向产业组织转移的有效性。从全链条看，高校科技成果转化要经历科学研究、小试、中试、商品化和产业化五个阶段。科学研究阶段是高校通过科学研究活动产生科技成果的阶段，以高校组织为主要承载主体，受学术逻辑的主导，产业组织的角色定位是科技项目成果的协同研究方与未来成果的优先落地方，其参与程度较低，难以直接影响研究的方向和成果的形成。在学术逻辑影响下，高校组织的科学研究关注技术本身先进性，对为提高技术先进性所投入的成本并不敏感，甚至对一些亟待突破的重大研究问题不惜成本。小试和中试阶段是科技成果逐步放大达到量产标准并满足经济指标的阶段，高校组织仍是探索和开发性工作的主要承担者，但产业组织的参与逐渐深入，产业组织要求开发活动以市场需求为导向，以获取利润为最终目的，严格控制成本投入。这意味着小试和中试阶段市场逻辑的影响逐渐加深，并对学术逻辑提出挑战，高校组织和产业组织就开发活动的主导权展开博弈。商品化和产业化阶段是科技成果形成的产品完成批量生产，与市场需求全面对接并不断发展，促进产业成长、转型或形成新产业的阶段，此时科技成果转化的主导者由研发团队逐渐转变为运营管理团队，承接科技创新成果的企业利用自身的市场资源实现新产品的批量化生产并将产品投入市场成为商品，利用市场手段推广产品并实现企业的快速发展，产业组织整合市场资源和管理运营的能力成为决定科技成果转化"最后一公里"成败的关键。总体而言，一方面学术逻辑和市场逻辑在科技成果转化全链条中的张力强度呈现出倒"U"形结构并在小试和中试阶段达到顶峰；另一方面高校组织和产业组织对于转化过程主导权的博弈会影响两者在转化过程中的努力程度，进而影响科技成果转化的最终结果。

在高校科技成果转化 1.0 时期，由于合法性张力的存在，高校和产业在科技成果转化中往往表现出自我导向的特征，即从自身合法性诉求角度出发，将有限的精力和资源投入到能够强化自身合法性的阶段，对可能产生的合法性冲突采取回避态度。其结果是高校和产业分别将各自资源集中投入在科技成果转化链条的两端，导致科技转化链条脱节。这种合法性张力所造成的转化链条脱节导致转化中间过程人才和资金短缺，使得中试阶段成为高校和产业都望而生畏的"死亡之谷"。数据显示，我国中试和商业化阶段的资金投入比约为 1：100，远低于国外 1：10 的平均水平。

3.2.2　政府引导高校与产业互动的科技成果转化 2.0 模式

高校科技成果转化 2.0 模式在高校与产业互动的基础上强调政府的宏观调控作用，是目前高校科技成果转化的普遍形态。学者指出，政府的参与和举措对高校和产业建立合作有重要作用，同时高校与产业的合作过程也受所处区域的经济社会环境的影响和制约，需要积极争取地方政府的参与、协同与投入。这意味着，政府的参与有助于缓解高校与产业间的合法性张力，具体包括供给侧推动和需求侧拉动两种路径。

供给侧推动指政府在治理逻辑的主导下通过政策干预、立项调整和价值引导等治理手段助力科技成果的供给侧，提高高校开展科技成果转化的动力。首先，政府通过法规政策和行政命令助力高校科技成果转化。长期以来，科研成果作为职务发明所有权归属国家，所有权和处置权的缺失意味着高校缺乏将其科研产出商业化的合法性基础。2015 年《中华人民共和国促进科技成果转化法》的修订表明政府通过立法将成果的处置权和收益权让渡给高校，缓解了高校自由开展科技成果转化所面临的合法性张力。另外，我国高校大多是在计划经济体制下建立的由政府主办的大学，这种管理体制上的隶属关系使得学校在校级领导的任命、机构编制、学校财政、业务汇报等方面都直接受所属部委的管理。因此，高校会将政府治理逻辑的合法性诉求内化为组织内部的合法性来源，积极响应政府意志。其次，政府通过科研立项调整推动高校科学研究向应用端延伸。高校的科研活动离不开经费支持，不同于主要依赖校友捐赠和企业投资的国外私立高校，我国高校的科研经费主要依赖国家和相关部门的财政性拨款。国家对高校的财政支持主要以"中央政府+地方政府+科研专项"的形式，包含非竞争性拨款、科研项目基金和国家研究计划三类。尽管政府科研项目的评审和验收主要依靠学术共同体内的专家学者，但政府可以在立项阶段结合社会需求对研究方向进行宏观调控，并将研究成果的落地应用纳入评审和验收标准，促使研究人员在自由探索的同时考虑成果的应用场景。最后，政府通过引导社会价值取向鼓励科研人员追求社会效益。高校是国家创新体系的重要组成部分，高校科学研究的知识溢出效应对地区经济发展乃至国家发展具有重要作用。这表明，当今社会要求高校科研工作者不再单一追求学术地位，而是追求科学家精神，要求科研工作者在保持追求真理的科学精神的同时抱有家国情怀，具有社会责任感和历史使命感。换言之，虽然高校科研人员选择并坚持从事科学研究的根本驱动力是对知识生产的追求而非对经济回报的追求，但经济回报只是科技成果转化的直接产出，其背后是科研人员不满足于已有的认识、能力、技术和产品，渴望以科技创新推动社会进步的价值取向。因此，政府可以通过引导社会价值取向的转变，破除传统"唯论文、唯职称、唯学历、唯奖项"的学术评价观念，鼓励科研工作者发扬科学家精神，创造社会价值，进而激发高校开展科技成果转化的热情。

需求侧拉动指政府通过完善市场机制、搭建平台和组织协调等治理手段助力科技成果的需求侧，依靠市场需求拉动高校科技成果转化。首先，政府通过不断完善市场经济体制，依靠市场供求机制、竞争机制及利益驱动机制刺激产业组织创新需求。高校科技成果转化是高校科技供给与市场需求对接的过程，市场机制下的优胜劣汰是产业组织寻求技术创新的基本驱动力。近年来，中央政府始终坚持深化经济制度改革，不断完善产权、市场准入、公平竞争、优胜劣汰等制度，促使产业组织淘汰落后产品和技术，从而推动了技术市场的发展和技术贸易规模的不断扩大。其次，政府通过加强基础设施建设，鼓励建设共享实验室、共享转化平台等转移转化配套设施，搭建科技成果转化供给与需求之间的桥梁。科技成果转化平台有利于实现创新资源的整合，吸引多方主体参与，对消除高校科技成果与市场需求对接通道的壁垒具有重要作用。近年来，各地方政府积极引导创建各类科技成果转化公共服务平台，如科技成果转化交易中心、科技服务中心、科技成果转化产业园等，并大力支持科技中介服务业发展，促进成果对接和落地。最后，政府借助自身公信力和资源配置优势，组织和协调多方主体共同参与科技成果转化。根据《中华人民共和国促进科技成果转化法》规定，地方各级人民政府负有组织协调实施科技成果转化的职责。为缓解科技成果转化资金投入严重不足的压力,地方政府利用财政经费设立专门用于支持科技成果转化的引导基金,引导和支持新创科技型中小企业,并鼓励和引导金融机构和创投机构进行内部创新,投资科技成果转化项目,特别是鼓励成立风险基金以支持高投入、高风险、高产出的科技成果转化项目。

实践证明,政府的参与有效地缓解了高校组织和产业组织间的合法性张力强度,激发了科技成果转化活力。近年来,随着中央和地方各级政府对高校科技成果转化重视程度的不断提高以及积极推动,科技成果转化规模不断攀升,高价值科技成果转化不断涌现。《中国科技成果转化2020年度报告(高等院校与科研院所篇)》数据显示,2016年至2019年全国出现"井喷式"成果转化热潮,其中2019年3450家公立高等院校和科研院所科技成果转化合同项数达到15 035项,较2018年增长32.3%;合同总金额达到152.4亿元。

3.2.3 高校与多元主体从合法性张力到合力的科技成果转化3.0模式

无论是从供给侧推动还是从需求侧拉动高校科技成果转化,政府往往扮演着政策性红利提供者的角色。在这两种模式中,政府一方面减少了高校和产业之间的制度性壁垒,提高了两者之间的通达性;另一方面,通过提供相关激励政策提升双方参与科技成果转化的意愿。但是,制度性壁垒只是主体间合法性张力的外在表现,政府提供的普适性政策红利虽然可以广泛地提高主体参与科技成果的意愿,但不意味着能够广泛地提升科技成果转化效果。换言之,尽管这两种模式在很大程度上缓解了高校与产业间的制度逻辑矛盾,松弛了两者间的合法性张力,却没有从根本上解决学术逻辑和市场逻辑间的合法性诉求不一致带来的问题。

首先,当前政府的参与形式无法满足学术逻辑的核心合法性诉求。治理逻辑以对社会的贡献度为标准,着重关注经济社会发展,主张高校追求知识不仅是目的,更是一种服务社会、服务国家的手段,要求以高校对国家和社会的"有用性"作为科学研究的价值取向,强调高校知识转化为生产力的能力。在政府治理逻辑的影响下,科技成果转化成为高校组织的重要工作之一,政策红利也促使许多科研人员投入到创业大军之中,塑造了科学家创业当企业家的潮流。然而,高校学术工作者在科研活动中追求"学术自我"而非"企业家自我",科研人员的评聘晋升仍建立在学术共同体的认可之上。尽管很多高校和院系已经将科技成果转化纳入考核范畴,甚至提出"产业型教授"晋升路径,但研究成果的商业化始终不是学术合法性的核心获取途径,甚至导致一些科研人员因不得不进行科技成果转化而影响了投入科研的时间和精力。另外,成功的科学家并不意味着一定是成功的企业家,针对科学家创业的研究指出,"学术自我"和"企业家自我"是两种不同的社会角色,科研人员创业意味着需要改造自己的社会角色,而先前的职业角色通常难以被改变，而企业家精神本身的稀缺性让科学家创业更加难以成功。

其次，当前政府的参与形式仍在一定程度上制约着市场机制发挥效能。一方面，由于高校科研成果的所有权性质并未改变，高校始终紧守避免国有资产流失的红线，对科技成果的作价和转让十分谨慎，很多高校转移转让科技成果时都要求现金交易，这无形中提高了企业从高校获取技术成果的门槛，间接加剧了企业进行重大科技成果转化的风险，导致企业更加偏好买来就能投产的"短平快"转化项目。另一方面，对于高价值高风险的重大科技成果转化项目政府通常采取政策优惠、政府采购或担保兜底等形式促成项目的交易和落地。近年高校技术转移转化合同总额屡创新高，但大额技术转移转化合同背后总有地方政府背书的身影，这表明企业在进行重大科技成果转化时具有明显的政策导向而非市场导向，当政策红利消失后，企业参与科技成果转化的动力会随之下降。事实上，尽管2019年合同项数较2018年增长32.3%，但科技成果转化合同平均金额较2018年下降38.8%，作价投资平均合同金额也较2018年下降39.1%。总而言之，在高校科技成果转化2.0模式中，政府的参与形式并未从根本上解决不同制度逻辑间的矛盾，只是通过政策红利的外部性影响主体的行为。这种参与形式可能会导致政府、高校和产业组织过于关注技术转移转化合同交易数量、合同总额以及重点标杆转移转化项目等短期指标。

为从根本上消解高校科技成果转化多元主体间的合法性张力，本节提出了多元制度逻辑协同下的多元主体合法性合力形成路径，即高校科技成果转化3.0形态，具体如图3-5所示。在科技成果转化3.0模式中，地方政府不再仅扮演激励政策提供者的角色，而是深度参与到科技成果转化的多个环节，以科技创新驱动区域经济社会发展为根本目的。三螺旋理论已经指出，政府、高校和产业可以通过行政、知识和生产领域的合作，共同给他们所处的社会创造价值。这表明，尽管在不同制度逻辑的主导下，政府、高校和产业的合法性诉求大相径庭甚至存在矛盾，但三者在追求自身合法性诉求的过程中都能够创造社会价值。因此，在科技成果转化3.0模式中，政府不再将治理的重点放在促进科技成果转化本身上，而是认识到科教资源和产业资源对于区域经济社会发展的重要作用，借由自身行政资源推动高校和产业发展，促进两者创造社会价值，进而提升区域竞争力。

首先，政府以治理逻辑为主导，以提升区域竞争力为目的，通过联合高校和产业专家共同梳理区域内科教资源、行政资源和产业资源，制定多元逻辑协同的区域发展规划。以提升区域竞争力为目的意味着政府将治理活动的重心放在提升本区域吸引、掌握及转化各类资源以支撑当地经济社会发展的能力上，通过为其他主体提供更好的发展环境，吸引各类资源和主体向本区域流动，形成集聚效应。这需要政府认识到科教资源和产业资源对区域竞争力的重要促进作用：高校的发

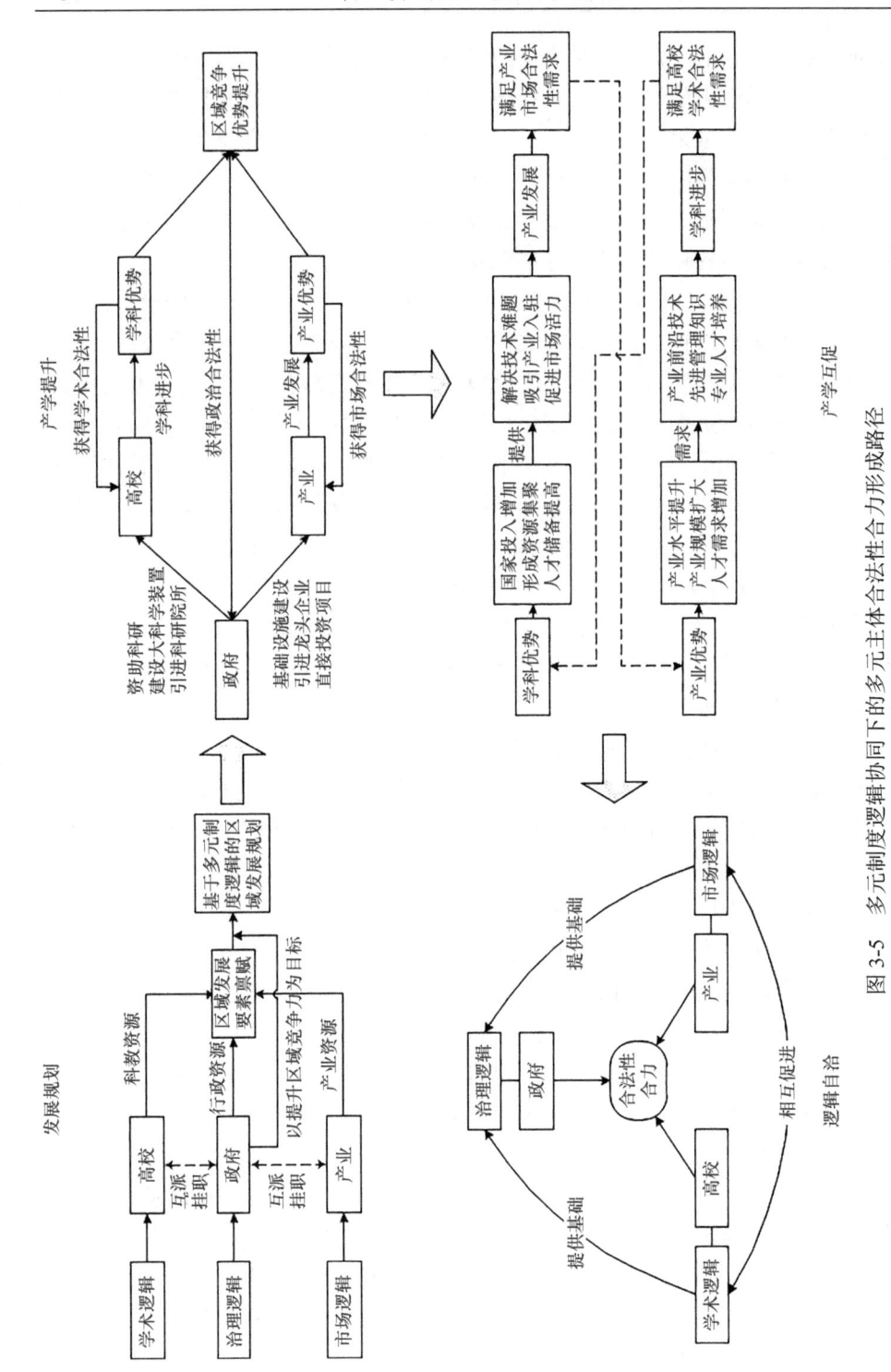

图 3-5 多元制度逻辑协同下的多主体合法性合力形成路径

展能提升区域内知识和高学历人才储备，形成知识溢出效应，促进区域内经济增长；产业集群能促进区域内劳动力集中化，带动消费、交通、文教、金融和物流等基础产业的发展，与区域经济增长存在耦合关系。因此，政府需要高度重视科教资源和产业资源，通过互派挂职、联席会议等形式和高校及产业保持高频高效的互动关系，将提升高校和产业发展水平作为制定区域发展规划的重要基础和内容。

其次，政府借由自身行政资源，推动高校和产业发展，提升区域竞争力的同时满足各主体合法性诉求。行政作为和市场相对的资源配置方式，能够快速有效地调动资源解决市场难以解决的问题，特别是经济社会发展所必需的公共基础设施、重大设备装置等不以营利为目的的重资产投资项目。在科技成果转化 3.0 模式中，政府不仅需要通过政策激励的形式引导和鼓励其他主体参与科技成果转化，还需要利用自身行政资源优势，通过投入"真金实银"直接支撑高校和产业的发展，进而推动区域竞争力提升。政府一方面通过资助科研项目、建设大科学装置和引进科研院所等方式促进学科进步，满足高校学术合法性诉求并在区域内形成学科优势；另一方面通过基础设施建设、引进龙头企业和直接投资产业项目等方式促进产业发展，满足产业市场合法性诉求并在区域内形成产业集群。高校和产业在自身发展过程中所形成的学科优势和产业集群会为区域提供丰富的科教资源和优质的产业资源，进而提升区域竞争力，实现政府目标，满足其合法性诉求，其实质是"发挥市场经济条件下新型举国体制优势"在地方层面的落地。从制度逻辑的视角看，新型举国体制就是治理逻辑在其他组织领域内的制度嵌入，有针对性地对各类稀缺资源进行配置，通过将治理逻辑和不同制度逻辑进行混合，调动其他组织积极性，依托其他组织实现治理逻辑下的合法性诉求。

最后，高校和产业在追求自身合法性的过程中相互促进，共同提升，形成闭环。尽管高校和产业合法性诉求不同，但两者追求自身合法性过程中的产出都能够直接或间接地提升对方的发展环境，降低对方获取合法性的成本。高校发展所形成的学科优势能够吸引更多的科研资金投入和科研人才流入，促进科研资源集聚，增强特定领域内的技术攻关能力，为该领域产业升级转型提供技术支撑。同时，学科优势意味着高校能够在该领域不断产出先进的技术成果，提供高水平的人才储备，增进区域内的市场活力，降低产业创新难度和风险，促进产业发展。产业发展所形成的产业集群则能够带来产业水平提升、产业规模扩大以及产业资源集聚，提高该产业对前沿技术、专业人才以及先进管理知识的依赖程度，促使产业向区域内高校寻求合作研究以及教育培训等支持，推动高校相关学科的进步，进而满足高校的学术合法性需求。

3.3 生态主体融合实现科技成果转化的关系演化机制

科技成果转化的生态环境呈现合作与竞争伴生的特征，本节给出在科技成果转化国家需求的情境下高校、企业和政府面临的诸多转化挑战与实施执行的机制创新压力，提出生态系统中的政府、高校院所和企业等关键主体间，在科技成果转化创新链的特色优势和资源无法全部支持的业态下，形成互利共生基础上的竞争与合作并存的演化衍生互动机制。基于人才、技术、信息、资金等要素的共生基础，由于信息不对称、价值取向的不一致以及现有体制机制障碍的存在，这种共生关系在实践中呈现出非对称性，具体体现在尽管生态主体间存在资源的双边双向交流，但是各生态主体通常会对某一类资源的依赖性较强，单一生态主体在主导推动科技成果转化的过程中需要其他生态主体的积极参与，否则很难实现理想的转化效果。此外，在当前背景下政府在成果转化中不会获取直接经济利益；企业的短视行为，如以利润为中心、外购取代自制等，势必与进行长期研发的行为存在矛盾，抑制了研发人员的创新意愿；高校还未建立起成熟的科技成果转化渠道、校内对科技成果转化过程中教师的定位与职能存在争议等问题，导致各生态主体在参与科技成果转化过程中较易放弃积极的主导协同地位而选择被动的合作配合。

3.3.1 生态主体融合实现科技成果转化的互利共生基础

在生态系统中，不同的生物种群拥有丰富多样的各类资源，它们通过强调主动协同、密切合作发挥各自优势，以达到互利共赢的目的。在科技成果转化过程中，由于某些特定的资源无法从任何一个参与主体中全部获得，因此单纯依靠高校，或单纯依靠企业、政府的力量都无法实现成果的顺利转化。互利共生是高校、企业、政府三大主体主动协同的动力来源，良好的利益共享机制促使高校与企业利用自身优势资源进行分工协作，政府则提供政策上的支持，为成果转化创造良好的外部环境。高校的科技园、孵化器作为高校和企业间的对接平台，利用自身强大的网络优势，帮助输出、转移高校的技术人才资源，贯彻国家的政策改革方针，实现高校技术与产业需求的对接，发挥知识、技术、人才对企业发展的助推能力，企业协助高校成立中试平台，政府提供成果转化所需的资金，三大主体共同培育成果转化的良好生态。互利共生是成果转化中最为理想的状态，能够实现参与主体的均衡发展，使各方投入与收益回报对等，有助于建立长期稳定的合作关系。高校与企业间的合作办学以及咨询服务提供的新产品、新技术的研发在转化中扮演了重要角色，高校与企业间的这种非正式的联盟已成为技术溢出的关键途径。

3.3.2 生态主体融合实现科技成果转化的互利共生机制

互利共生是指生态系统中资源薄弱和资源丰富的生物种群相互合作从而达到共生状态，避免生物种群合作不当造成两败俱伤的被动局面。尽管科技成果转化已取得较好成效，但是高校、企业、政府三个主体的目标价值取向存在差异，导致成果转化通常是由三者的一方或两方主导，剩下的主体发挥被动合作的作用。高校教师的绩效考核以学术成果为主，使得教师专注理论创新，缺乏对市场导向和市场需求的深度了解；企业人员不擅长学术成果创新，擅长解决应用性技术问题；政府既关注经济效益，又强调社会效益。此外，影响科技成果转化的障碍因素还包括：文化因素、主体机构缺乏灵活性、利益分配存在冲突、成果转化相关人员配置不当等。三类主体目标不一致，阻碍了科技成果转化过程中的深入合作，衍生出以下六种常见的合作机制。

（1）高校和企业主导，政府配合。高校和企业作为科技成果转化的直接受益方，出于各自对科学和利益的追求，有主导科技成果转化的天然动机。政府由于组织"惰性"的存在，存在服务不到位、资源共享度较低以及运行经费投入不足等诸多问题，从而影响科技成果转化效率。

（2）高校和政府主导，企业配合。例如，国家高技术研究发展计划（简称863计划）以政府为主导，科研研究的主导力量是国家级的科研机构和各高等院校，同时鼓励企业参与。企业要加入863计划必须通过政府和相关部门的严格筛选，需要具备过硬的实力和发展潜力，因此只有极少具有实力的企业才能作为该计划的承担单位。

（3）企业和政府主导，高校配合。当高校的研发人员或团队对转化过程中的风险、激励政策的落实等存在争议时，会对成果转化抱有消极被动的态度，需要企业和政府对成果进行合理评估帮助实施转化。

（4）高校主导，企业和政府配合。高校科研技术人员基于研发成果成立初创企业，使科研人员、科研团队的角色转变为创业者和创业团队，一方面要负责成果到产品的开发过程，另一方面还要协调企业与政府、金融机构、中介机构等服务提供者的关系，获取相应的创业资源以保障企业的正常运营。由于政府机关和企业组织为科研人员和科研团队提供的帮助有限，该互动模式对科研人员和科研团队的市场运作能力提出了较高的要求。

（5）企业主导，高校和政府配合。对于科技型中小企业或初创企业来说，新产品开发本身面临着较大的市场风险，企业承担风险的能力较弱，导致科研人员对成果转化不积极，在后续技术服务中也不主动。此外，成果转化的社会价值较小，政府机关在落实涉及相关企业的政策宣讲、税收优惠、精准帮扶等政策时也缺乏主动性和积极性。

（6）政府主导，高校和企业配合。政府主导的成果转化通常带有浓郁的计划经济色彩，没有明显的经济效益，导致企业和高校参与的积极性不高。

3.3.3 生态主体融合实现科技成果转化的竞争合作机制

学者将种群生态主体间的竞争合作机制定义为一种同时选择竞争与合作的策略。企业竞合机制最早出现在面临产品生命周期缩短、对研发的大规模投资需求等市场趋势的高科技企业情境下，竞争企业拥有相似的资源与压力，因而与竞争对手进行合作有助于创造新的技术知识并实现技术创新。目前，在重大项目科技成果转化情境下，高校、企业和政府三大主体面临着成果转化过程的压力与挑战，逐渐衍生出了竞合关系。良好的竞合关系要求参与主体间有着高度的信任，达成一种高度配合共赢的目的。然而，高校总是想研发出前沿领先的技术或成果、企业总是为了获得更大的市场份额、政府总是想要创造更大的社会效益或是增强国家的核心竞争力，主体间在这些不同方面的竞争导致了资源配置和利用不当的"竞合窘境"。

科技成果转化既要求跨学科、多种技术联合研发，还要求研发经费和资本的大量投入，以及能够顺利转化实现产业化，这些要素是竞合机制形成的基础。首先，跨学科、多技术研发无形中增加了成果转化的风险和不确定性，促使高校和企业进行合作以共享技术，共担风险。其次，对大量研发经费和资本投资的需求，促使高校寻求企业投资和政府资助。最后，成果转化将借助企业的产业链资源和营销渠道实现市场化。在竞合机制的形成过程中，参与主体可采取股权分配的形式保障竞合关系的稳定性。确定各主体的权责利边界，构建合理的股权分配方案，不仅可以避免争议，还可以帮助成果持续研发获得融资。此外，科技成果转化的市场化发展和成熟度是主体间共生关系的重要演化动力。因此，高校、企业以及政府三大主体的互动既要强调合作的重要性，同时也不可忽视市场规划、政策制定的互动性和系统性。

第4章 多元主体协同实现科技成果转化价值活动网络特征

4.1 技术成熟度视角下多元主体协同实现科技成果转化的价值活动

多元主体协同实现科技成果转化网络互动关系的核心是科技项目成果，各主体围绕科技项目成果转化的不同阶段需求展开互动联系。从市场的角度出发可将科技项目成果分为两类：一类是拥有较高技术成熟度的产品或技术方案，可以快速转化为最终产品或服务投入市场；另一类是技术成熟度较低的实验样品，需要经过小试、中试等环节放大后才能形成稳定的产品投入市场。在科研环节围绕两种不同类型科技项目成果的主体互动并无明显差异，主要为政府财政拨款支持，院系立项展开研究，造成两种成果类型差异的主要原因在于研究导向的不同和学科差异，这导致两者在转化路径上差异较大。本节将围绕这两种类型的项目成果转化过程中的特点，分析科技项目成果转化网络中多元主体的互动机理过程。

4.1.1 多元主体协同实现高成熟度类技术成果转化的生态关系互动机理

技术成熟度高的成果由于和市场接近，可快速转移转化进入市场，多元主体协同间的互动复杂程度较低，总体包括两个阶段。第一个阶段是成果所有权的转移。高校院系的科技项目成果多为职务发明，属于国有资产，国家将科技项目成果"三权"下放高校后，高校成果管理部门成为科技项目成果向外转移转化的核心节点。企业和高校成果管理部门的对接通常包括直接对接或通过技术交易平台对接，其中技术交易平台多为政府和产业联合共建，属于企业化运作的事业单位。当高校和企业明确交易意向后，若为现金转化，则高校成果管理部门直接代高校和企业进行交易并按高校政策的规定分配收益；若为技术入股方式转化，由于高校不能直接入股企业，需要通过高校资产管理公司代高校持股并入股转化企业。第二个阶段是转化企业的孵化与成长。由于"新进入者缺陷"的存在，新创企业成活率较低，尽管科技成果转化活动催生出的新创科技企业有很大的市场潜力，但这些新创企业通常缺乏资金和市场知识，依赖外部资源，因此出现了科技服务企业，除了向转化企业提供传统的法律、财务、新创企业孵化等专业服务以及风险资本外，还提供和成果转化相关的专利申报、补贴申报等特殊服务。

4.1.2 多元主体协同实现低成熟度类技术成果转化的生态关系互动机理

技术成熟度低的成果由于缺少明确的市场化方向和技术稳定性，难以直接进入市场，需要经过小试、中试等一系列环节提高产品技术成熟度以达到进入市场的标准。小试、中试环节不确定程度高，风险大，主体间交互过程更加复杂，这一过程具有三个方面特征。其一是政府引导多主体参与。高不确定性带来的高风险一方面让很多有技术需求的企业望而却步；另一方面降低了投资机构对处在小试、中试阶段的成果的投资意愿。由于单一主体难以独自承担风险，这一类型的成果转化过程需要多主体共同参与，但多主体间由于信任问题难以有效形成合力，需要高声誉主体牵头。政府在声誉度方面的天然优势以及对区域经济发展的刚性需求促使其在多主体合作中扮演引导者的角色，具体表现为向其他主体提供政策、平台和资本支持。其中，在政策方面，通过出台相应的激励政策文件引导主体积极参与，并为高风险成果提供保险（如首台套政策）；在平台方面，通过和其他主体联合共建平台提高平台信誉度降低主体参与风险（如地方研究院）；在资本方面，通过设立引导基金撬动社会资本解决小试、中试环节的资金问题。其二是需要高校全程深度参与。低技术成熟度的成果由于距离市场化仍有较远的距离，在转化过程中需要持续研发。高校院系相对其他主体而言，一方面拥有较高的研发实力，另一方面作为成果的直接研发团队更加了解技术的性能和存在的缺陷，是成果后续的研发工作的最佳承担主体。因此，在这一类成果转化过程中高校研究团队往往在全链条中深度参与，如研究团队和企业签订协议为企业提供该成果后续相关研发工作的协作模式，研究者自己创办企业完成成果转化的自主模式，以及老师负责研究学生负责创业的师徒模式等。其三是整个过程以市场需求为导向。低技术成熟度的成果缺乏明确的市场化路径，其最终呈现出的产品或服务形态一方面取决于技术性能和适用的领域，另一方面取决于企业在价值链中的定位。例如，微波技术最早是为雷达研发的，但在民用领域转化成为微波炉的制造技术。因此，即使明确了技术的应用产业，转化者仍然可以立足不同价值链环节，选择成为技术设备的供应商、产品生产商或者技术服务商等。这一选择的本质是转化企业以市场需求为导向进行市场细分和定位以明确自己的价值主张。

4.2 制度逻辑视角下多元主体协同实现科技项目成果转化的价值活动

制度逻辑是指社会层面的规则、文化和信仰能够塑造行为主体的认知和行为。制度逻辑强调制度的多元性，制度情境中通常同时有多种制度逻辑共同影响组织行为，导致组织行为的差异化和多样化。在市场导向的重大科技项目成果转化生态环境中，主体行为受其制度逻辑的影响。以高校、政府和产业三个基本主体为例，三者行为模式遵循不同的制度逻辑。其中，高校遵循学术逻辑，政府遵循行政逻辑，产业遵循市场逻辑，不同的制度逻辑导致这三者在重大科技项目成果转化过程中追求不同的合法性。高校院所追求科学合法性，其重点关注成果的科学价值，如技术领先、应用范围广等。政府追求政治合法性，其重点关注成果的社会价值，如成果转化有助于政府规划产业布局等。产业追求市场合法性，其重点关注成果的商业价值，如成果是某个可能获得的商业机会的核心技术。因此，三方围绕科技项目成果转化展开行动的过程，也是三方合法性碰撞的过程。当合法性产生冲突时，主体间的互动会产生障碍和壁垒。换言之，科技成果的顺利转化通常需要建立在同时满足三方合法性追求的基础上。在实践中，主体通常通过缩减自身合法性边界满足其他主体的合法性需求、延伸自身合法性边界与其他主体产生合法性交集、第三方主体作为桥梁满足多元主体协同的合法性追求等三种方式达到合法性的平衡。

4.2.1 缩减自身合法性边界满足其他主体的合法性需求

当一方的合法性追求与另一方的产生冲突时，双方因冲突无法展开交互，即产生所谓的制度障碍，此时需要主体通过调整自身制度逻辑解决冲突。以政府和高校之间的互动为例，高校科技项目成果多属于国有资产，政府资源配置制度逻辑下科技项目成果的处置权、收益权、使用权归政府所有，而拥有科技项目成果"三权"的合法性是高校进行科技成果转化的前提，这种合法性的缺失导致高校长期难以展开转化活动。政府通过出台相应的法律法规，缩减自身合法性边界，将科技项目成果"三权"让渡给高校，以满足高校对科技成果"三权"合法性的追求，进而可清除高校开展成果转化活动的制度障碍。

4.2.2 延伸自身合法性边界与其他主体产生合法性交集

合法性追求是主体开展某项行动的重要驱动因素，同时满足各方合法性追求是一项活动中主体间进行合作的基础。当缺乏这一基础时，主体间的合作需要主体延伸自身合法性边界和其他主体产生交集。以高校和产业间的合作为例，高校在学术评价制度逻辑下对科学合法性的单一追求导致科技项目成果拥有高技术价值但缺乏市场化基础，无法满足产业在市场制度逻辑下对科技成果转化市场合法性的追求，因此产业不愿为成果转化买单。高校通过将科技项目成果市场合法性追求纳入到学术评价制度逻辑之中，不仅催生出具有高度市场合法性的成果，同时提升了高校院系学术研究过程中对产业知识的需求，为高校和产业之间的合作提供了合法性基础。

4.2.3 第三方主体作为桥梁满足多元主体协同的合法性追求

基于制度对主体行为的深刻影响,主体不可能无限制地调整自身制度逻辑,当主体无法通过缩减或延伸自身合法性边界满足不同主体间对合法性追求的共同需要时,则需要同时具备双方合法性追求的第三方主体作为桥梁。例如,政府在行政制度逻辑下对校办企业的制度约束让高校无法直接进入市场参与市场活动,因此高校通过组建拥有独立法人资格的资产管理公司或控股公司进入市场。又如,企业自建的科技项目成果交易平台难以满足高校对交易平台高度声誉合法性的追求,而政府自建平台因缺乏市场合法性追求运作效率较低,企业和政府共建的混生平台组织则可以同时满足高度声誉合法性和市场合法性追求。

4.3 供给与需求视角下多元主体协同实现科技成果转化的价值特征

4.3.1 市场导向的科技项目成果转化的供给侧价值活动分析

科技成果转化的供给侧是高校,其科研活动产出是科技成果转化的"种子"。受科研和学术评价体系影响,一方面高校的科研活动主要关注成果理论价值,对市场价值关注不足,导致成果和市场需求存在错位;另一方面高校发展、研究人员晋升主要依靠论文发表,缺乏成果转化动力。另外,由于科研经费主要来自政府财政拨款,科研立项"追热点""重复建设"现象普遍,学术资源分配不均且缺少长期持续的深入性研究,导致"小成果遍地开花,大成果难得一见"。

以市场导向分析供给侧价值活动意味着将高校科研活动与市场需求相结合。首先,通过科研评价体系强化科学研究对产业发展的引领作用。科学研究,特别是应用型研究要立足市场需求,以市场价值作为科研价值的重要评判标准之一。脱离了市场需求的研究就是无源之水,难以对实践活动产生指导作用,最终导致大量研究成果被束之高阁。在创新驱动经济发展的大背景下,创新的质量直接决定了经济发展的质量,因此,要鼓励研究者从市场需求出发,做"接地气"的科研,关注研究的社会价值而非片面追求成果的理论价值。其次,通过人才培养体系为产业提供创新型人才。人才培养是高校的基本职能之一,但长期以来高校人才培养注重学历教育,对实践教育认识不足,导致市场上创新型技术人才储备不足。人才是创新活动的重要支撑要素,高校要将产业需求纳入到人才培养计划之中，细化人才培养类型，加强专业型、技术型人才的培养，为产业发展提供人才保障。最后，通过创新高校管理模式服务地方社会发展。服务社会是当代高校重要职责之一，高校应脱离象牙塔，积极融入区域社会发展，不仅要解决事关国家发展的重大科学问题，也要关注区域社会发展的重大民生问题。高校可以通过和当地政府联合共建研究院等形式，针对区域经济社会发展的痛点、难点展开研究。

4.3.2 市场导向的科技成果转化的需求侧价值活动分析

企业是经济活动的参与主体，是创新活动的承载主体，是科技成果转化的需求侧。改革开放40多年来中国经济发展有了质的飞跃，但如今也面临着诸多挑战，如传统制造业大而不强，市场创新以"模仿式创新""追赶式创新"为主，缺乏自主创新等。中国经济转型需要加强企业创新能力，特别是自主创新能力的培养。首先，要提高企业对创新重要性的认知度。企业作为创新活动的载体，如果自身对创新活动重要性认知不足，则创新活动难以展开。目前部分企业急功近利思想较重，在科技成果转化中更倾向于投资可以快速变现的"短平快"项目，且对研发投入不足，导致一些有重大潜力的科技成果无人问津。其次，要提高企业创新能力。技术研发实力不足也是企业难以承接重大科技项目成果转化的重要制约因素。尤其是中小企业的高级技术人才匮乏。就企业而言，应与高校、科研机构或其他企业以技术支持、资源共享、联合培养人才等方式加强合作，切实提高企业的自主创新能力。最后，要提高产业需求对科研的促进作用和反哺作用。科技成果转化不仅要做到以研增产，还需要做到以产养研，以产促研。企业要把市场知识和市场需求传递给高校研究人员，推动技术的不断迭代。

4.3.3 市场导向的科技成果转化中间环节价值活动分析

科技服务业是以技术和知识向社会提供服务的产业，也是科技成果转化连接供需双方的重要中间环节。尽管随着国家对科技成果转化的重视，科技服务业也得到了快速发展，但与市场解决科技创新不平衡不充分、经济社会高质量发展对科技服务的需求相比，当前科技服务业仍然存在规模较小、结构欠优、业务定位不明确、服务内容单一、核心竞争力不强等问题，各类科技服务企业同质化较为严重，缺乏特色业务。发展壮大科技服务业，一方面，要扩宽服务广度提供多元化服务。目前科技服务业以信息平台、法律咨询、财务管理和政策咨询等基础服务为主，日益丰富的科技成果转化活动要求科技服务运用现代科技知识、现代技术和分析研究方法，以及经验、信息等要素向供需双方提供更丰富的智力服务，包括科学研究、专业技术服务、技术推广、科技信息交流、科技培训、技术咨询、技术服务、技术市场、知识产权服务、科技评估和科技鉴证等。另一方面，要加强服务深度提供专业化服务。目前科技服务企业普遍缺乏专业人才，导致在科技成果转化过程中参与的深度不足。科技服务业高端人才短缺，尤其是高级咨询师、专利代理人、科技评估等专业技术人才储备严重不足，既熟悉科技，又懂经济、会管理的复合型人才严重缺乏，无法满足和支撑科技服务业的发展。同时，科技服务业中、高级人才培训机构少，培养专门人才的能力不足，产业部门与教育培训部门人才供需互动机制、科技服务人才认定评价机制也尚未形成，这些都制约着科技服务业价值的进一步发挥。

第二篇

核心企业主导科技成果转化的实现机制

第 5 章　核心企业布局创新链实现科技成果转化的模式机制

"强化企业创新主体地位，促进各类创新要素向企业集聚"是推动创新链和产业链有效对接、提高国家创新体系整体效能的重要战略举措。本章以创新生态系统的资源互补、协同创新、价值共创特征为理论基础，以"目标诉求—途径探索—保障机制"为逻辑框架，揭示核心创新企业布局创新链集聚社会创新要素的机理路径。首先，在提升企业技术创新能力和满足市场需求的双重目标诉求下，核心创新企业布局创新链集聚创新要素可由"投资现有技术重塑竞争力"、"技术二次研发合作"以及"投资应用基础研究"三条途径实现；其次，核心创新企业为协同外部不同技术拥有主体合作攻关创新，以"企业技术合作创新联合体"、"二次研发创新联合体"和"基础研究创新联合体"作为承载体，从而实现价值共创和利益共享的诉求；最后，提出核心创新企业以分布式、集群式、平台式架构系统集成的组织管理模式，重塑企业创新生态环境。

5.1　核心企业布局创新链集聚创新要素的理论依据

5.1.1　企业创新生态系统与创新链

企业创新生态系统理论与创新链理论是核心创新企业布局创新链搭建创新联合体集聚技术创新要素的理论基础。生态系统概念早期应用于企业管理领域，源自 Moore[40]的研究，Moore 提出商业生态系统是利益相关者保持合作关系的一种系统形式，其核心特征是"共同演化"，生态系统通过联合创新为成员创造价值，成员之间竞争与合作并存，共同承担生态系统的命运。Adner[41]认为创新生态系统是一种协同机制，在这种协同机制下异质性利益攸关主体相互联结，提供面向用户的解决方案，实现价值输出。立足于网络视角，Zahra 和 Nambisan[42]将企业创新生态系统看作为企业提供资源、合作伙伴和重要市场信息的网络，认为该网络是基于网络内部成员之间的长期互动关系形成的，构建并发展创新生态系统需要企业家精神与战略思维相匹配。不同学者从多种角度对企业创新生态系统的特征提出了较为相似的观点，陈劲[43]将创新生态系统的核心特征总结为成员异质性、共生演化、个体目标与整体目标协同三个方面；周全[44]认为企业创新生态系统形成的基础是以企业为核心的创新主体聚合，内在动力是创新主体的资源要素流动，直接推力是各主体的战略协同；柳卸林等[45]提出创新生态系统是市场、政府、社会之外的第四种创新驱动力机制，创新生态系统中的不同参与者基于共同价值主张在创新过程中实现动态演化，不仅使现有的生态系统更加稳健，而且有助于催生出新的创新模式和新的业态；柳卸林和王倩[46]也提出创新生态系统领导者在其中发挥发现核心价值主张、开放生态系统边界、平衡竞争与合作的作用的观点；郑帅和王海军[47]从模块化视角探索企业创新生态系统的结构、演化机制与路径特征，通过对海尔集团进行纵向案例研究，发现"创新架构模块化"、"交互界面开放性"以及"网络治理嵌入性"是企业创新生态系统结构的三个特征，而创新实现机制表现在杠杆、协同和互利机制上。

创新链相较于创新生态系统的网络视角强调一种链式结构，包含基础研究、应用开发、中间试验、实现商品化和大规模产业化等关键环节[48]。丁雪等[49]认为，创新链是多个创新参与者相互连接，经历多个阶段产生价值的一体化创新活动过程或结构。杨忠等[50]提出创新链是以市场需求为导向，以整合创新资源为目的，存在多个创新主体，强调价值创造和价值增值是创新链的核心内涵。余义勇和杨忠[51]提出"领军企业创新链"的概念，其指的是以领军企业为主体，围绕共同创新目标，各创新主体之间通过某种关系将创新资源进行耦合以产生价值增值的过程。创新链在产业、功能和空间等不同视角下，呈现出不同的结构，其中，功能视角下的创新链结构按照基础研究、应用研究、技术开发、产品设计、试制改进、营销策划等功能划分[52]。现有研究也从宏观（国家创新力量）、中观（产业和区域创新）、微观（企业创新）层面，探讨国家创新力度体系构建[53]、创新链的耦合协调水平[54]、多链融合机理与模式[55, 56]、异质性企业创新产出[57]等内容。

综上所述，创新生态系统与创新链理论都关注协同创新与价值共创，但创新生态系统更强调资源互补与竞争合作，创新链更侧重于创新主体在多个阶段之间的连接，"阶段"是创新链的特有属性[49]。本节用"核心创新企业"代表企业创新生态系统与创新链相关研究中的"核心企业""枢纽企业""生态领导者"等概念的承载实体，采用创新链概念的企业微观视角，探索不同创新链"阶段"下核心创新企业搭建创新联合体集聚社会创新要素的方式以及呈现出的资源互补、协同创新和价值共创等创新生态特征。

5.1.2 多元创新主体协同的创新联合体建设

白京羽等[58]认为创新联合体不同于之前的战略联盟、产学研合作等形式，而是一种实体组织或有股权关联的新联盟，具体来说，创新联合体是由一家或几家行业内的领军企业，主动整合高等院校和科研院所的科技创新资源，在研发阶段共同出资，建立实体机构或成立合作研发实体平台，通过合同或其他约定的方式购买或共享研发成果,在生产和市场开发阶段进行竞争的一种组织形式。现有创新联合体的研究涉及成员参与联合创新的动力机制[58]、商业模式创新[59]等。吴晓波等[59]将中国情境下的半导体产业商业分工模式——共享共有制 IDM(commune IDM,CIDM)模式视为芯片行业的"创新联合体",CIDM 模式下 IC(integrated circuit,集成电路)设计公司、IC 制造厂商、终端应用企业共同参与项目投资,通过成立合资公司的形式整合多方资源,直接为终端客户提供高品质、高效率的产品,从而实现资源共享、能力协同、资金及风险共担,并克服产业的后发劣势。周岩等[60]建立了由一个领军企业和两个中小企业构成的创新联合体研发博弈模型,分析纵向技术溢出无协同决策、横纵技术溢出无协同决策、横纵技术溢出有协同决策三种合作研发策略。研究提出,领军企业应重点推动从纵向技术溢出到横纵双向技术溢出,直至实施协同研发决策,并将提高研发补贴率作为辅助措施,逐步帮助中小企业改善研发绩效、提高自身产品销量并增加企业整体利润,最终推动创新联合体良性发展。

本节认为创新联合体的组织形式不仅是突破"卡脖子"技术等关键核心技术的有效手段,也是核心创新企业整体创新战略布局中的重要承载体。本节将依托核心创新企业的创新链布局,从创新联合体承载技术要素的角度对并购、战略联盟、产学研合作等企业之间、校企之间的合作模式进行解读与阐释,试图呈现出更为系统的技术创新要素集聚全景图。

5.2 核心企业布局创新链实现科技成果转化的目标诉求

企业技术创新的目的是满足市场消费需求的更新,分为"响应与满足市场需求"和"刺激和重创市场需求"两类[61],本书将市场需求导向下的企业技术创新需求分为两类,一是满足市场潜在需求的技术创新,二是企业主动创造市场新需求的技术创新。前者侧重于通过渐进式创新不断增加产品功能价值和优化产品结构进行产品的更新迭代以满足市场上用户的需要;后者侧重于通过突破式创新对市场上产品或消费习惯进行颠覆性变革,为市场创造新的消费需求和消费方式,其要求核心创新企业具备企业家精神,提前在前沿领域布局以及进行前瞻性技术储备。虽然渐进式创新是许多企业(尤其是中小型企业)的创新重点[62],但突破式创新是企业赖以长期生存的关键,也是未来企业创新的基础[63]。两类市场需求意味着企业不仅要加深知识深度,更要拓宽知识宽度[64]。尤其是对于解决"卡脖子"关键核心技术等国家重大技术攻关命题,核心创新企业需要破除单一企业资源禀赋的限制,与其他主体协同创新。核心创新企业为满足自身技术创新需求,需要构建以核心创新企业为主导,以两类市场需求为导向,整合多个创新主体的创新资源,围绕共同创新目标,实现创新主体价值创造和价值增值的创新链[49, 51]。

本节在提升创新企业技术创新能力和满足市场需求的双重目标诉求下，将企业、高校、科研院所等作为创新主体，政府和社会资本提供方等作为参与主体，给出了围绕创新企业的创新链布局，集聚各方拥有的创新要素的示意图，如图 5-1 所示。

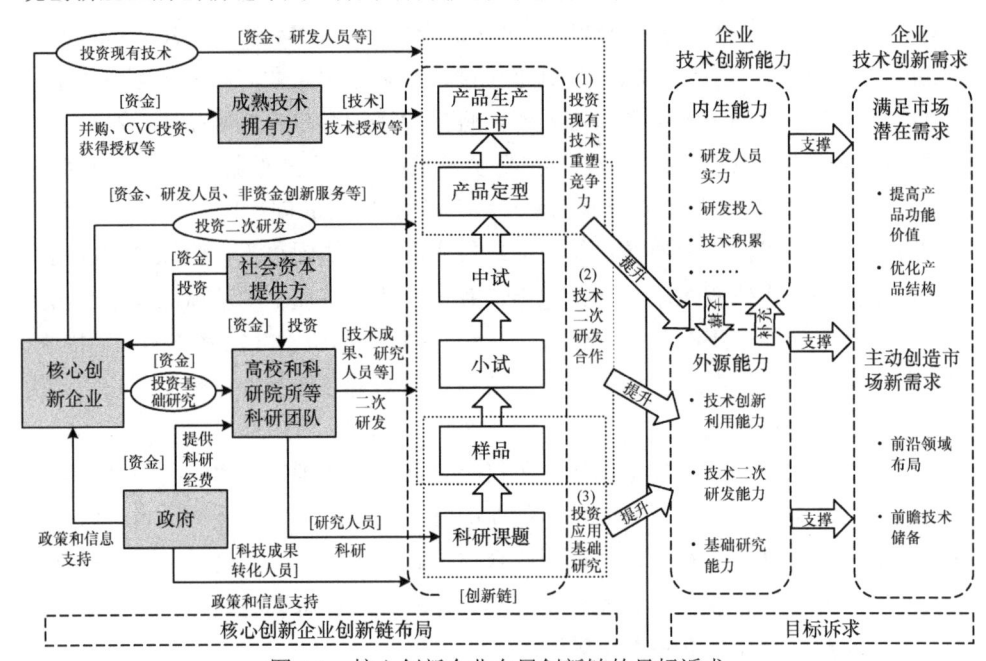

图 5-1 核心创新企业布局创新链的目标诉求

5.2.1 企业布局创新链集聚创新要素满足市场潜在需求

企业的技术创新行为就是不断满足市场需求以获得竞争优势和商业利益的过程。用户是企业重要的外部信息和知识来源，企业需要时刻关注用户对企业产品的反馈以及对未满足的需求的表达。用户作为消费者，亲身体验产品的功能，对产品的局限性有直观感受，可以发现企业作为制造商没有预料到的问题，也可能对其他用户反馈的问题提出潜在的解决方案，从而提高企业的创新绩效[65]。核心创新企业可以通过提高产品功能价值对用户反馈的原产品功能局限性做出响应，也可以通过开发和生产新产品来优化产品结构满足用户表达出的期望需求。因此，当核心创新企业需要快速实现对已有技术和产品性能的改进和升级，对市场上的潜在需求做出响应时，可以通过购买、并购、获得许可等方式获得国内外市场上商业化技术的所有权或使用权，对技术进行创新利用，重塑企业的市场竞争力，如图 5-1 中的途径（1）所示。若企业通过外部技术搜寻，发现市场中只存在与技术需求相关的专利、样品等未商业化的技术成果时，可以直接与技术成果拥有方（如来自高校、科研院所、高新技术企业等的外部科研团队）合作进行二次研发，各方投入互补的优势资源形成创新联合体,共同围绕核心创新企业的技术和产品需求进行定向技术开发应用活动,如图 5-1 中的途径(2)所示。

5.2.2 企业布局创新链集聚创新要素主动创造市场新需求

创新企业不仅需要实现以满足用户提供的需求信息为目的的技术创新,更要从长远的角度上考虑经济社会发展、响应国家战略,做出适合企业持续性发展的战略决策。例如,企业需要开发或创新利用数字化技术、低碳技术和能源技术实现减碳可持续发展;对于"十四五"规划中提到的在人工智能、量子信息、集成电路等前沿领域进行具有前瞻性、战略性的国家重大科技项目,并加快壮大新一代信息技术、生物技术、新材料、高端装备等战略性新兴产业等战略要求,核心创新企业需要发挥企业家精神,对产业形势和业态做出预判,利用资金和创新实力优势积极进行前沿领域布局和前瞻性技术储备,以在国家科技创新战略中起到支撑引领作用。因此,当核心创新企业洞察到前沿新兴技术对产业的冲击或积极响应国家的战略以试图为市场创造新需求时,可以通过 CVC 撬动社会资本投资、孵化、培育产业链上下游初创企业,同时布局产业外围最优资源匹配的行业,如图 5-1 中的途径(1)所示;或是基于外部科研团队的研究开展相关领域技术成果的二次研发和转化,为企业未来发展进行前瞻性布局,如图 5-1 中的途径(2)所示;或从创新链的最前端科研课题着手,投入资金支持高校、科研院所、高新技术企业等外部科研团队,开展企业技术需求导向的基础研究,为创新企业储备前瞻性技术、抢占未来市场提供支撑,如图 5-1 中的途径(3)所示。

5.2.3 企业布局创新链集聚创新要素提升技术创新能力

创新企业通过创新链布局满足市场潜在需求以及主动为市场创造新需求的过程提供企业技术创新能力的支撑。企业技术创新能力分为内生性创新能力和外源性创新能力两部分[66],其中,内生性创新能力包括企业自身具备的研发人员实力、研发投入金额、技术积累等;外源性创新能力涉及外部技术获取、产学研协同创新等,它拓展了企业创新边界,是对内生性创新能力的补充[67]。企业自身技术研发实力会正向调节外部技术获取与企业创新绩效的关系[68],它表明企业的内生性创新能力对外源性创新能力起到支撑作用。如图 5-1 所示,核心创新企业通过并购、技术购买、产学研合作等形式布局创新链可提高外源性创新能力,其进一步可分为技术创新利用能力、技术二次研发能力和基础研究能力,同时在企业内生性创新能力的支撑下,共同实现企业技术创新目标。

综上,创新企业需要积极协调并合理优化不同技术获取和创新模式,实现创新链上多渠道技术获取协同发展,以提升企业创新绩效[69]。核心创新企业从市场需求出发布局技术创新链,是发挥企业出题者作用,强化企业创新主体地位,吸引来自其他企业、高校、科研院所、政府和社会资本提供方的资金、人才和技术等创新要素向其集聚的过程,这符合"十四五"规划对提升企业技术创新能力的要求,有利于实现企业高质量发展、科技自立自强、以创新促发展的国家战略。

5.3 核心企业搭建创新联合体集聚创新要素的实现模式

创新企业依据技术需求进行外部技术搜寻得到三种情境:市场上有匹配的商业化技术、有未商业化的技术成果以及没有匹配的技术成果。核心创新企业布局创新链可由图 5-1 所示的三条主要途径实现,分别为途径(1)投资现有技术重塑竞争力、途径(2)技术二次研发合作以及途径(3)投资应用基础研究。这三条途径意味着核心创新企业布局创新链从后端的产品研发生产逐渐向最前端的基础研究延伸,依据创新链阶段搭建不同技术诉求的创新联合体,集聚企业内外创新要素。

5.3.1 搭建创新联合体集聚创新要素投资现有技术成果转化

技术并购和技术许可是企业快速获取新技术、弥合创新差距的有效途径[70, 71]。同时,通过灵活性更高、风险更小的 CVC 形式投资前沿行业领域的初创企业[72],为企业提供了挖掘创新、布局新兴科技的良好途径。本节考虑技术并购、技术许可和 CVC 等外部技术获取手段,提出核心创新企业投资现有技术搭建"企业技术合作创新联合体"是重塑竞争力以快速适应市场需求变化的有效途径这一观点。

"企业技术合作创新联合体"的构成示意图如图 5-2 所示,其中,以核心创新企业产品线的演变为主要逻辑线,定位出不同创新主体和参与主体的角色,创新主体是"企业技术合作创新联合体"的主要成员。产品线的迭代与演进是核心创新企业不断重塑市场竞争力的过程,核心创新企业和技术拥有企业是该过程中的主要创新主体,而社会资本提供方和政府扮演投资者的角色。在当前产品向迭代产品进化的过程中,核心创新企业通过技术搜寻和在国内外市场上以并购、技术许可或技术购买等形式从技术拥有企业 A 获得目标技术,将其创新应用于新产品,实现对当前产品的迭代升级,通过提高产品功能价值或优化产品结构等方式满足市场潜在需求。在当前产品向未来产品进化的过程中,核心创新企业从布局未来产品战略的角度出发,以 CVC 等形式投资技术拥有企业 B,企业 B 可能是新兴领域的初创企业,投资的不确定性高,但其拥有的前沿技术对核心创新企业的未来战略布局有重要影响。

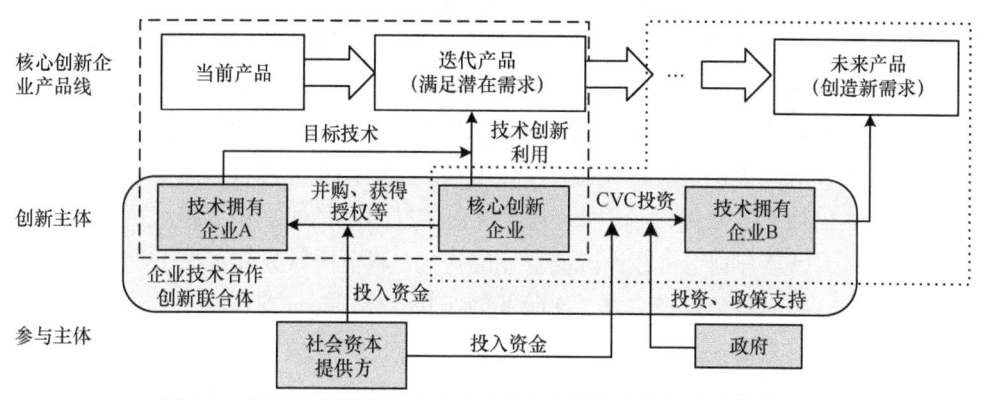

图 5-2 创新企业搭建"企业技术合作创新联合体"投资现有技术

创新企业投资现有技术与不同的技术拥有企业形成"企业技术合作创新联合体",其主要特征如下。①在组织形式方面,与白京羽等[58]和吴晓波等[59]提出的"创新联合体"概念和模式相比,"企业技术合作创新联合体"主要成员是企业,不一定有具体的实体形式,核心创新企业对部分成员企业具有控制权,创新联合体成员以核心创新企业的控股和持股为联结,相比于企业间的战略联盟等形式增加了"创新"的元素。②在资源互补方面,成员企业拥有的目标技术是核心创新企业需要的互补资源,核心创新企业能快速获得目标技术为其所用,若是以并购(或 CVC)形式进行投资,其直接获得的不仅是目标技术,还有被并购企业(或 CVC 被投企业)的研发实力;核心创新企业为成员企业提供所需的资金、市场等资源。③在协同创新与价值共创方面,拥有不同技术优势的成员企业围绕核心创新企业进行联合研发,如海尔集团在并购新西兰斐雪派克、美国 GE(General Electric,通用电气公司)之后,通过联合研发的厨电、洗衣机等首创产品频频亮相,切实实现了企业价值与用户价值的双提升。

5.3.2 搭建创新联合体集聚创新要素进行技术成果二次研发转化

2020 年 5 月科技部等九部门联合印发《赋予科研人员职务科技成果所有权或长期使用权试点实施方案》,旨在通过赋予科研人员职务科技成果所有权或长期使用权实施产权激励,完善科技成果转化激励政策,激发科研人员创新创业的积极性。然而,科研人员的技术成果进行后续的技术开发和应用过程,存在开发周期长、不确定性高、市场接受度低等现实条件约束,需要大量的资金支持。在我们针对高校科研团队、创业企业开展调研时,多名受访者表示,如 VC(venture capital,风险投资)、PE(private equity,私募股权投资)等风险投资机构看重回报率和回报周期,更愿意直接投资产品或是已看到市场价值的初创公司,而不是原始的技术成果。对于企业来说,从高校获得的技术许可需要进行进一步的应用性开发,在 Dechenaux

等[73]的高校向企业提供技术许可的问卷调查样本中，高校授权的技术中仅有约 7%的技术可以直接用于商业用途，至少 93%的技术需要被许可方进一步开发，此过程需要掌握该技术成果的专有知识的科研团队的参与和协助。Dechenaux 等[73]的调查问卷样本同样对此提供了实证支持，在高校科研团队向企业授权概念证明或实验室原型等形式的技术成果后，科研团队需要付出超过 50%的时间精力投入后续的技术开发，而对于已具有制造可行性或商业化的技术，科研团队只需付出 15%的时间精力。因此，核心创新企业搭建"二次研发创新联合体"与外部科研团队进行技术成果二次研发是将未商业化技术应用到企业的有效途径。如图 5-3 所示，这一方式既可解决企业发展过程中的技术需求，又可解决科研团队在技术成果向商业化转化过程中面临的资金缺乏、难以找到承载企业等问题。

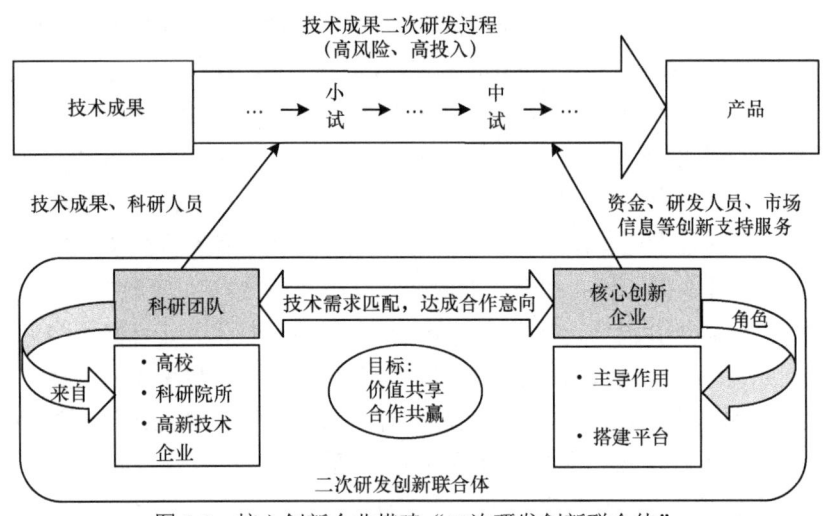

图 5-3 核心创新企业搭建"二次研发创新联合体"

以技术成果二次研发过程为主要逻辑线，核心创新企业和外部科研团队组成的创新联合体为该过程的创新主体，如图 5-3 所示。核心创新企业根据技术需求匹配到的技术成果拥有方，一般为来自高校、科研院所和高新技术企业的科研团队，双方达成合作意向后共同对技术成果进行应用导向的二次研发，也就是合作进行小试、中试、产品定型等环节，最终实现新产品生产。在此过程中，核心创新企业将科研团队拥有的通用的技术成果定向应用于企业某项产品，是对原技术成果的补充、完善和提升，技术价值不断被挖掘和再创造。科研团队由于具备技术成果的专有知识，需要与企业的研发部门共同负责技术的进一步开发和完善，核心创新企业需要提供资金和场地、设备等形式的非资金创新服务，并从产业的角度提供专业知识。核心创新企业与外部科研团队基于某项技术成果的转化形成"二次研发创新联合体"，是产学研合作创新的"种子"，核心创新企业在其中发挥主导作用，出于技术需求与不同的创新主体组成创新联合体，不断打破企业的创新边界，逐渐形成不同创新主体围绕核心创新企业集聚的"群落",最终实现秉承价值共享、合作共赢的创新生态。

现实中与本文提出的"二次研发创新联合体"相近的是海尔集团的 HOPE 平台(Haier open partnership ecosystem,海尔开放创新平台),作为互联网开放式创新生态平台,截至 2024 年底,HOPE 平台汇聚高校、科研机构、大公司、创业公司等群体,覆盖 100 多个核心技术领域,链接全球超过 100 多万家资源方,为技术、知识和创意的供应方和需求方提供交互的场景。HOPE 平台以解决用户痛点的某项定制化产品为纽带将国内国外技术、人才等创新要素"连接"起来,能够快速满足技术成果转化过程中原型设计、技术方案、结构设计、快速模型、小批试制等环节所需的各类资源匹配,再依靠海尔集团的智能制造优势进行定制化产品的生产。海尔集团的 HOPE 平台运转依靠的是海尔集团独特的"人单合一"管理模式、平台型组织[74]、模块化智能制造[75]和已经成型的生态优势[76]。本节提出的"二次研发创新联合体"模式主要创新主体是核心企业与持有技术成果的科研团队,是企业主导的产学研合作获取未商业化技术的通用概念框架。

5.3.3 搭建创新联合体集聚创新要素投资应用基础研究培育新科技

我国基础研究薄弱导致科技创新后劲不足的问题凸显,例如,在光刻机、操作系统、高端芯片等技术领域出现了"卡脖子"问题,成为我国创新驱动发展战略中的短板[77]。习近平总书记在党的十九大报告中提出"加强应用基础研究,拓展实施国家重大科技项目,突出关键共性技术、前沿引领技术、现代工程技术、颠覆性技术创新"等重要指示①。基础研究可分为不以特定应用或使用为目的的纯基础研究和应用基础研究[78],其中,企业从自身技术需求和战略布局出发投资参与的基础研究属于应用基础研究。虽然企业参与从事应用基础研究面临投入金额高、不确定性高、回报周期长等因素限制,但发达国家挤压、社会舆论敦促、强国战略要求和市场生存压力等外部因素[79]以及高校和科研院所的纯基础研究成果不能满足企业需求等内部因素,致使部分企业愿意从事应用基础研究、支撑产业自主创新[80]。大企业相比于中小企业,拥有更多资金来支撑研发活动,同时在人力资本、管理水平、生产水平等方面有明显优势,承担风险能力更强[81],因此,大企业应是应用基础研究的主要承担者,通过与高校、科研院所进行科学合作,辅以技术合作,集聚外部优势资源推进核心领域实验和理论研究,实现以基本科学原理突破带动关联技术突破[82]。阿里巴巴集团、华为等大企业身先士卒,每年投入高额经费支持学术界开展基础科学、基础技术、技术创新的研究,尤其是 2019 年华为成立战略研究院后宣布,在之后的 5~10 年探索"从信息的产生、存储、

---

① 引自 2017 年 10 月 28 日《人民日报》第 1 版的文章:《决胜全面建成小康社会 夺取新时代中国特色社会主义伟大胜利》。

计算、传送、呈现,到信息的消费"的全链条,包括显示领域的光场显示,计算领域的类脑计算、DNA 存储、光计算、传送领域的可见光等,以及基础材料和基础工艺领域的超材料、原子制造等内容。

本节提出核心创新企业撬动社会资本搭建"基础研究创新联合体"是破解基础研究薄弱局面的有效途径,具体如图 5-4 所示。核心创新企业通过需求匹配与来自高校、科研院所的科研团队组成"基础研究创新联合体",攻关关键核心技术的理论研究。核心创新企业扮演"资源协调者"的角色,更多地倚重科研团队的理论研究能力和外部社会资本的支撑能力。在资金方面,核心创新企业通过与政府共同成立种子基金来撬动社会资本进入基础研究领域,快速形成我国科研团队理论研究的主要资金来源,项目最终转化成功而获得的经济效益由核心创新企业与其他主体分享,并继续投入种子基金,进一步支持基础研究。政府与科研团队从中获得社会经济效益,激励科研团队积极参与应用基础研究,形成长期合作关系。各创新主体和参与主体以契约为联结参与到企业应用基础研究到商业化的过程中,例如,作为创新联合体的主导者,核心创新企业可以设计"越前端的创新主体的投资收益越高"的股权契约机制,吸引科研团队响应企业的应用基础研究需求,激励社会资本投资企业的应用基础研究项目,鼓励各创新主体参与原始创新。

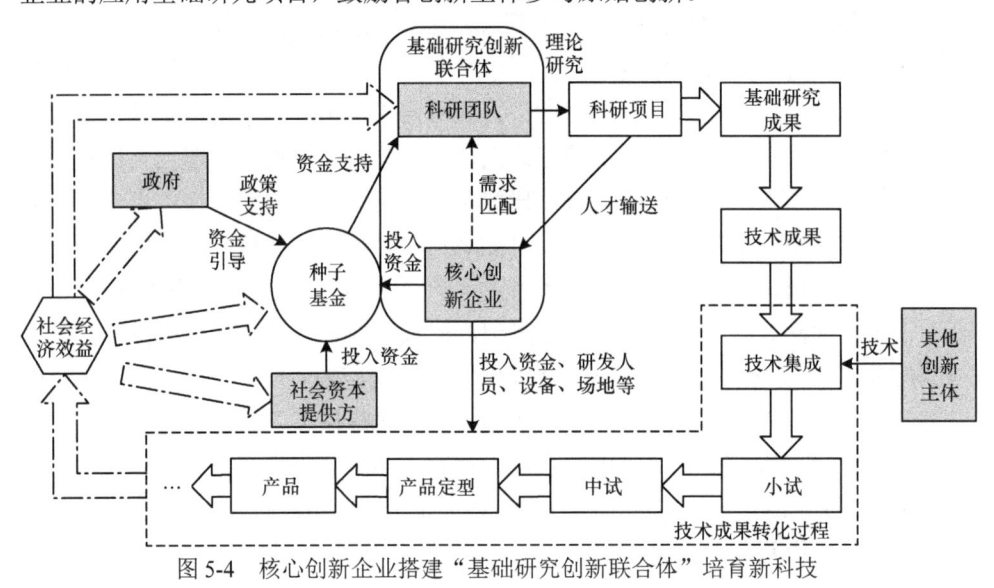

图 5-4 核心创新企业搭建"基础研究创新联合体"培育新科技

5.4 核心企业集聚创新要素实现科技成果转化的创新机制

核心创新企业充分发挥主导作用,以分布式、集群式、平台式的组织模态对上述的"基础研究创新联合体"、"二次研发创新联合体"和"企业技术合作创新联合体"进行管理,保障创新联合体围绕核心创新企业有效运行,具体如图 5-5

所示。图 5-5 中将创新联合体的组织管理按照技术和管理两个维度划分，其中，"技术维"从左到右呈现出技术在创新链上的成熟度由低到高的状况，"管理维"从下到上展现出核心创新企业对创新联合体组织管理系统程度由低到高的状况。

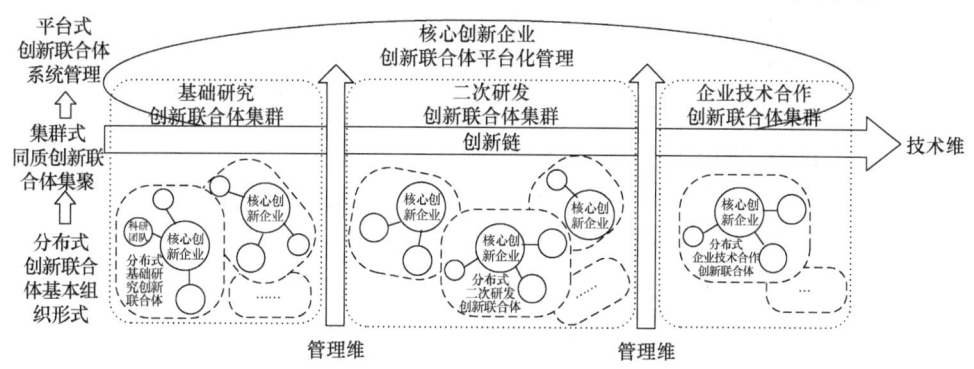

图 5-5　核心创新企业创新联合体组织管理模式

首先，分布式创新联合体是核心创新企业主导搭建创新联合体的基本形式，核心创新企业依据研发和资源优势在高校、研究所和企业内部研发机构等创新联合体成员之间分配任务，共享研发实验数据和信息，最后综合集成创新完成研发任务。

其次，多个同质的分布式创新联合体围绕核心创新企业进行技术集聚，形成创新联合体集群。与以地域邻近性为特征集聚的产业集群不同的是，集群式创新联合体是以核心创新企业的技术需求对应的创新链阶段为集聚特征，虚拟集聚成为创新群落，核心创新企业对不同创新链阶段的技术研发任务进行模块化管理。此外，核心创新企业在"基础研究创新联合体"、"二次研发创新联合体"和"企业技术合作创新联合体"中发挥的主导作用（如股权比例）和投入资金强度逐渐增加。

最后，核心创新企业以平台为基础架构，将依托创新链形成的多个创新联合体集群进行平台化系统管理，以数字化平台保障研发进度和信息透明度，破除创新主体之间的信息不对称障碍，建立信任关系和一致的目标，营造长期的合作氛围，这是实现价值共享、合作共赢的创新生态的关键。

本节将核心创新企业外部技术搜寻与企业创新链布局的技术需求进行匹配，构建"基础研究创新联合体"、"二次研发创新联合体"和"企业技术合作创新联合体"，创新主体与参与主体以创新联合体为承载体进行协同创新，实现价值共创和利益共享。为保障创新联合体有效运行，核心创新企业需要形成以分布式、集群式、平台式架构系统集成多模态创新联合体的组织管理模式，<u>重塑企业创新生态环境</u>。首先，核心创新企业作为行业领军企业，充分利用政府资金支持和各类优惠政策，积极承担与产业相关的国家重大科技攻关项目，增加研发投入，牵头成立种子基金、科创基金、产业基金等投资平台，吸引天使投资、私募股权投资等社会资本投资进入企业创新链，实现成果、技术、产业、资本的有效配置，以技术创新响应国家创新战略，承担企业社会责任。其次，核心创新企业主导构建创新联合体、布局创新链的最终目的是为满足技术创新需求。为吸引来自高校、科研院所和高新技术企业的科研团队将拥有的技术成果用于核心创新企业的产品和产业布局中，需要核心创新企业不拘泥于短期利益，将关注点放在技术能否在企业成功利用等问题上，在多方合作的利益分配谈判中增加向高校、科研院所、其他合作企业等创新主体的让利力度，确保各创新主体愿意参与到企业主导的创新联合体中并付出最大努力协同完成研发任务，激励创新主体之间价值共创、合作共赢。最后，核心创新企业发挥出题者作用搭建创新联合体，彻底打通创新链关键环节，使得供应链上中下游合作更加紧密，产业链与创新链精准对接，这对企业供应链重塑和企业价值链提升具有重大价值。

第6章　核心企业主导科技成果转化的决策逻辑与契约特性

核心企业基于市场导向需要不断围绕技术需求，通过自身投资撬动社会资本布局支撑投资现有技术创新利用、投资技术成果合作进行二次研发、投资应用基础研究等以实现科技成果有效转化，途径主要如下。①核心企业与外部科研团队合作进行以科技成果转化定向应用为目标的技术成果二次研发应用时，其不仅需要提供资金，还需要从产业角度提供增值服务，为技术成果提供实现和验证的环境，在帮助外部科研团队完成技术成果转化的同时满足企业自身的技术需求。在合作过程中，核心企业围绕科研团队技术成果所有权降低和企业技术所有权增加开展动态博弈，具体表现为双方正式合作前对未来价值分享契约的讨价还价上，这会影响不同类型科研团队合作持有的所有权以及提供较高水平创新服务的努力承诺，影响科技成果转化合作在创新链的落地实现。②核心企业通过技术并购投资现有技术时，需要综合考虑目标技术的生命周期、对于目标技术的吸收利用能力，在并购协议中加入或有支付条款，既可作为对目标公司研发创新的激励，也可帮助自身实现技术并购的最终目的，设计并购契约时机确保目标技术快速实现应用。如果核心企业对目标技术的吸收利用能力弱，就需要依靠目标公司的研发实力来完成研发创新，在谈判时可以向目标公司采取"价值创造激励"策略，激励目标公司付出更多的研发努力。③核心企业根据需求匹配与来自高校、科研院所的科研团队以现有技术能力组成创新联合体，投资攻关关键核心技术获得技术所有权。通过设计"越前端的创新主体的投资收益越高"的股权契约机制，激励社会资本投资企业的应用基础研究项目，鼓励各创新主体参与原始创新和成果的一体化应用。

6.1　核心企业主导科技成果转化的决策逻辑及其行为特征

企业主导科技成果转化是实现国家创新驱动发展战略的重要举措。企业和科研团队在促进科研成果迅速转化、提高科研成果社会生产力方面，存在思维方式、解决问题的方法、过程、价值取向、所需知识等方面的明显区别，这导致在现实中实现从科研团队技术到企业实际应用的成功具有很大难度。科研团队侧重追求知识研究发现和技术发明，企业关注产品的最终用途和顾客需求以及利润回报等，这些差异将导致决策行为的逻辑选择。科研团队创业思维可能会更遵循因果决策逻辑，认为成果转化需要提前制定严谨的规划等；企业思维认为需要以变通的思维识别机会、获取资源，更倾向效果决策逻辑。本节基于企业主导科技成果转化和科研团队合作协同的决策逻辑视角，采用定性的叙事分析研究方法，构建企业主导科技成果转化决策逻辑理论模型，解释科技成果转化过程随着时间推移的变化特征。

6.1.1 核心企业主导科技成果转化的决策理论框架

因果逻辑和效果逻辑是两种基本的逻辑决策方式。因果逻辑假设市场和机会客观存在，核心企业为达到预期目标，尽量避免意外事件，注重预期回报；效果逻辑认为市场和机会是主观存在的，核心企业利用已有技术资源，创造机会并主动开发市场，并通过结盟的方式获取资源，同时利用不确定性事件进行灵活规划，实现可能达到的目标。已有研究表明，决策逻辑不仅受领导者个人因素的影响，还与组织和环境等因素有关。

从科技成果的产生到转化成功是一个复杂决策的过程，本节将核心企业主导过程分为三阶段：技术积累阶段，科研成果只具备样机或技术路线，实用性相对不强；试制品阶段，科研成果具备工业化样机，市场相对明确，考虑形成产品的可能性；产品阶段，科研成果开始商业化运行形成一定规模。各阶段的决策逻辑影响因素具体如下。①技术积累阶段，决策逻辑主要受核心企业先前经验和自我效能的影响，核心企业清晰认识承接机会和发展前景，加深对自身拥有的资源条件的主观认知，促进效果逻辑的实现。此外，核心企业对行业现状和趋势越熟悉，对机会的识别与把握能力就越强，这对因果逻辑的采用起到促进作用。②试制品阶段，核心企业的承接能力和资源条件对其决策逻辑产生重要影响。③产品阶段，行业特征和制度环境等因素将会对核心企业的决策逻辑产生重要影响。例如，在动荡性较高、竞争激烈的行业，核心企业更倾向效果逻辑主导的科技成果转化活动。此外，转型经济制度情境下具有更强的资源约束性、更弱的市场规范性、更高的环境不确定性，核心企业的效果逻辑更容易被激发。再比如，区域政府通过法律手段为核心企业提供必要法律环境和保障，通过经济手段创造良好的政策环境等，这不仅有助于核心企业主导科技成果转化成功目标的实现，还有利于提升资源利用效率。

本节为保证聚焦研究问题，根据图 6-1 的理论框架展开案例论证分析，以核心企业为主要考察对象，从科技成果转化的发展阶段出发，诠释决策逻辑的演化规律。本节将回答两个问题：核心企业的不同阶段受到不同情境因素的影响，其决策逻辑发生了哪些变化；两种决策逻辑是以怎样的状态（对立、共存，或双元）体现在科技成果转化过程中的。

在对因果逻辑和效果逻辑的编码过程中，遵循 Brettel 等[83]在四维度上对因果逻辑和效果逻辑的区分，同时，为了能够更好地验证因果逻辑和效果逻辑之间的关系，借鉴 Chandler 等[84]将因果逻辑和效果逻辑作为独立构念的测量，建立起因

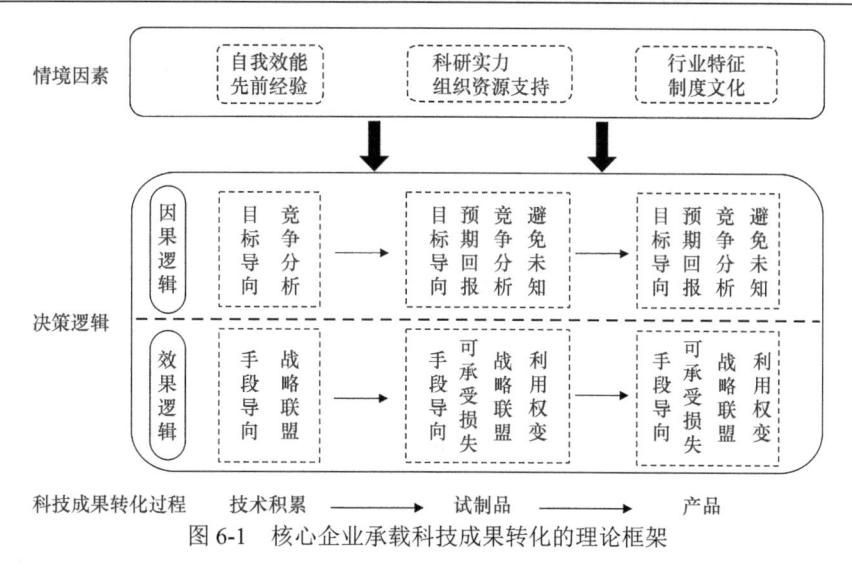

第6章 核心企业主导科技成果转化的决策逻辑与契约特性

图 6-1 核心企业承载科技成果转化的理论框架

果逻辑和效果逻辑的编码方案。因果逻辑和效果逻辑各自的四维度分别是目标导向/手段导向,避免未知/利用权变,竞争分析/战略联盟,预期回报/可承受损失。基于已有文献[85]针对每一个维度构建了相关指标,并根据 Reymen 等[86]提出的编码要求,在因果逻辑四维度的基础上得到 18 个具体要素,表示为 CAU1-1、CAU1-2 等;在效果逻辑四个维度的基础上得到 18 个具体要素,表示为 EFF1-1、EFF1-2 等,具体决策逻辑要素编码内容如表 6-1 所示。

表 6-1 决策逻辑编码指标

因果逻辑			效果逻辑		
维度	要素	编号	维度	要素	编号
目标导向	根据预期(市场、技术、政策)和预测采取行动	CAU1-1	手段导向	基于已有知识和资源作为行动基础	EFF1-1
	定义和追求具体的项目目标,产品、客户需求和市场目标	CAU1-2		定义粗略的愿景,但保留细节	EFF1-2
	定义和满足组织需求(人员、组织结构、基础设施、技术等)	CAU1-3		利用当地环境中的基础设施和技术知识	EFF1-3
	根据反馈调整计划进度和方法	CAU1-4		遵循偏好	EFF1-4
	根据预定计划搜索和选择联系人、客户和合作伙伴	CAU1-5		根据现有人际网络识别/创造机会(包括吸引员工)	EFF1-5
避免未知	与环境谨慎互动(感受到意外事件的威胁,尽可能在隔离状态下工作)	CAU2-1	利用权变	接受、收集和整合意外事件的反馈,变更发展路径	EFF2-1
	即使发生了不可预见的情况,也按原计划执行	CAU2-2		会为不可预见的事更改和调整任何潜在的计划	EFF2-2
	即使发生了不可预见的情况,也不与环境进行互动,只专注公司内部的活动	CAU2-3		保持开放心态并对外部环境施加影响	EFF2-3
	发生不可预见的情况时,选择撤销或迅速完成项目	CAU2-4		对意外事件做出积极反应并积极进行整合利用	EFF2-4

续表

因果逻辑			效果逻辑		
维度	要素	编号	维度	要素	编号
竞争分析	通过市场交易或与利益相关者签订合同以获取资源	CAU3-1	战略联盟	达成基于信任的、灵活的利益相关者协议和承诺	EFF3-1
	制定并实施战略（专利）	CAU3-2		与利益相关者共同创建业务	EFF3-2
	进行竞争对手分析和竞争定位	CAU3-3		与利益相关者合作以寻求机会	EFF3-3
	开展系统的市场调研活动	CAU3-4		尽早向潜在客户展示产品（非成品）	EFF3-4
预期回报	最大化个人利益	CAU4-1	可承受损失	愿意为企业利益做出可承受的个人牺牲（包括非财务牺牲）	EFF4-1
	计算和评估预期结果/回报	CAU4-2		在当地环境中寻找未被利用的资源（包括补贴）	EFF4-2
	以大金额（对企业而言）规划发展	CAU4-3		投资相对较少的个人/企业资金、时间或精力	EFF4-3
	为了企业内部发展，会延迟与利益相关者建立联系	CAU4-4		延长实现目标的时间	EFF4-4
	寻找利益相关者来承担实现计划所需的资金	CAU4-5		保持自身控制权，不依赖利益相关者	EFF4-5

6.1.2 核心企业主导科技成果转化的案例研究发现

本节从核心企业主导科技成果转化和科研团队合作协同的决策逻辑视角，选择 A 公司（探维科技）、B 公司（无锡海斯凯尔医学技术有限公司）和 C 公司（汇博机器人）为调研样本，分析发现三家公司承接科技成果转化不同阶段的决策逻辑具有一定相似性，但也存在差异，具体如图 6-2 所示。其中，相似性表现为公司承接科技成果转化遵循混合逻辑，将因果逻辑和效果逻辑同时作用于科技成果转化过程的不同阶段；差异性主要表现为不同阶段的主导逻辑会随着不确定性的变化发生改变。受公司情境约束，决策逻辑的维度展现出不一致性。

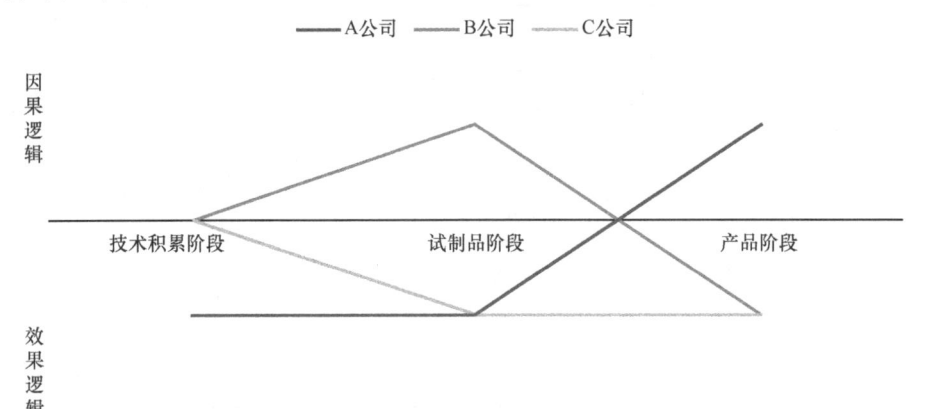

图 6-2 主导逻辑示意图

（1）因果逻辑和效果逻辑同时作用于科技成果转化过程的不同阶段。从图 6-2 可以看出，因果逻辑和效果逻辑同时作用科技成果转化的三个阶段，核心企业采取两种逻辑的组合。尽管不确定性被认为是效果逻辑的边界条件，但不同企业对不确定性的感知存在差异，并且会受到先前经验、自我效能以及社会网络关系等因素的影响。A、B、C 三家公司依托高校学科优势和孵化平台，使得技术不确定性、市场不确定性等相对容易掌控。因此，成果承载企业能够在公众认为十分暗淡的前景中发现机会，并能够在自身的技术知识积累中获取资源或预测未来，采用不同的决策逻辑实施科技成果转化活动。企业从创立到发展所掌握的资源、面临的机会，以及运用的策略都不可能维持在一种状态下，仅采用某一种逻辑进行决策，难以使企业在激烈的市场竞争中脱颖而出。将因果逻辑和效果逻辑结合起来能够帮助核心企业在进行决策时扬长避短，例如，因果逻辑能够帮助核心企业在早期转化活动中进行周密规划，效果逻辑能够突破因果逻辑的目标导向，突破转化过程中路径依赖的限制。因此，核心企业在承接科技成果转化决策过程中，同时采用因果逻辑和效果逻辑能够保证创业活动的顺利进行。

（2）不同阶段的主导逻辑会随着不确定性的变化发生改变。随着科技成果转化各阶段不确定性的变化，核心企业的两种决策逻辑会进行转换，在较长的一段时期内侧重于某一种决策逻辑，具体如表 6-2 所示。

表 6-2　不同阶段主导逻辑

阶段	A 公司	B 公司	C 公司
技术积累阶段	效果逻辑	—	—
试制品阶段	效果逻辑	因果逻辑	效果逻辑
产品阶段	因果逻辑	效果逻辑	效果逻辑

技术积累阶段，A 公司效果逻辑占据主导。在清华大学自身的科研实力和学科优势的影响下，A 公司通过与科研院所、企业等机构组织联合申报课题，在解决问题、提供技术方案的基础上对学科所处行业的前沿技术、应用情景、发展现状以及发展前景形成深刻理解与把握，同时不断进行技术知识和经验积累，这样的宝贵经验有助于企业在领域内迅速成长。清华大学有国家重点实验室等优势资源，同时清华科技园拥有良好的创业文化和社会网络，这些资源都为 A 公司提供了坚实的创业基础。B 公司和 C 公司两种决策逻辑的使用呈现较为均衡的状态。由于 B 公司和 C 公司在初期缺乏管理经验，未形成真正意义上的产品或服务，也没有忠实的客户基础，因此只能基于对行业发展、市场竞争，以及自身专业优势及前景等信息做出决策，一方面遵循效果逻辑进行资源的有效整合，另一方面遵循因果逻辑进行产品研发和市场开发。因此，B 公司和 C 公司的科技成果转化在这一阶段并未倾向特定的决策逻辑。

试制品阶段，A 公司仍是效果逻辑占据主导。清华科技园作为成果孵化和开展产学研合作的桥梁和纽带，为企业发展提供了资金、政策及相关成果转化服务等，使得企业与市场间形成了良性衔接与有效互动，推动企业不断进行创新。B 公司主要采用因果逻辑进行决策，并受到自身专业应用导向的影响，其在初期便意识到国内的市场空白，产生了坚定的转化实现目标。B 公司根据现实需求，升级优化其产品服务，以便能够更好地服务国内医疗市场，同时积极寻求其他省份的落地政策，为企业持续发展和产品研发寻求资金保障。C 公司主要采用效果逻辑进行决策，立足于基础技术进行攻关创新，立志打破国外机器人的市场垄断，并根据自己的产品需求选择合作伙伴进行融资，同时在技术发展方面积极响应国家的行业引导政策。

产品阶段，A 公司开始倾向于采用因果逻辑决策。基于自身经验以及对行业特征的把握，利用定价策略突围，在形成自己的竞争优势后开始规划产业布局，以期在业务拓展中逐步壮大公司规模。B 公司和 C 公司倾向于运用效果逻辑进行主要决策。B 公司始终跟高校保持合作，并积极利用高校背后的校友资源开拓市场。在经历专利维权事件后，B 公司意识到国内医疗企业想要真正参与全球竞争，就必须在技术上持续取得突破，只有这样才能真正摆脱价值链低端的竞争格局，因此其不仅没有放弃技术创新，还进一步加大了创新研发的投入。专利维权事件带给 B 公司的不仅是胜诉，更坚定了他们深化技术创新的决心，同时也为中国自主品牌打破国际巨头垄断树立了良好的榜样。C 公司在该阶段是以效果逻辑为主，致力于发现能够用已有技术解决现实问题的方法并拓展新市场。C 公司构建了新业务的上下游体系，拥有了自己的生态系统，在很大程度上形成了竞争优势。

6.1.3　核心企业主导科技成果转化的决策逻辑论点

（1）核心企业在主导科技成果转化决策过程中，同时使用因果逻辑和效果逻辑。这一发现证实了 Dew 等[85]关于因果逻辑和效果逻辑双元性的研究，同时与 Brettel 等[83]和 Dew 等[85]关于因果逻辑和效果逻辑相互对立的研究形成对比，揭示了处于相同决策情境下核心企业采取的决策逻辑是一致的这一现象，如在不确定情境中采用效果逻辑比因果逻辑更有效率。本节也解释了在同类决策情境下的决策差异问题，如在不确定性的情境下，核心企业可以采取因果逻辑进行决策。核心企业在承接科技成果转化过程中并不是进行一次性决策，而是要持续不断地进行决策，或者说根据不同情况不断修正决策。核心企业承接科技成果转化过程的每一阶段都包含一系列不同的事件，自身会从事件中获取不同的资源条件，也会从事件中感知到不确定性的增强或削弱，从而对采用的决策逻辑进行转换。

（2）尽管两种决策逻辑同时作用在核心企业科技成果转化过程中，高校的科研实力与资源支持促使核心企业使用效果逻辑决策，但核心企业的自我效能和先前经验又使其倾向于使用因果决策逻辑。核心企业的主导逻辑主要取决于自我效能和可利用资源间的关系。例如，核心企业感知到自身技术背景从而拥有较强的自我效能，并基于较强的自我效能去通过现有社会网络关系获取资源时，因果逻辑起到主导作用；反之，核心企业早期并未形成承接科技成果转化动机，是由一系列事件形成了技术知识积累时，则更倾向于遵循效果逻辑进行成果转化决策。

（3）因果逻辑和效果逻辑各自不同维度在成果转化过程体现的特征如下。一是核心企业对意外事件呈现出主动、包容、开放的态度，而非回避或被动应对意外事件。科技成果转化的成功离不开核心企业自身坚实技术能力，企业能对其自身的优劣势做到清楚认知，帮助在关键时刻找准问题点并能够有效解决，因此，利用意外事件顺势而为将成为核心企业的发展机遇。二是因果逻辑的预期回报维度在科技成果转化过程中相比其他维度体现得较少，原因在于核心企业技术积累阶段更多关注市场的真实需求，因此在承接科技成果转化过程中首先强调如何更好地选择产品以满足市场需求，而对利润以及预期回报相对关注较少。三是效果逻辑可承受损失维度在科技成果转化过程中得到弱化，这是案例公司依托高校科技园资源优势获得融资、政策支持等，使得承受损失维度得到弱化。

6.2 核心企业主导科技成果转化关系契约的稳定性

科技成果转化具有链条长、不确定性因素多、风险高、单一主体难以独自完成转化活动等特征，需要多元主体共同参与复杂的价值活动，难以在转化活动开始前就精确地预测将来合作中发生的事情及可能会出现的问题，正式契约较难适应这种合作创新过程。政府、高校院所、产业、金融机构、科技服务企业等主体分别向转化企业投入了各自所拥有的要素，并提出了不同的利益诉求。从新制度经济学角度可以将其看成基于要素联合投资组成有效率的契约联合体。此外，由于各参与主体利益诉求不同，正式契约难以对多元参与主体的努力程度进行约束，而关系契约更适应多元主体间的复杂合作关系，能有效解决科技成果转化中出现的问题，有助于弥补正式契约的不足，是科技成果转化各方维系合作关系的重要机制。现有的针对知识转移的研究表明，信任、合作和关系质量对于显性和隐性知识获取均有正向影响，其中，关系质量影响系数最大。

根据现有研究结论并结合我国科技成果转化实际情况，我们认为科技成果转化多元参与主体间的关系契约的稳定性是影响科技成果转化活动顺利进行的重要机制，具体如图 6-3 所示。其一，各主体专有性投资的稳定性是指各主体切实向转化企业投入转化活动必需的生产要素；其二，多元主体间关系契约治理的稳定性是指在科技成果转化过程中各参与主体是否形成良性的合作关系。科技成果转化关系契约的稳定性通过直接和间接影响多元参与主体的自觉履行程度，最终影响科技成果转化活动的成败。

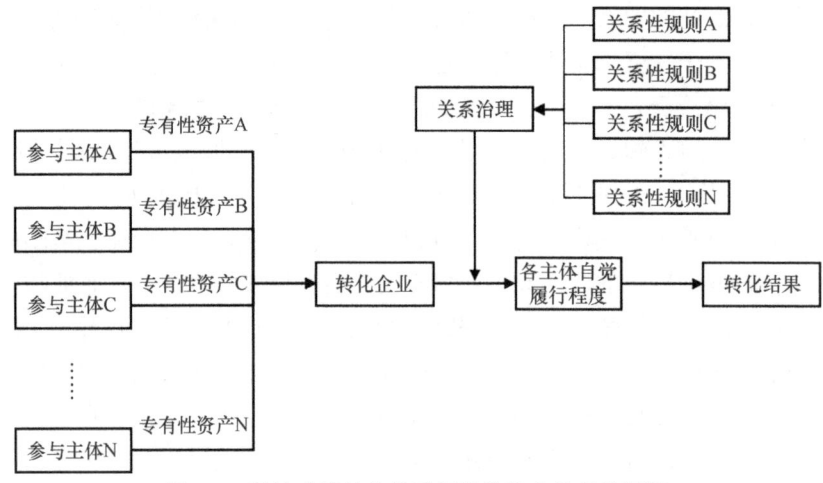

图 6-3 科技成果转化关系契约的稳定性理论框架

6.2.1 科技成果转化关系契约稳定性的研究设计

本节采用多案例方法的成因如下。其一，本节研究的是影响科技成果转化成功的因素是什么，以及成功的科技成果转化是如何进行的，属于"是什么"（what）和"怎么样"（how）的问题，符合案例研究构建理论和检验理论的研究范式。其二，由于科技成果转化是复杂的价值活动，转化链条较长且涉及多元主体参与，难以量化测量，因此本节研究难以基于大样本实证结果检验相关假设，而案例研究能够通过翔实的分析描述掌握案例对象的复杂性和现象背后的隐藏机制，进而提出相关理论框架。其三，由于市场的复杂性，单个科技成果转化成功案例可能具有偶然性，不具有普适意义，因而本节研究采用多案例的研究方法，选取多个科技成果转化成功案例，同时选取失败案例，力图通过对比来更完整地分析研究核心问题，具体如表 6-3 所示。

表 6-3 科技成果转化研究案例

案例	参与主体	参与形式	投入资产	结果
无锡海斯凯尔医学技术有限公司	政府	无锡"530"企业计划、江苏省科技支撑计划	共 260 万元启动资金、声誉	成功
	高校	博士研究生培养	专业技术人才	
	清华科技园	创业孵化、创业培训	创业配套资源、市场知识	
	清华控股有限公司	对企业进行 A 轮融资	3000 万元风险资金	
	产业	医院提供市场需求、专业销售团队受聘企业	商机、市场人才	

续表

案例	参与主体	参与形式	投入资产	结果
探维科技（北京）有限公司	政府	提供自然科学基金	技术研发费用	成功
	高校	以高校名义申请自然科学课题、研究生培养、举办三创大赛	声誉、技术研发、专业技术人才、团队曝光	
	清华控股有限公司	发起基金支持清华系创业企业	千万级天使投资、股东个人资源	
	产业	市场从业者长期寻找学校团队咨询技术问题	商机	
江苏汇博机器人技术股份有限公司	政府	设立科技支撑计划、863项目	2000万元至3000万元启动资金、声誉	成功
	高校	承接横向课题、毕业生牵线所在公司购买设备	技术研发、校友资源	
	产业	芜湖奇瑞装备有限责任公司①找到学校团队提出技术研发需求、上海德汇集团有限公司及波司登后期对公司进行投资	70余万元技术研发费用、商机、市场资源	
苏州A科技有限公司	政府	邀请B院士在当地开发区创业并提供资金	1000万元启动资金、场地	失败
	高校	培养研究生	B院士学生任职新公司负责研发（后全部离职自创公司）	
	西安C有限公司	B院士原有公司以其专利、资金和设备入股新公司	技术（专利未授权新公司，仅授权销售）、500万元启动资金、500万台（套）设备、商机	
	产业	社会资本入股新公司、专业销售人才受聘新公司	500万元启动资金、专业市场人才（在新公司缺乏话语权）	

基于四家科技成果转化案例的独立分析可发现，科技成果转化是多元主体参与下的合作创新，各个主体向科技成果转化活动投入其专有资产并形成契约关系。随后，将四家案例放在同一分析框架下并进行综合比较。基于比较分析获悉，尽管四家案例中参与主体的数量和类型、参与形式、各主体投入的专有资产以及最终结果有所不同，但任何一个科技成果转化活动都需要至少六个基本要素：具有市场潜力的专利技术、能够持续研发的技术人才、能够保障研发的启动资金、熟悉市场渠道的市场人才、恰当的商机以及稳固的契约关系。

6.2.2 科技成果转化关系契约稳定性的研究发现

1. 科技成果转化过程的影响因素

（1）具有市场潜力的专利技术。科技成果转化的最终目的是获取商业价值，

---

① 芜湖奇瑞装备有限责任公司现更名为埃夫特智能装备股份有限公司。

因此，其最终结果是否成功的首要影响因素是被转化的成果是否具有市场潜力。专利技术的市场潜力来自多方面，总体而言至少应具备填补市场空缺、打破国外垄断或成本优势三者之一。例如，无锡海斯凯尔医学技术有限公司（以下简称海斯凯尔）案例中的瞬时弹性成像技术解决了医学上的技术难题并达到了国际先进水平，其瞄准的是国内肝病诊断仪的市场空白；探维科技案例中的固态扫描激光雷达技术解决了目前市场上车载激光雷达结构复杂、价格昂贵、难以量产以及不符合车规等多个痛点和难点；汇博机器人案例中的工业机器人技术不仅技术超前且价格低于国外产品，同时瞄准了卫浴领域传统生产过程中高污染影响工人健康的痛点问题，符合国家政策和市场发展趋势；苏州 A 科技有限公司案例中的 3D 打印技术不仅填补了国内光固化快速成型机市场的空白，且属于国际首创的紫外光快速成型设备。

（2）能够持续研发的专业技术人才。当今社会技术革新的速度越来越快，产品的迭代周期越来越短，持续研发成为高新技术企业的命脉，如果不能保证企业研发的可持续性，其技术优势会快速被其他新兴技术赶超，现有产品被新兴产品替代，最终导致企业难以维系。因此，基于科技成果转化诞生的新创公司为了保持研发的可持续性，需要和其转化技术紧密相关的研发人员在公司中从事技术的进一步研发、优化及迭代工作。例如，四个科技成果转化案例中，专利技术的直接研发参与者都在企业中担任研发工作：海斯凯尔创始团队中的孙锦主攻算法并担任 CTO（chief technology officer，首席技术官），段后利负责研究硬件；探维科技的 CTO 郑睿童博士来自公司技术源头星载激光雷达项目团队；汇博机器人的大股东孙立宁老师是技术创始人；苏州 A 科技有限公司的两任总经理及技术研发是技术创始人 B 院士的学生。其中苏州 A 科技有限公司的失败和两任技术研发人员离职有重要关系。

（3）能够保障研发的启动资金。任何一个科技成果转化都离不开资金的支持，资金对于科技成果转化在三个阶段具有重要影响作用。一是技术研发阶段，我国科技成果转化的技术源头多来自高校和科研院所，其研发资金多来自纵向课题和横向课题，前者资金的主要供给方是政府基金，后者资金的主要资金供给方是企业。例如，探维科技案例中的技术研发资金来自政府自然科学基金；汇博机器人案例中的原始技术研发资金来自和芜湖奇瑞装备有限责任公司签订的横向课题。二是中试和产品化阶段，资金的供给方主要是政府引导基金、各类金融投资机构、企业甚至是个人。例如，海斯凯尔案例中的产品化资金来自无锡"530"企业计划和江苏省科技支撑计划以及部分自有资金；探维科技案例中的中试及产品化资金来自清华控股有限公司下设的基石基金，汇博机器人案例中的产品化资金主要来自承接政府科技支撑计划和 863 项目；苏州 A 科技有限公司的启动资金来自于政府、B 院士企业及社会资本三个方面。三是扩张阶段，资金的供给方主要为各类金融投资机构及产业中的龙头企业,例如,海斯凯尔得到清华控股有限公司3000万元A轮融资;汇博机器人获得专业投资机构上海德汇集团有限公司入股。

(4)熟悉市场渠道的市场人才。科技成果的技术先进性毋庸置疑,然而其转化产品的最终价值并不仅仅由技术先进性决定,还由其市场价值决定。专攻技术的人才往往缺少市场知识,然而,科技成果转化的技术团队多来自高校和科研院所,高校院所的主体性质使其研究者通常远离市场,难以获得市场知识且缺少市场渠道,难以独立完成企业的经营活动和产品的市场推广活动,需要专业的市场人才支撑。例如,海斯凯尔案例中企业在获得A轮融资后聘请专业的销售团队负责产品推广工作;汇博机器人案例中技术创始人孙老师一开始负责战略,但难以胜任,在上海德汇集团有限公司投资入股后由其派出专业团队负责相关工作;苏州A科技有限公司的现任总经理D一开始负责销售,是出资方派来的专业市场人才。

(5)恰当的商机。商机即商业经营的机遇和把握。好的商机包含如下特征。①能够吸引顾客、符合当前商业环境的技术;②商机无论大小,从经济意义上讲一定是能由此产生利润的机会;③商机表现为需求的产生与满足的方式上在时间、地点、成本、数量、对象上的不平衡状态。旧的商机消失后,新的商机又会出现,没有商机,就不会有"交易"活动。在海斯凯尔案例中,创始团队在其读博期间因项目和医院产生交集,在交流过程中了解了行业前景和市场空白,最终促成了瞬时弹性成像技术的研发和最终肝病诊断仪产品的诞生;在探维科技案例中,股东吴冠豪副教授是领域内的专家,经常有投资人和业界人士找其咨询技术方案问题和委托产品定制开发,这些资源给予了星载测绘激光雷达项目进行产品转化的契机;在汇博机器人案例中,芜湖奇瑞装备有限责任公司找哈尔滨工业大学设计机器人样机属于偶然事件,但这一事件让政府看到了工业机器人的潜在市场需求,成立了04专项(高档数控机床与基础制造装备)并直接推动了汇博机器人的成长和发展;在苏州A科技有限公司案例中,3D打印技术研发及产品化的缘起是B院士在美国访问时看到3D打印技术在汽车制造业中的应用,而B院士以其已有企业西安C有限公司入股苏州A科技有限公司也使得新创企业可以利用已有企业的资源和渠道进行发展。

(6)稳固的契约关系。现代企业被视为一系列契约的联结,不仅企业内部普遍存在契约关系,企业与企业之间、企业与社会之间也存在正式或非正式的、显性或隐性的契约关系。科技成果转化是多元主体参与的复杂价值活动,其可以被看作多元主体为了实现各自的目的联合组成的合作创新的契约联结体。由于各主体追求自身利益以及契约的不完全特性,多元参与主体间的契约关系稳定性及各主体是否尽职履行契约义务会直接和间接影响到科技成果转化是否成功。例如,海斯凯尔的创始团队成员是舍友,三人分别负责算法、硬件和运营,分工明确,具备稳固的契约关系；探维科技创始团队 CEO、CTO 和吴副教授是师兄弟，学校占股按市场化方式谈判；汇博机器人三名高层分别负责技术、市场和战略，其中孙老师擅长技术不擅长战略，契约履行能力有限，后上海德汇集团有限公司派出团队代替孙老师负责战略，强化了契约履行能力；苏州 A 科技有限公司由于 B 院士话语权较重影响其他合作者履行契约的能力，加之两任 CEO 离职自创企业，最终导致企业运营受阻。

2. 科技成果转化的生态主体互动机制

科技成果转化网络中主体互动关系的核心是科技项目成果，各主体围绕科技项目成果转化不同阶段的需求展开互动。从市场的角度出发可将科技项目成果分为两类：一类是拥有较高技术成熟度的产品或技术方案，可以快速转化为最终产品或服务投入市场；另一类是技术成熟度较低的实验样品，需要经过小试、中试等环节放大后才能形成稳定的产品投入市场。在科研环节围绕两种不同类型科技项目成果的主体互动并无明显差异，主要为政府财政拨款支持、院系立项展开研究。造成两种成果类型差异的主要原因在于研究导向的不同和学科差异，且两者在转化路径上差异较大，本节将围绕这两种类型项目成果的转化过程对科技成果转化网络中主体的互动过程进行分析。

（1）高成熟度类技术成果转化过程的生态主体互动。技术成熟度高的成果由于和市场接近，可快速转移转化进入市场，主体间互动复杂程度较低，总体包括两个阶段。第一个阶段是成果所有权的转移。高校院系的科技项目成果多为职务发明，属于国有资产，国家将科技项目成果"三权"下放高校后，高校成果管理部门成为科技项目成果向外转移转化的核心节点。企业和高校成果管理部门的对接通常包括直接对接或通过技术交易平台进行对接，其中技术交易平台多为政府和产业联合共建，属于企业化运作的事业单位。当高校和企业明确交易意向后，若为现金转移，则高校成果管理部门直接代高校和企业进行交易并按高校政策的规定分配收益；若为技术入股方式转化，由于高校不能直接入股企业，需要通过高校资产管理公司代高校持股的方式入股转化企业。第二个阶段是转化企业的孵化与成长。由于"新进入者缺陷"的存在，新创企业成活率较低，尽管科技成果转化活动催生出的新创科技企业有很大的市场潜力，但这些新创企业通常缺乏资金和市场知识，依赖外部资源，因此出现了科技服务企业，这些企业除了向转化企业提供法律、财务、新创企业孵化等专业服务以及风险资本，还提供和成果转化相关的专利申报、补贴申报等特殊服务。

（2）低成熟度类技术成果转化过程的生态主体互动。技术成熟度低的成果由于缺少明确的市场化方向和技术稳定性，难以直接进入市场，需要经过小试、中试等一系列环节提高产品技术成熟度以达到进入市场的标准。但小试、中试环节不确定程度高,风险大,主体间交互过程较为复杂,主要体现在以下几个方面。

一是政府引导多主体参与。高不确定性带来的高风险一方面让很多对技术有需求的企业望而却步;另一方面降低了投资机构对处在小试、中试阶段的成果的投资意愿。由于单一主体难以独自承担风险,这一类型的成果转化过程需要多主体共同参与,但多主体间由于存在信任问题难以有效形成合力,需要高声誉主体牵头。政府在声誉度方面的天然优势以及对区域经济发展的刚性需求促使其在多主体合作中扮演引导者的角色,具体表现为向其他主体提供政策、平台和资本支持。其中,在政策方面,通过出台相应的激励政策文件引导主体积极参与,并为高风险成果提供保险(如首台套政策);在平台方面,通过和其他主体联合共建平台,提高平台信誉度,降低主体参与风险(如地方研究院);在资本方面,通过设立引导基金撬动社会资本解决小试、中试环节的资金问题。

二是需要高校全程深度参与。低技术成熟度的成果由于距离市场化仍有较远距离,在转化过程中需要持续研发。高校院系相对其他主体而言,一方面拥有较高的研发实力,另一方面作为成果的直接研发团队更加了解技术的性能和存在的缺陷,是成果后续的研发工作的最佳承担主体。因此,在这一类成果转化过程中高校研究团队往往在全链条中深度参与。例如,研究团队和企业签订协议为企业提供该成果后续相关研发工作的协作模式,研究者自己创办企业完成成果转化的自主模式,以及老师负责研究学生负责创业的师徒模式等。

三是整个过程以市场需求为导向。低技术成熟度的成果缺乏明确的市场化路径,其最终呈现出的产品或服务形态一方面取决于技术性能和适用的领域,另一方面取决于企业在价值链中的定位。例如,微波技术最早是为雷达研发的,但在民用领域转化成为微波炉的制造技术。因此,即使明确了技术的应用产业,转化者仍然可以立足不同价值链环节,选择成为技术设备的供应商、产品生产商或者技术服务商等。这一选择的本质是转化企业以市场需求为导向进行市场细分和定位以明确自己的价值主张。

第 7 章 核心企业主导技术成果转化实现的实物期权投资机制

核心企业经过技术搜寻，发现一家目标公司的技术符合自身技术需求。假设双方经过沟通，目标公司同意核心企业的收购意向。该目标公司为一家高新技术企业，需要大量资金维持后续的研发转化活动，认为核心企业收购可以拥有更多资源进行技术深度研发，视作获得增长机会，目标公司拥有投资期权；核心企业通过技术并购可快速获得目标技术进行转化实践，重塑竞争力来响应和满足市场需求，视为拥有一项投资期权。

7.1 或有支付机制下核心企业技术并购决策实物期权模型构建

7.1.1 问题描述与基本假设

技术是目标公司的核心资产，也是核心企业并购的直接标的物。核心企业作为并购方，在并购协议中加入或有支付条款，构成技术并购的或有支付机制，既可作为对目标公司研发创新的激励，也可帮助自身实现技术并购的最终目的。或有支付机制下核心企业技术并购机理如图 7-1 所示。在 t_0 时点，双方确定并购意向，之后等待双方最优行权条件（即最优并购阈值）达成共识的时刻即 t_1 时点，

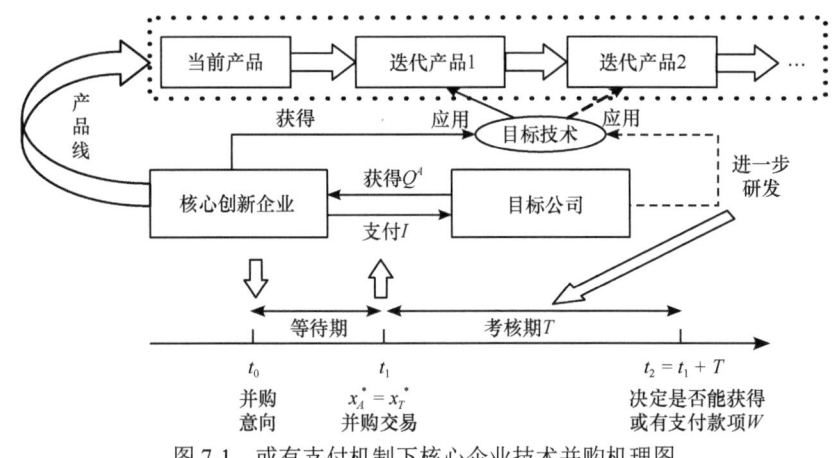

图 7-1 或有支付机制下核心企业技术并购机理图

此期间称为"等待期"。在 t_1 时点，目标公司净现金流达到双方的并购阈值，使并购交易发生：创新企业向目标公司支付首期的对价，同时获得目标公司一定比例的股权。模型将现实中可能出现的多次磋商、签订协议以及进行交割等过程简化为在 t_1 时点瞬时完成。同时 t_1 时点也是或有支付机制的生效点，此时进入"考核期"，目标公司在此期间主导进行技术的进一步研发，核心企业为其提供资金等资源支持。经过时长为 T 的考核期后，在 t_2 时点，核心企业依据目标公司的实际情况决定是否支付剩余对价，此次并购交易过程结束。

本节基于 Tavares-Gärtner 等[87]和 Lukas 等[88]的研究，构建或有支付机制下核心企业技术并购的实物期权模型，研究目标公司技术特征（如目标技术所处的生命周期阶段）和双方的交易特征（如核心企业的吸收能力和目标公司的配合程度）对并购决策的影响，以期为核心企业通过技术并购的方式优化创新链提供理论依据。

1. 并购交易的设定

假设并购交易采用或有支付机制，核心企业作为并购方向目标公司支付的对价包括首期支付款 I 及或有支付款 W，以获取目标公司的股权 Q^A（假设在并购协议中已包含并购方对目标公司技术的所有权和使用权），其中首期支付款为并购发生时支付的款项，而或有支付款被视为目标公司根据一定期限的业绩情况决定是否支付的款项，Q^T 为目标公司仍保留的股权比例，$Q^A + Q^T = 1$，由于只考虑核心企业获取目标公司控制权的情况，因此 $0.5 < Q^A \leq 1$。

目标公司拥有的技术是公司的核心资产，也是核心企业并购的标的物。目标公司的技术与核心企业的产品、平台、市场等资源可产生协同效应。参考 Lukas 等[88]的设定，只考虑直接影响目标公司的协同效应部分，即在并购发生时，由于双方存在协同效应，目标公司净现金流需要乘以系数（即协同效应系数）。协同效应系数表示为目标公司合作成本的单调递增凹函数，将其分为固定的和随目标公司合作成本递增的两部分构成，如下：

$$s(I_C) = \theta_1 + (1 + I_C)^{\theta_2} \tag{7-1}$$

其中，$\theta_1(\theta_1 \in \mathbb{R}^+)$ 为协同效应系数的固定部分，与目标公司是否合作以及核心企业的吸收整合能力无关；$(1 + I_C)^{\theta_2}$ 为协同效应系数中受目标公司合作水平以及核心创新企业的吸收整合能力影响的部分；θ_2 为与创新企业吸收整合能力相关的参数，$0 \leq \theta_2 \leq 1$，θ_2 越大，表明核心企业对目标公司技术的吸收、整合、利用能力更强；$I_C(I_C > 0)$ 为目标公司的合作成本，反映出目标公司在此次并购交易中与并购方合作水平的高低程度，合作成本越高目标公司的合作水平越高，表示目标公司被收购的意愿越高，对核心企业的整合过程更加配合。

并购的交易成本包括为保证并购交易顺利进行而聘请的律师、会计师、证券公司等外部顾问等费用，但或有支付机制的不同交易安排涉及大量的协商与烦琐的文书起草等工作，相比于一次性付款会增加交易成本，假设应用或有支付机制带来的交易成本随或有支付款项的增加而增加，将其表示为

$$I_T(W) = \bar{I}_T + W\tilde{I}_T \tag{7-2}$$

其中，$\bar{I}_T$ 为交易成本的固定部分；$W\tilde{I}_T$（$\tilde{I}_T \in \mathbb{R}^+$）为随或有支付款额变动的部分。假设并购交易产生的交易成本为创新企业付出的成本，核心企业支付的对价和并购交易产生的交易成本皆为沉没成本，目标公司的合作成本为目标公司付出的沉没成本。

2. 目标公司价值的设定

目标公司的核心技术虽已商业化，但还处于技术生命周期的成长阶段，会对目标公司的净现金流产生较大的正向波动，具有进一步研发的潜力，因此假设目标公司的净现金流 x 变化服从带泊松跳跃的几何布朗运动：

$$dx(t) = \mu x dt + \sigma x dz + \varphi x dq, \quad x(0) = x_0 \tag{7-3}$$

其中，$dq\left(dq = \begin{cases} 1, & \text{概率为 } \lambda dt \\ 0, & \text{概率为 } 1-\lambda dt \end{cases}\right)$ 为平均发生率为 λ 的泊松过程的增量，$\lambda(\lambda > 0)$ 为常数；μ 为漂移率，表示不存在泊松跳跃时目标公司净现金流的期望增长率；σ 为波动率，刻画的是不确定性带来的现金流波动情况；dz 为标准维纳过程；假设 φ 为泊松跳跃的幅度，当事件发生时 x 将以概率 1 增加固定的百分比 φ（$\varphi \geq 0$ 关注已商业化技术故仅考虑净现金流向上跳跃的情况）；假设 dq 与 dz 是独立的，有 $E(dzdq) = 0$。

式（7-3）净现金流的预期增长率为 $\left(\dfrac{1}{dt}\right)\dfrac{E(dx)}{x} = \mu + \lambda\varphi$，当 λ 提高时，通过增加 x 的瞬间上升机会而增加了 x 的期望增长率。泊松过程的参数与跳跃幅度取值不同可反映出目标公司技术所处的阶段。假设并购双方都是风险中性，以无风险利率 $r(r>0)$ 为其折现率，令 $\delta = r - (\mu + \lambda\varphi)$，此为折现率与净现金流期望增长率的差值，且有 $r > \mu + \lambda\varphi$（若折现率小于或等于期望增长率，则等待更长的时间总是最好的选择）。已知 t 时刻目标公司净现金流为 x_t，目标公司在 t 时刻的公司价值 V_t 可表示为

$$V_t = E\left[\int_t^\infty x_s e^{-r(s-t)} ds\right] = \int_t^\infty x_t e^{-\delta(s-t)} ds = \frac{x_t}{\delta} \tag{7-4}$$

由伊藤引理，可得

$$dV_t(x_t) = \frac{\partial V_t}{\partial t}dt + \frac{\partial V_t}{\partial \pi_t}dx_t + \frac{1}{2}\frac{\partial^2 V_t}{\partial x_t^2}(dx_t)^2 = \frac{dx_t}{\delta} = \frac{x_t}{\delta}(\mu dt + \sigma dz + \varphi x dq) \tag{7-5}$$

因此，目标公司的价值也服从带泊松跳跃的几何布朗运动，其过程如下：

$$dV(t) = \mu V dt + \sigma V dz + \varphi V dq \tag{7-6}$$

3. 或有支付机制的设定

本节关注目标公司技术特征（包括双方之间对于技术的协同效应）对并购时机以及并购协议的影响，参考 Tavares-Gärtner 等[87]或有支付金额的分类方式，将或有支付机制分为到期支付固定金额（以下简称固定或有支付机制）和到期支付变动金额（以下简称变动或有支付机制）两类。

（1）固定或有支付机制：假设目标公司在考核期 $T \in \mathbb{R}^+$ 结束时，净现金流满足业绩衡量的基准条件 $\Omega_F \in \mathbb{R}^+$，即可获得核心企业以现金形式支付的剩余对价 $W_F(W_F \in \mathbb{R}^+)$，否则无法获得剩余对价。根据 Lukas 等[88]、Tavares-Gärtner 等[87]相关研究，上述设定符合现金或空手看涨期权（cash-or-nothing call option）的特征。假设并购发生时刻目标公司净现金流为 x^*，则基准条件为 $\Omega_F = \psi_F x^*$，$\psi_F > 1$ 为外生变量。固定或有支付机制的期权价值 CPM_F 为[87]

$$\text{CPM}_F = W_F e^{-rT} N(d_2) \tag{7-7}$$

其中，$d_2 = \dfrac{\ln\left(\dfrac{sx}{\psi_F x^*}\right) + \left(\mu + \lambda\varphi - \dfrac{\sigma^2}{2}\right)T}{\sigma\sqrt{T}}$，$N(d_2)$ 为正态分布的累计分布函数，可视为目标公司获得或有支付款项的概率；x 为当前时刻目标公司净现金流；x^* 为并购发生时目标公司的净现金流。当并购发生时，$x = x^* = x_A^* = x_T^*$，因此，$\ln\left(\dfrac{sx}{\psi_F x^*}\right) = \ln\left(\dfrac{s}{\psi_F}\right)$，可以得到 $\dfrac{\partial N(d_2)}{\partial x} = 0$，即或有支付款的期权价值与当前时刻目标公司净现金流无关。

（2）变动或有支付机制：假设目标公司在考核期 T 结束时，净现金流满足业绩衡量的基准条件 $\Omega_V \in \mathbb{R}^+$，即可获得创新企业对目标公司业绩的奖励，否则无法获得该部分奖励，或有支付部分由奖励系数 $m(m \in \mathbb{R}^+)$ 乘以目标公司被收购后公司价值的增长部分组成。根据 Tavares-Gärtner 等[87]相关研究，上述设定符合资产或空手看涨期权（asset-or-nothing call option）的特征。假设并购发生时刻目标公司净现金流为 x^*，则基准条件为 $\Omega_V = \psi_V x^*$，$\psi_V > 1$ 为外生变量。变动或有支付机制的期权价值 CPM_V 为[87]

$$\text{CPM}_V = m(s-1)xe^{-\delta T} N(d_1) \tag{7-8}$$

其中，$d_1 = \dfrac{\ln\left(\dfrac{sx}{\psi_V x^*}\right) + \left(\mu + \lambda\varphi + \dfrac{\sigma^2}{2}\right)T}{\sigma\sqrt{T}}$。当并购发生时，$x = x^* = x_A^* = x_T^*$，因此，$\ln\left(\dfrac{sx}{\psi_V x^*}\right) = \ln\left(\dfrac{s}{\psi_V}\right)$，可以得到 $\dfrac{\partial N(d_1)}{\partial x} = 0$。

式（7-2）中假定并购的交易成本与或有支付款额有关，因此需要确定考核期结束时核心企业向目标公司支付的或有支付款数额。在并购时点，交易成本为创新企业的沉没成本，因此，将未来需要支付给目标公司的或有款项金额近似表示为奖励系数 m 乘以并购时点（而不是未来考核期结束时点）净现金流的增长部分，即 $W_V \approx m(s-1)x^*$，对应式（7-2）的交易成本变为

$$I_T(x^*) = \overline{I}_T + W_V \tilde{I}_T = \overline{I}_T + m(s-1)x^* \tilde{I}_T \tag{7-9}$$

假设并购双方对于目标公司的现金流的随机波动情况有相同的理解。本节首先分别给出了触发目标公司和核心企业同意并购交易的边界条件，其次给出了两种或有支付机制下目标公司和核心企业各自的并购阈值和持有的投资期权价值，最后以双方并购阈值达成共识时的目标公司净现金流作为核心企业技术并购的最优并购阈值，获得最优并购时机。

7.1.2 核心企业与目标公司同意并购的边界条件

对于目标公司来说，投资期权价值 $F(x)$ 满足如下的常微分方程：

$$\frac{1}{2}\sigma^2 x^2 F''(x) + \mu x F'(x) - (r+\lambda)F(x) + \lambda F[(1+\varphi)x] + x = 0 \tag{7-10}$$

方程的解形如 $F(x) = Ax^\beta + \dfrac{x}{\delta}$，其中，$\beta$ 为如下非线性方程的正解：

$$\frac{1}{2}\sigma^2 \beta(\beta-1) + \mu\beta - (r+\lambda) + \lambda(1+\varphi)^\beta = 0 \tag{7-11}$$

式（7-11）中 β 没有显性解析解，为便于分析，将式（7-10）中的 $F[(1+\varphi)x]$ 项进行泰勒展开，得到

$$\begin{aligned} F[(1+\varphi)x] &= F(x+\varphi x) \\ &= F(x) + F'(x)\varphi x + \frac{F''(x)}{2}(\varphi x)^2 + \cdots + \frac{F_n(x)}{n!}(\varphi x)^n + R_n(x)n \end{aligned} \tag{7-12}$$

其中，$R_n(x)$ 为拉格朗日余项。为简化计算，只考虑 $F[(1+\varphi)x]$ 项的二阶泰勒展开式，即

$$F[(1+\varphi)x] \approx F(x) + F'(x)\varphi x + \frac{F''(x)}{2}(\varphi x)^2 \tag{7-13}$$

将其代入式（7-10）中得到 β 满足如下一元二次方程：

$$\frac{1}{2}(\sigma^2 + \lambda\varphi^2)\beta(\beta-1) + (\mu+\lambda\varphi)\beta - r = 0 \tag{7-14}$$

舍去负根[89]，得到 β 的正根：

$$\beta = \frac{-\left[\mu+\lambda\varphi-\dfrac{1}{2}(\sigma^2+\lambda\varphi^2)\right] + \sqrt{\left[\mu+\lambda\varphi-\dfrac{1}{2}(\sigma^2+\lambda\varphi^2)\right]^2 + 2r(\sigma^2+\lambda\varphi^2)}}{\sigma^2+\lambda\varphi^2} > 1 \tag{7-15}$$

假设 x_T^* 为触发目标公司同意并购交易的最优现金流（即目标公司的并购阈值），边界条件为

$$F\left(x_T^*\right) = \frac{sx_T^*}{\delta}Q^T + I + \text{CPM}\left(x_T^*\right) - I_C \tag{7-16}$$

$$F'\left(x_T^*\right) = \frac{s}{\delta}Q^T + \text{CPM}'\left(x_T^*\right) \tag{7-17}$$

$$F(0) = 0 \tag{7-18}$$

式（7-16）和式（7-17）分别为价值匹配条件和平滑粘贴条件，保证最优解存在且唯一。式（7-18）为当目标公司净现金流为 0 时，投资期权是没有价值的。

对于核心企业来说，其持有的投资期权价值 $G(x)$ 满足如下的常微分方程：

$$\frac{1}{2}\sigma^2 x^2 G''(x) + \mu x G'(x) - (r+\lambda)G(x) + \lambda G[(1+\varphi)x] = 0 \tag{7-19}$$

该方程的解形如 $G(x) = Bx^\beta$，其中，β 同样为非线性方程式（7-11）的正解。

假设 x_A^* 为创新企业的并购阈值，边界条件为

$$G\left(x_A^*\right) = \frac{sx_A^*}{\delta}Q^A - I - I_T - \text{CPM}\left(x_A^*\right) \tag{7-20}$$

$$G'\left(x_A^*\right) = \frac{s}{\delta}Q^A - \text{CPM}'\left(x_A^*\right) \tag{7-21}$$

$$G(0) = 0 \tag{7-22}$$

式（7-20）和式（7-21）分别为价值匹配条件和平滑粘贴条件，保证最优解存在且唯一。式（7-22）为当目标公司净现金流为 0 时，投资期权是没有价值的。

7.1.3 不同或有支付机制下核心企业最优并购阈值时机

1. 固定或有支付机制下双方的投资期权价值与并购阈值

由式（7-7）和边界条件式（7-16）和式（7-17），解得固定或有支付机制下目标公司的投资期权价值 $F_F(x)$ 为

$$F_F(x) = \begin{cases} \left[\left(sQ^T - 1\right)\frac{x_{T_F}^*}{\delta} + I + \text{CPM}_F - I_C\right]\left(\frac{x}{x_{T_F}^*}\right)^\beta + \frac{x}{\delta}, & x < x_{T_F}^* \\ \frac{sx}{\delta}Q^T + I + \text{CPM}_F - I_C, & x \geq x_{T_F}^* \end{cases} \tag{7-23}$$

其中，触发并购的阈值 $x_{T_F}^*$ 为

$$x_{T_F}^* = \frac{\beta}{\beta - 1} \frac{\delta\left(I_C - I - W_F e^{-rT} N(d_2)\right)}{sQ^T - 1} \tag{7-24}$$

同样，由式（7-7）和边界条件式（7-20）和式（7-21），得到固定或有支付机

制下核心企业的投资期权价值 $G_F(x)$ 为

$$G_F(x) = \begin{cases} \left[sQ^A \dfrac{x_{A_F}^*}{\delta} - \text{CPM}_F - I - I_T \right] \left(\dfrac{x}{x_{A_F}^*} \right)^\beta, & x < x_{A_F}^* \\ \dfrac{sx}{\delta} Q^A - \text{CPM}_F - I - I_T, & x \geqslant x_{A_F}^* \end{cases} \quad (7\text{-}25)$$

其中，触发并购的阈值 $x_{A_F}^*$ 为

$$x_{A_F}^* = \frac{\beta}{\beta-1} \frac{\delta\left(I + I_T + W_F \mathrm{e}^{-rT} N(d_2)\right)}{sQ^A} \quad (7\text{-}26)$$

2. 变动或有支付机制下双方的投资期权价值与并购阈值

由式（7-8）和边界条件式（7-16）和式（7-17），得到变动或有支付机制下目标公司持有的期权价值 $F_V(x)$ 为

$$F_V(x) = \begin{cases} \left[\left(sQ^T - 1\right)\dfrac{x_{T_V}^*}{\delta} + I + \text{CPM}_V - I_C \right] \left(\dfrac{x}{x_{T_V}^*} \right)^\beta + \dfrac{x}{\delta}, & x < x_{T_V}^* \\ \dfrac{sx}{\delta}Q^T + I + \text{CPM}_V - I_C, & x \geqslant x_{T_V}^* \end{cases} \quad (7\text{-}27)$$

其中，触发并购的阈值 $x_{T_V}^*$ 为

$$x_{T_V}^* = \frac{\beta}{\beta-1} \frac{\delta(I_C - I)}{\left(sQ^T - 1\right) + m(s-1)\delta \mathrm{e}^{-\delta T} N(d_1)} \quad (7\text{-}28)$$

同样，由式（7-8）和边界条件式（7-20）和式（7-21），得到变动或有支付机制下核心企业持有的期权价值 $G_V(x)$ 为

$$G_V(x) = \begin{cases} \left[sQ^A \dfrac{x_{A_V}^*}{\delta} - \text{CPM}_V - I - I_T \right] \left(\dfrac{x}{x_{A_V}^*} \right)^\beta, & x < x_{A_V}^* \\ \dfrac{sx}{\delta}Q^A - \text{CPM}_V - I - I_T, & x \geqslant x_{A_V}^* \end{cases} \quad (7\text{-}29)$$

其中，触发并购的阈值 $x_{A_V}^*$ 为

$$x_{A_V}^* = \frac{\beta}{\beta-1} \frac{\delta\left(I + \bar{I}_T\right)}{sQ^A - m(s-1)\delta\left[\tilde{I}_T + \mathrm{e}^{-\delta T} N(d_1)\right]} \quad (7\text{-}30)$$

3. 核心企业技术并购的最优并购阈值时机

当 $x_{Ai}^* = x_{Ti}^*$，$i \in \{F,V\}$ 时，核心企业与目标公司对触发此次并购的目标公司净现金流情况达成共识，得到核心企业技术并购的最优并购阈值和最优并购时机。本节提出以下命题。

命题 7.1 在不同或有支付机制下，核心企业并购目标公司的最优阈值和交易

安排分别如下。

（1）在固定或有支付机制下，核心企业并购目标公司的最优阈值 x_F^* 和促成并购交易的最优或有支付金额 W_F^* 分别为

$$x_F^* = x_{A_F}^* = x_{T_F}^* = \frac{\beta}{\beta-1} \frac{\delta\left[\left(\bar{I}_T + I_C\right)e^{-rT}N(d_2) + (I_C - I)\tilde{I}_T\right]}{(s-1)e^{-rT}N(d_2) + (sQ^T - 1)\tilde{I}_T} \qquad (7\text{-}31)$$

$$W_F^* = \frac{sQ^A(I_C - I) - (sQ^T - 1)(I + \bar{I}_T)}{(s-1)e^{-rT}N(d_2) + (sQ^T - 1)\tilde{I}_T} \qquad (7\text{-}32)$$

当 $\dfrac{I_C - I}{I + \bar{I}_T} > \dfrac{sQ^T - 1}{sQ^A}$ 时，有 $W_F^* > 0$。此时，目标公司价值为

$$V_F^* = \frac{x_F^*}{\delta} = \frac{\beta}{\beta-1} \frac{\left(\bar{I}_T + I_C\right)e^{-rT}N(d_2) + (I_C - I)\tilde{I}_T}{(s-1)e^{-rT}N(d_2) + (sQ^T - 1)\tilde{I}_T} \qquad (7\text{-}33)$$

最优并购时机为 $\tau_F^* = \inf\{t \geq 0 : x_t \geq x_F^*\}$。

（2）在变动或有支付机制下，核心企业并购目标公司的最优阈值 x_V^* 和促成并购交易的最优或有支付奖励系数 m^* 分别为

$$x_V^* = \frac{\beta\delta}{\beta-1} \frac{\left(\bar{I}_T + I_C\right)e^{-\delta T}N(d_1) + (I_C - I)\tilde{I}_T}{(s-1)e^{-\delta T}N(d_1) + (sQ^T - 1)\tilde{I}_T} \qquad (7\text{-}34)$$

$$m^* = \frac{sQ^A(I_C - I) - (sQ^T - 1)(I + \bar{I}_T)}{(s-1)\delta\left[e^{-\delta T}N(d_1)(\bar{I}_T + I_C) + \tilde{I}_T(I_C - I)\right]} \qquad (7\text{-}35)$$

当 $\dfrac{I_C - I}{I + \bar{I}_T} > \dfrac{sQ^T - 1}{sQ^A}$ 时，有 $m^* > 0$。此时，目标公司价值为

$$V_V^* = \frac{x_V^*}{\delta} = \frac{\beta}{\beta-1} \frac{\left(\bar{I}_T + I_C\right)e^{-\delta T}N(d_1) + (I_C - I)\tilde{I}_T}{(s-1)e^{-\delta T}N(d_1) + (sQ^T - 1)\tilde{I}_T} \qquad (7\text{-}36)$$

最优并购时机为 $\tau_V^* = \inf\{t \geq 0 : x_t \geq x_V^*\}$。

命题 7.1 表明，$\dfrac{I_C - I}{I + \bar{I}_T} > \dfrac{sQ^T - 1}{sQ^A}$ 为或有支付机制的边界条件，只有当双方付出的成本、协同效应和并购比例满足该关系时，才有可能采用或有支付机制进行对价支付。当 $\dfrac{I_C - I}{I + \bar{I}_T} = \dfrac{sQ^T - 1}{sQ^A}$ 时，有 $W_F^* = 0$，$m^* = 0$，此时或有支付机制的两阶段支付安排退化为一次性付款，表明只有一次性付款才能达成交易。

或有支付机制的边界条件也可以写为

$$\frac{I + \bar{I}_T}{I_C + \bar{I}_T} < \frac{sV \times Q^A}{(s-1) \times V} \qquad (7\text{-}37)$$

式（7-37）表明或有支付机制使用的边界条件为"核心企业固定并购成本"与"并购总固定成本"之比小于"核心企业并购后从目标公司获得的价值"与"并购为目标公司带来的价值净增长"之比。

7.2 目标技术与交易特征对核心企业技术并购决策的影响机理

7.2.1 目标技术所处生命周期对核心企业技术并购决策的影响

假设目标公司的技术收益已具有正向净现金流（即已初步实现商业化），但仍有较大的研发空间。该技术遵循非线性的演化规律，若技术仍处于生命周期的早期阶段，后续研发难度相对较大导致成功概率低，但研发成功后对目标公司净现金流的影响大；若技术处于生命周期的中期阶段，研发难度较低因此成功概率高，但研发成功后对净现金流的影响较小。

用 λ 和 φ 两个参数刻画目标公司技术所处的生命周期阶段，由命题 7.1 中得到的最优并购阈值 x^* 可知，参数 λ（或 φ）变化对 x^* 产生不同影响：一是通过 $\frac{\beta}{\beta-1}$，表现为 λ（或 φ）越大，x^* 越大；二是通过 $\delta = r - \mu - \lambda\varphi$，表现为 λ（或 φ）越大，x^* 越小。以参数 φ 为例。由 $\varphi(\varphi>0)$ 表示泊松事件（本节为技术研发成功）发生时目标公司净现金流增加的比例，φ 越大，代表目标公司净现金流的期望增长率越高，投资者在做出不可逆投资之前，要求的超额回报越高，从而对此次并购交易来说，推迟交易的激励越强。同时，φ 增加使得因子 $\delta(\delta = r - \mu - \lambda\varphi)$ 减小，可以理解为此次交易的投资或成本减少，目标公司的净现金流变化更容易达到阈值，提前交易的激励更强。因此，φ 对 x^* 的影响需要视泊松事件发生对于 x^* 两种影响方向的净效应而定。λ 对 x^* 的影响效应同理，区别在于 λ 是通过提高泊松事件发生的概率来提高目标公司净现金流的期望增长率。然而，λ（或 φ）变化对以目标公司价值衡量的最优并购阈值 V^* 的影响仅通过 $\frac{\beta}{\beta-1}$ 一个途径。我们提出以下命题。

命题 7.2 在任意类型的或有支付机制下，刻画目标技术特征的泊松跳跃参数与最优并购阈值 x^* 和 V^* 之间的关系。

（1）若 $-\frac{\beta(\beta-1)\varphi}{\delta} < \frac{\partial \beta}{\partial \lambda} < 0$，有 $\frac{\partial x_i^*}{\partial \lambda} < 0$；若 $\frac{\partial \beta}{\partial \lambda} < -\frac{\beta(\beta-1)\varphi}{\delta}$，有 $\frac{\partial x_i^*}{\partial \lambda} > 0$，$i \in \{F, V\}$。

（2）若 $-\dfrac{\beta(\beta-1)\lambda}{\delta}<\dfrac{\partial\beta}{\partial\lambda}<0$，有 $\dfrac{\partial x_i^*}{\partial\varphi}<0$；若 $\dfrac{\partial\beta}{\partial\varphi}<-\dfrac{\beta(\beta-1)\lambda}{\delta}$，有 $\dfrac{\partial x_i^*}{\partial\varphi}>0$，$i\in\{F,V\}$。

（3）$\dfrac{\partial V_i^*}{\partial\lambda}>0$，$\dfrac{\partial V_i^*}{\partial\varphi}>0$，$i\in\{F,V\}$。

命题 7.2 表明，当满足 $-\dfrac{\beta(\beta-1)\varphi}{\delta}<\dfrac{\partial\beta}{\partial\lambda}<0$ 时，λ 通过因子 δ 对 x^* 影响的效应大于通过 $\dfrac{\beta}{\beta-1}$ 对其影响的效应，因此，这表明技术研发成功概率越高，并购发生时的净现金流越小，并购交易发生越提前，而此时目标公司的价值更高（即命题 7.2（3）中所述）。λ 和 φ 同时变化对 x^* 和 V^* 的影响见 7.3.2 节数值模拟部分。

7.2.2 核心企业吸收能力、目标公司配合程度对并购决策的影响

本节设定 θ_2 衡量核心企业吸收整合能力，θ_2 越大表明核心企业对目标公司技术的吸收、整合、利用能力更强；I_C 反映目标公司在此次并购交易中与并购方合作水平的高低程度，合作成本越高目标公司的合作水平越高，表示目标公司被收购的意愿越高，对核心企业的整合过程更加配合。θ_2 和 I_C 的大小直接影响到并购协同效应的高低，进而影响并购最优阈值，获得以下两个命题。

命题 7.3 在任意类型的或有支付机制下，都有 $\dfrac{\partial x_i^*}{\partial\theta_2}<0$，$i\in\{F,V\}$。

命题 7.3 表明，核心企业对目标公司技术的吸收利用能力越强，并购时机越提前，因为核心企业对目标技术较高的吸收利用能力增加了此次并购的协同效应，使得目标公司更有价值，尽快并购能够更早回收成本。

命题 7.4 不同或有支付机制下目标公司配合程度对最优并购阈值 x^* 的影响如下。

（1）若核心企业选择采用固定或有支付机制，当 $s>\dfrac{\partial s}{\partial I_C}\left[\dfrac{(\overline{I}_T+I_C)\mathrm{e}^{-rT}N(d_2)+(I_C-I)\tilde{I}_T}{\mathrm{e}^{-rT}N(d_2)+\tilde{I}_T}\right]+\dfrac{\mathrm{e}^{-rT}N(d_2)+\tilde{I}_T}{\mathrm{e}^{-rT}N(d_2)+Q^T\tilde{I}_T}$ 关系成立时，有 $\dfrac{\partial x_F^*}{\partial I_C}>0$。

（2）若核心企业选择采用变动或有支付机制，当 $s>\dfrac{\partial s}{\partial I_C}\left[\dfrac{(\overline{I}_T+I_C)\mathrm{e}^{-\delta T}N(d_1)+(I_C-I)\tilde{I}_T}{\mathrm{e}^{-\delta T}N(d_1)+\tilde{I}_T}\right]+\dfrac{\mathrm{e}^{-\delta T}N(d_1)+\tilde{I}_T}{\mathrm{e}^{-\delta T}N(d_1)+Q^T\tilde{I}_T}$ 关系成立时，有 $\dfrac{\partial x_V^*}{\partial I_C}>0$。

命题 7.4 表明，在不同的或有支付机制下，当并购产生的协同效应、双方付出的成本与并购比例满足命题 7.4 所示的关系时，目标公司越配合，其付出的成本越高，触发目标公司并购意愿的净现金流水平越高。因此，核心企业只能等待更高的净现金流出现再并购，这也导致并购发生的时机更晚。

7.3 目标技术与交易特征对核心企业技术并购决策的影响效应

7.3.1 参数赋值依据

本节采用 MATLAB 软件对上述模型及命题进行数值模拟。模型参数可分为与目标公司价值、并购交易和并购对价相关的三部分，其中，目标公司价值相关参数的赋值参考 Lukas 等[88]的研究；并购交易相关参数赋值参考 Lukas 等[88]的研究；并购对价相关参数赋值参考 Tavares-Gärtner 等[87]的研究。表 7-1 为模型参数的赋值情况，第五列表示在数值模拟过程中该参数赋值是否变化，*表示无变化，√表示有变化。

表 7-1 模型参数赋值

	变量	符号	初始赋值	取值变化
目标公司价值	漂移率	μ	0.01	*
	波动率	σ	0.2	√
	无风险利率	r	0.05	*
	平均发生率	λ	0.1	√
	跳跃幅度	φ	0.3	√
并购交易	收购比例	Q^A	0.8	*
	协同效应固定系数	θ_1	0.5	*
	核心创新企业吸收整合能力	θ_2	0.6	√
	目标公司合作水平	I_C	0.8	√
	交易成本固定部分	$\bar{I}_T$	0.25	*
	交易成本变动系数	$\tilde{I}_T$	0.01	*
并购对价	首期支付对价	I	1	*
	业绩考核期	T	3	*
	业绩基准（固定金额 CPM）	ψ_F	2.5	*
	业绩基准（变动金额 CPM）	ψ_V	2.5	*

7.3.2 目标技术所处生命周期对核心企业技术并购决策的影响

由前述分析可知，λ（或 φ）对 x^* 的影响需要视泊松事件发生对于 x^* 产生两种相反方向影响的净效应确定。λ（或φ）变化对最优并购阈值x^*和V^*的影响见图 7-2，其中实线为并购交易没有使用或有支付机制的情形（作为对照组），虚线为使用固定或有支付机制的情形，点划线为使用变动或有支付机制的情形。图 7-2 反映出当参数取值满足命题 7.2 中所示的 $-\dfrac{\beta(\beta-1)\varphi}{\delta}<\dfrac{\partial\beta}{\partial\lambda}<0$ 关系时，最优并购阈值x^*随λ（或φ）的增加而减小，但此时的目标公司价值随λ（或φ）的增加而增加。固定或有支付机制下的最优并购阈值总是高于变动或有支付机制。

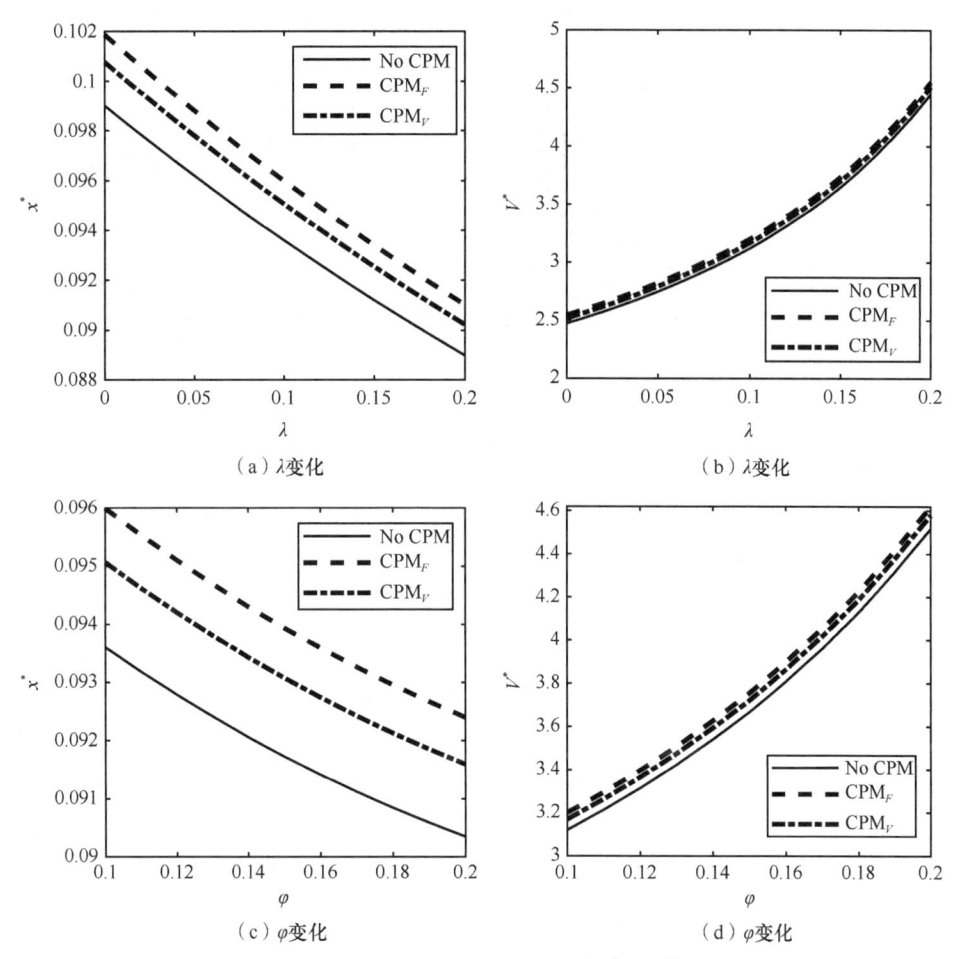

图 7-2 λ（或φ）变化对最优并购阈值x^*和V^*的影响

为探索技术特征变量λ和φ同时变化对并购决策的影响，本节进一步将研发成功概率的参数λ取值范围设为[0, 0.3]，将表示研发成功对目标公司现金流影响程度的参数φ取值范围设为[0, 0.3]。假设参数λ和φ在取值范围内匀速变化，数值模拟出不同或有支付机制下目标公司技术所处的生命周期阶段由早期变为中期对最优并购阈值x^*和V^*的影响如图 7-3 所示。从图 7-3 发现，随着技术所处生命周期的阶段由早期变为中期，核心企业并购目标公司的最优净现金流呈现先下降后上升的趋势，而适合并购的最优目标公司价值呈现先上升后下降的趋势。因此，对于核心企业来说，应当根据自身经验对目标技术进行判断，选择早中期的技术时（研发成功的概率和研发成功后对目标公司净现金流的影响都处于中等水平），既能使得并购交易尽快达成，同时核心企业获得的目标公司价值也更高。

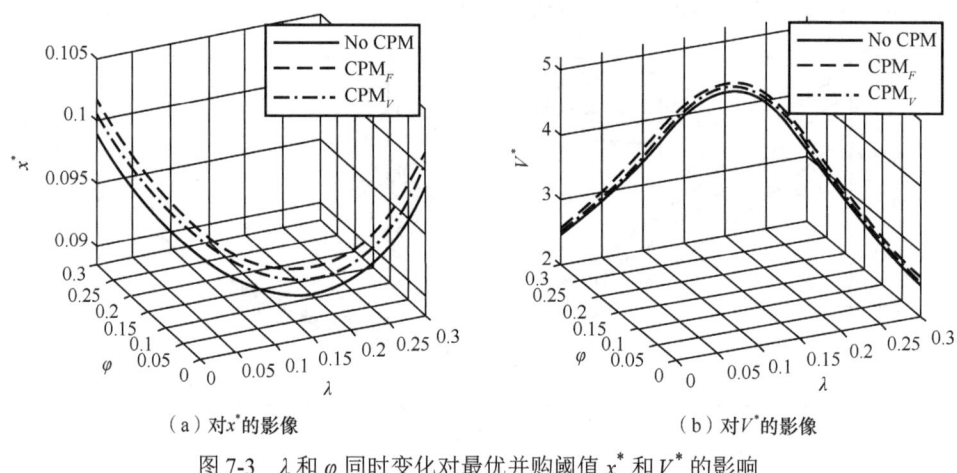

(a) 对 x^* 的影像

(b) 对 V^* 的影像

图 7-3　λ 和 φ 同时变化对最优并购阈值 x^* 和 V^* 的影响

7.3.3　核心企业吸收能力、目标公司配合程度对并购决策的影响

目标公司的配合程度直接反映在目标公司付出的合作成本上，即配合的意愿越强，合作水平越高，付出的合作成本越高。最优并购阈值 x^* 随核心企业吸收能力和目标公司配合水平变化的情况如图 7-4（a）和图 7-4（b）所示。从图 7-4（a）可知，在不同的并购交易结构下，随着核心企业吸收能力的增加，并购的最优阈值会减小（如命题 7.3 所述），且存在或有支付情况的并购阈值会逐渐向一次性付款情况下的最优阈值趋近。因此，核心企业对目标技术的吸收利用能力升高时，尽早并购是更好的选择。从图 7-4（b）中参数取值满足命题 7.4 中所示关系发现，目标公司越配合，并购发生的时机越晚，其中，固定或有支付机制下最优阈值的变化最大，变动或有支付机制次之，一次性付款的情况变化最小。

最优或有对价金额和最优或有对价奖励系数随核心企业吸收能力变化的情况见图 7-5，其中，实线、虚线和点划线三种线型分别表示目标公司低、中、高三种配合程度。从图 7-5 中看出，核心企业的吸收利用能力与或有对价是此消彼长的关系，表明若核心企业对目标技术的吸收利用能力低，就需要依靠目标公司的研发实力来完成。同时，目标公司付出的配合成本越高，促使并购达成的最优或有对价金额（或奖励系数）越高，这既是对目标公司高付出水平的补偿，同时也可

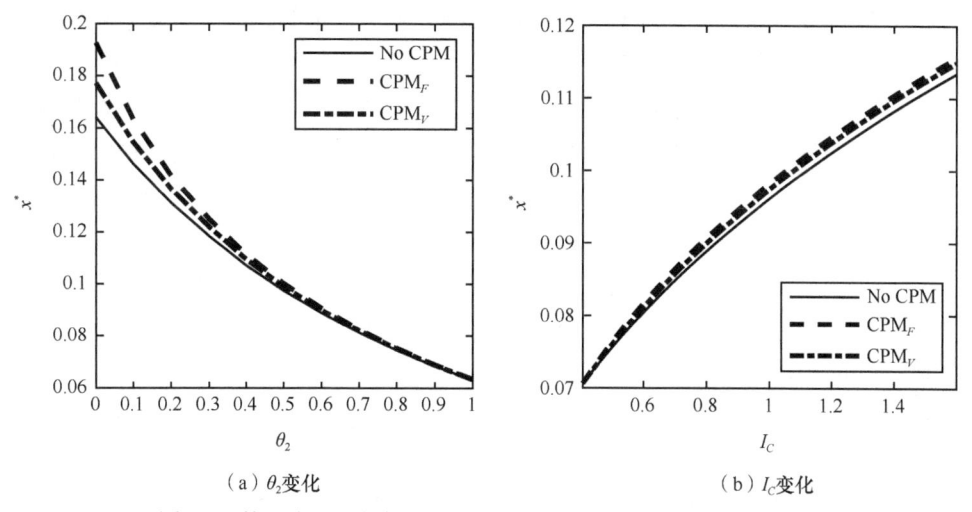

激励目标公司在技术研发中付出更多努力。

(a) θ_2 变化

(b) I_C 变化

图 7-4 核心企业吸收能力和目标公司配合水平变化对 x^* 的影响

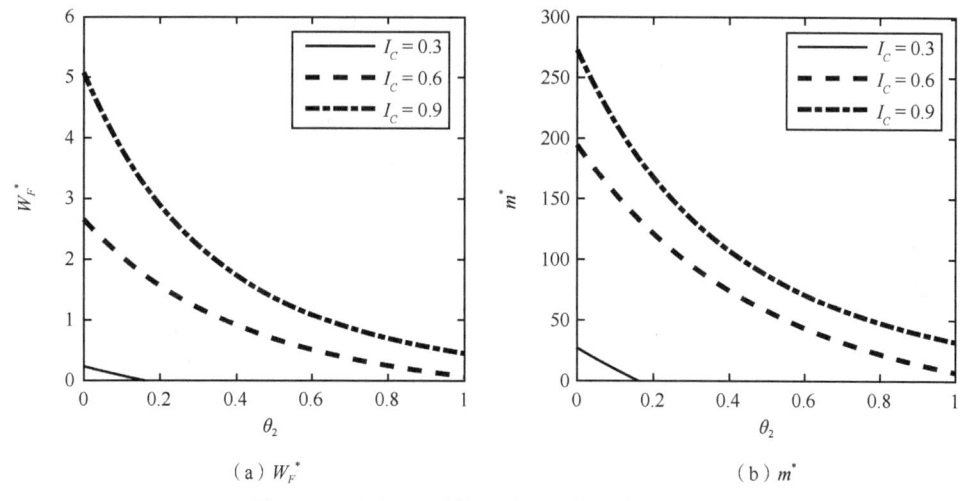

(a) W_F^*

(b) m^*

图 7-5 W_F^* 和 m^* 随核心企业吸收能力 θ_2 变化

7.4 核心企业技术并购或有支付机制的实现策略

本章考虑并购中的或有支付机制并构建核心企业技术并购的实物期权投资决策模型，以研究目标公司技术特征（如目标技术所处的生命周期阶段）和双方的交易特征（如核心企业的吸收能力和目标公司的配合程度）对并购决策的影响。主要研究结论如下。

（1）或有支付机制使用的边界条件为"核心企业固定并购成本"与"并购总固定成本"之比小于"核心企业并购后从目标公司获得的价值"与"并购为目标

公司带来的价值净增长"之比,如无法满足该边界条件则只有一次性付款的交易结构可以达成交易;固定或有支付机制下核心企业技术并购的最优阈值始终高于变动或有支付机制的。

(2)目标技术特征影响核心企业的技术并购决策。随着技术所处生命周期的阶段由早期变为中期,即技术研发成功率升高,而研发成功率对目标公司的影响程度降低时,并购目标公司的最优净现金流呈现先下降后上升的趋势,而适合并购的最优目标公司价值呈现先上升后下降的趋势。

(3)核心企业的吸收能力和目标公司在并购交易中的配合程度通过影响并购协同效应而最终影响并购的最优阈值。随着核心企业吸收能力的增加,并购的最优阈值会减小,且存在或有支付情况的并购阈值会逐渐向一次性付款情况下的最优阈值趋近;在满足一定条件的情况下,目标公司越配合,并购发生的时机更晚,其中,固定或有支付机制下最优阈值的变化最大,变动或有支付机制次之,一次性付款的情况变化最小;对于双方交易特征与或有对价之间的关系,本章分析发现核心企业的吸收利用能力与或有对价是此消彼长的关系,而目标公司越配合,促使并购达成的最优或有对价金额(或奖励系数)越高。

以上结论表明,对于核心企业来说,应当根据自身经验对目标技术进行判断,优先选择早中期的技术,该阶段的技术实施后续研发成功的概率和研发成功后对目标公司净现金流的影响都处于中等水平,既能使得并购交易尽快达成,也能使得核心企业获得的目标公司价值更高。如果核心企业对目标技术的吸收利用能力很高,尽早并购是更好的选择;如果核心企业对目标技术的吸收利用能力低,就需要依靠目标公司的研发实力来完成研发创新,此时需要支付更多的或有对价作为对目标公司的激励;同时,核心企业在谈判时可以向目标公司提出"价值创造激励"的策略,激励目标公司付出更多的研发努力,从而获得更高的或有对价。此外,核心企业若需要尽快达成并购交易,使用变动或有支付机制是更好的选择。

第8章 核心企业主导技术成果持续研发合作博弈的投资机制

企业在技术创新战略驱动下，利用创新链布局将技术、人才和社会资本等要素向企业集聚，实现企业创新能力的全面提升，具体见图5-1中的三种途径[90]。①企业以并购、授权等形式从技术拥有方处获得已成熟的商业化技术，直接用于产品生产，实现产品的快速迭代升级；②企业寻求与外部科研团队合作开展持续研发，将科研团队拥有的专利等未商业化的技术成果经过小试、中试、产品定型等活动，获得符合企业生产条件的技术，最终实现新产品生产；③市场上没有与企业技术需求匹配的技术成果或成熟技术，企业将从科研课题开始，投入资金支持高校、科研院所、高新技术企业等外部科研团队，开展企业技术需求导向的合作开发，同时借助政府以及社会资本的力量，为企业进行前瞻性技术储备和未来先机谋划。

8.1 核心企业技术成果持续研发合作博弈问题建模

本节研究以海尔集团解决卡萨帝 F+冰箱 MSA 控氧保鲜的核心技术难题为例，诠释研究问题的现实场景和关注点。首先，海尔集团 HOPE 平台发现风冷冰箱在满足用户对食材保鲜越来越高的要求方面存在困难，基于此，技术研发人员确定了"以控制氧气浓度为技术突破点，以最为经济有效的方式用在家用冰箱产品上"的技术需求。其次，海尔集团确定潜在技术方向，依托 HOPE 平台在全球范围内征求技术方案提供方，两周内有来自 10 多个国家的 100 多家公司响应并提交了技术方案，其中有 50 多个方案具有很强的关联性。最后，经过专家评估、原型验证、方案评估等流程，确定了最终的技术方案提供商。这一案例表明，企业在遇到难以单凭内部研发能力解决的技术难题时，会利用各种平台在国内外市场上搜寻技术方案提供商，当没有可直接应用的成熟技术时，企业会寻求合作方进行某项技术的持续研发活动，使难题得到有效解决。

本节重点关注核心企业与外部科研团队合作持续研发的专利等形式的技术成果的获取途径（见图8-1中"技术获取途径（2）"），发现其具有以下特征。①在核心企业主导的创新链中，技术成果持续研发阶段是以实验室样品或专利形态的技术成果为输入端，以产品为输出端的系统性过程，包括小试、中试、产品定型等重要环节。重点将已取得专利等形式的技术成果进行定向持续研发，以应用到投资企业产品生产以及补充、完善和提升企业竞争力中，使技术成果价值不断被挖掘和再创造。②技术成果拥有方（科研团队）和成果承载企业是主要参与主体，科研团队主要负责技术的进一步开发和完善，核心企业提供资金和诸如场地、设备、市场化信息等形式的非资金创新服务，双方各自发挥优势共创价值。③在核心企业与外部科研团队进行技术成果持续研发的合作关系中，存在着科研团队技术成果所有权降低和核心企业技术所有权增加之间的博弈，具体表现为双方正式合作之前对未来价值分享契约的讨价还价，协商出双方共同接受的合作协议，实现科研团队和核心企业在技术成果持续研发阶段的合作价值共创、共享和共赢。

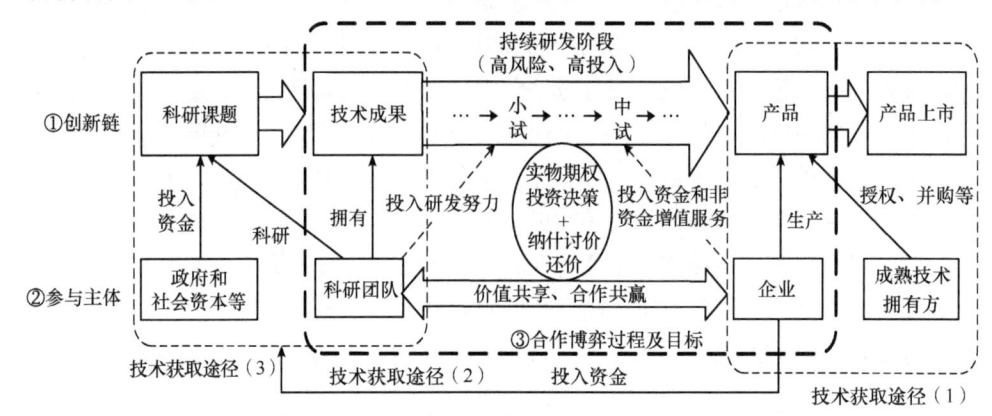

图 8-1 核心企业布局创新链及技术成果持续研发途径示意图

参考 Banerjee 等[91]基于纳什讨价还价的合作双方共同持有实物期权的两阶段决策过程，假设双方先对合作契约进行讨价还价，然后由核心企业决定投资时机。科研团队投入的是技术成果，以及为技术成果持续研发付出的努力；核心企业投入的是资金和确保合作顺利开展的非资金创新服务，其中，核心企业提供的非资金创新服务水平由企业的努力承诺决定。

以上研究的贡献及创新点：一是关注核心企业与外部科研团队以定向转化应用为目的合作进行的技术成果持续研发过程，利用基于纳什讨价还价的两阶段决策模型研究核心企业和科研团队合作研发的投资决策，得到双方实现价值共享、合作共赢的最优投资阈值和最优合作契约；二是在投资决策和合作契约中加入双方的努力承诺这一条款，探讨事前努力承诺对投资阈值及契约类型选择的影响。

8.1.1 技术成果价值设定

与已有的采用实物期权方法讨论投资决策的研究[88, 92]中以净现金流为标的资产不同的是，本章将技术作为技术成果持续研发投资决策过程的标的资产。在技术成果持续研发阶段，技术仍在不断开发和创新的进程中，难以形成正向净现金流。但是，技术成果具有初始价值，随着技术的不断完善，其产业化的潜在价值会增加，同时技术成果的持续研发过程具有高度不确定性，最终导致技术价值可能呈现波动式上升的形态。假定此过程中技术价值 V 的变化服从几何布朗运动，其形式如下：

$$dV(t) = (\mu + \delta)Vdt + \sigma Vdz \tag{8-1}$$

其中，μ 为漂移率，表示风险投资主体对项目价值的影响设定；δ 为漂移率增量，其与科研团队和企业的努力水平相关（$\delta \geq 0$），本书技术价值的漂移率由 μ 变为 $(\mu + \delta)$，该设定可以描述科研团队和核心企业的努力行为对技术价值变化的影响；σ 为波动率，刻画的是技术不确定性带来的技术价值波动情况；dz 为标准维纳过程。

8.1.2 技术成果持续研发投资决策过程及参数设定

首先，假设科研团队与核心企业之间签订线性契约 C_t 如下：

$$C_t = \alpha V_t + c \tag{8-2}$$

其中，α 为科研团队在此次合作中的价值分享比例，$0<\alpha<1$；c 为契约中的现金转移部分，表示核心企业为技术成果的持续研发向科研团队支付的固定报酬，$c \geq 0$。当 $c = 0$ 时，表明契约 C_t 中不包含现金转移部分，用 C^α 表示；当 $c \neq 0$ 时，表明契约 C_t 中包含现金转移部分，用 C^c 表示。

其次，假设核心企业投资数量为 I 的资金，同时也为技术成果的持续研发过程提供非资金创新服务，如在技术、市场等方面共享信息，以及提供装备和场地等。方奕华等[93]研究发现，中试环节效果提升更依赖于技术与人力等知识性资源而不是资金等基础性资源，因此，为体现知识性资源在技术成果持续研发过程中的影响，假设科研团队为技术成果到产品的持续研发过程承诺付出的努力为 θ，核心企业承诺付出的努力（即提供的非资金创新服务水平）为 w。双方承诺的努力水平直接影响技术价值的漂移率，令 $\delta = B\theta + Fw$，其中 B、$F(F>0)$ 分别为科研团队和核心企业努力水平的影响系数。值得注意的是，在技术价值达到核心企业的投资阈值之前，核心企业还没有真正进入双方的合作，此时 $w = 0$，$\delta = B\theta$。本书设定系数 B 的取值受技术成熟度和技术相关性两个因素影响，即 $B = \{b_{ij}\}$，$i \in \{H, L\}$ 表示技术成果的技术成熟度为高和低两个水平，$j \in \{H, L\}$ 表示技术成果与核心企业技术需求的相关性为高和低两个水平。上述设定说明技术成果的技术成熟度越高，或是技术相关性越强，或是科研团队努力水平越高，技术价值变化的漂移率越大。

科研团队和核心企业为技术成果持续研发付出的努力是有成本的，且成本是不可逆的。参考 Casamatta[94]、晏文隽和郭菊娥[95]的相关研究，假设科研团队的

努力成本为 $I_C = \dfrac{\theta^2}{2h}$，企业的努力成本为 $I_S = \dfrac{w^2}{2e}$，其中，h、$e(e>0)$ 为努力成本的系数，与科研团队和核心企业的特质相关。可以看出，努力成本 I_C 和 I_S 是努力水平 θ 的单调递增凹函数。

最后，假设 I 和 I_S 为企业的沉没成本，I_C 是科研团队的沉没成本，双方均以利率 r 进行折现。因此，技术成果持续研发投资决策过程可以看作对一个三元组 (α, c, V^*) 的求解。

核心企业与科研团队间的博弈过程、投资决策过程及技术价值变化如图 8-2 所示。核心企业由于技术需求寻找拥有相关技术成果的科研团队合作进行技术成果的定向应用开发，在 t_0 时刻，核心企业找到拥有某项技术成果的科研团队，此时该技术成果价值为 V_0，双方进行谈判并签订为企业某项产品进行合作开发的协议，此时核心企业和科研团队只能预期各自将为合作开发投入的努力水平，做出努力承诺（即 w 和 θ）；然后在 t_0 到 t_1 之间的某个时点，核心企业依据自身经验（包括对所处市场的了解、对技术开发风险的考量，以及对技术价值潜力的判断等方面），选择投资的时机，即当技术成果价值 V 首次达到某一阈值（如图 8-2 中的 V^*）时企业投入资金和非资金的创新服务；在 t_1 时刻，V 达到投资阈值，核心企业进入，双方合作正式开始。通过模型倒推，得到核心企业的最优投资时机和双方合作的最优契约。

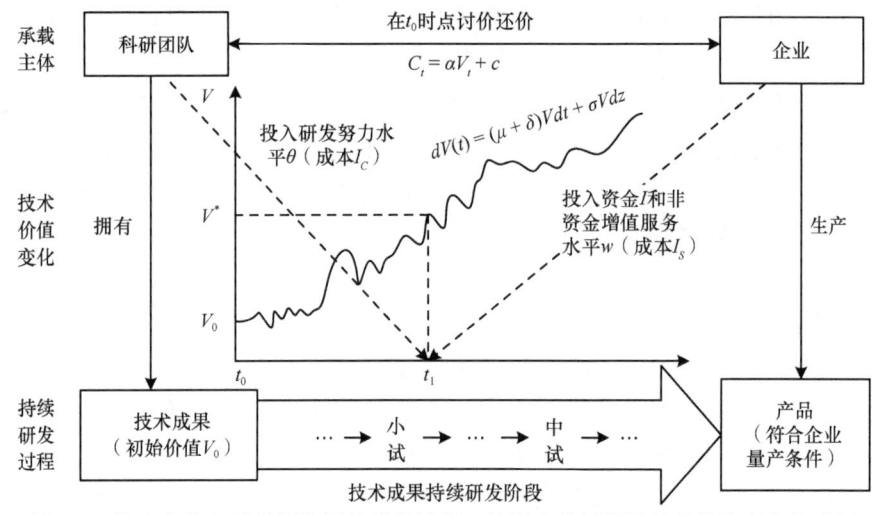

图 8-2　核心企业与科研团队间的博弈过程、投资决策过程及技术价值变化机理图

8.1.3　核心企业确定最优投资时机

在核心企业决定投资时机时，设 $F_F(V)$ 为企业在行动前的投资期权价值，$F_F(V)$ 满足下列偏微分方程：

$$\frac{1}{2}\sigma^2 V^2 \frac{\partial^2 F_F(V)}{\partial V^2} + (\mu+\delta)V\frac{\partial F_F(V)}{\partial V} - rF_F(V) = 0 \tag{8-3}$$

边界条件为

$$F_F(V^*) = (1-\alpha)V^*(t) - c - I - I_S \tag{8-4}$$

$$F_F'(V^*) = 1-\alpha \tag{8-5}$$

$F_F(V)$ 的解形如 $F_F(V) = AV^\beta$，其中，A 为待定常数，β 满足如下方程：

$$\frac{1}{2}\sigma^2\beta(\beta-1) + (\mu+\delta)\beta - r = 0 \tag{8-6}$$

舍去负根，得到

$$\beta = \frac{1}{2} - \frac{\mu+\delta}{\sigma^2} + \sqrt{\left(\frac{\mu+\delta}{\sigma^2} - \frac{1}{2}\right)^2 + \frac{2r}{\sigma^2}} \tag{8-7}$$

假定 $\mu+\delta < r$，则有 $\beta > 1$。

由边界条件式（8-4）和式（8-5）得到

$$V^*(\alpha,c) = \frac{\beta}{\beta-1} \frac{(I+I_S+c)}{1-\alpha} \tag{8-8}$$

令 $k = \frac{\beta}{\beta-1}$，则

$$V^*(\alpha,c) = k\frac{(I+I_S+c)}{1-\alpha} \tag{8-9}$$

8.1.4 核心企业与科研团队讨价还价得到最优契约

在 t_0 时刻，核心企业与科研团队就线性契约 C^α（$c=0$）或 C^c（$c>0$）进行讨价还价，在预期到未来企业对投资时机选择的情况下，双方讨价还价使得联合盈余达到最大。假设核心企业的讨价还价能力为 $\eta_1(\eta_1 \geq 0)$，则科研团队的讨价还价能力为 $1-\eta_1$，为简化模型，假设双方讨价还价能力是外生的。

当 $c=0$ 时，式（8-9）为

$$V^*(\alpha) = k\frac{(I+I_S)}{1-\alpha} \tag{8-10}$$

C^α 契约下的纳什讨价还价模型为

$$\max_\alpha \left[(1-\alpha)V^*(\alpha) - I - I_S\right]^{\eta_1} \left[\alpha V^*(\alpha) - I_C\right]^{1-\eta_1} \left(\frac{V_0}{V^*(\alpha)}\right)^\beta \tag{8-11}$$

将式（8-10）代入式（8-11），得到

$$\max_\alpha \left[(k-1)(I+I_S)\right]^{\eta_1} \left[\alpha k\frac{(I+I_S)}{1-\alpha} - I_C\right]^{1-\eta_1} \left(\frac{(1-\alpha)V_0}{k(I+I_S)}\right)^\beta \tag{8-12}$$

C^c 契约下的纳什讨价还价模型为

$$\max_{\alpha,c} \left[(1-\alpha)V^*(\alpha,c) - c - I - I_S\right]^{\eta_1} \left[\alpha V^*(\alpha,c) + c - I_C\right]^{1-\eta_1} \left(\frac{V_0}{V^*(\alpha,c)}\right)^{\beta} \quad (8\text{-}13)$$

将式（8-9）代入式（8-13），得到

$$\max_{\alpha,c} \left[(k-1)(I+I_S+c)\right]^{\eta_1} \left[\alpha k \frac{I+I_S+c}{1-\alpha} + c - I_C\right]^{1-\eta_1} \left(\frac{(1-\alpha)V_0}{k(I+I_S+c)}\right)^{\beta} \quad (8\text{-}14)$$

本章提出以下命题。

命题 8.1 科研团队和核心企业先通过纳什讨价还价商定合作契约，再由核心企业做出投资时机决策。

（1）若合作契约为 C^α，即 $c=0$。价值分享比例 α_1^* 和最优投资阈值 V_1^* 分别为

$$\alpha_1^* = \frac{(1-\eta_1)(k-1)(I+I_S) + I_C}{k(I+I_S) + I_C} \quad (8\text{-}15)$$

$$V_1^* = k \frac{k(I+I_S) + I_C}{1 + \eta_1(k-1)} \quad (8\text{-}16)$$

此时，核心企业最优投资时机为 $\tau_1^* = \inf\{t \geq 0 : V_t \geq V_1^*\}$。

（2）若合作契约为 C^c，即 $c>0$。通过纳什讨价还价商定的价值分享比例 α_2^* 和现金转移 c^* 分别为

$$\alpha_2^* = 1 - \eta_1 \quad (8\text{-}17)$$

$$c^* = \eta_1(I + I_S + I_C) - (I + I_S) \quad (8\text{-}18)$$

需要满足 $\dfrac{I_C}{I+I_S} > \dfrac{1-\eta_1}{\eta_1}$。最优投资阈值 V_2^* 为

$$V_2^* = k(I + I_S + I_C) \quad (8\text{-}19)$$

此时，核心企业最优投资时机为 $\tau_2^* = \inf\{t \geq 0 : V_t \geq V_2^*\}$。

证明 （1）若合作契约为 C^α，将式（8-12）对 α 求偏导，并令一阶条件等于零，得到式（8-15），将式（8-15）代入式（8-10）得到式（8-16）。

（2）若合作契约为 C^c，将式（8-14）分别对 α 和 c 求偏导，并令一阶条件等于零，得到

$$\alpha = \frac{k(I+I_S+c)(1-\eta_1) + \beta(I_C-c)}{\beta\left[k(I+I_S+c) + I_C - c\right]} \quad (8\text{-}20)$$

$$c = \frac{\left[\alpha\beta - (1-\alpha)(1-\eta_1)\right](I+I_S) + (1-\alpha)(\eta_1-\beta)I_C}{1-\alpha-\beta} \quad (8\text{-}21)$$

将式（8-20）和式（8-21）联立，可得 $\alpha_2^* = 1-\eta_1$，$c^* = \eta_1(I+I_S+I_C) - (I+I_S)$，将其代入式（8-9）中得到最优投资阈值为 $V_2^* = k(I+I_S+I_C)$。由于 $c^*>0$，得到

$\dfrac{I_C}{I+I_S} > \dfrac{1-\eta_1}{\eta_1}$。证毕。

8.2 核心企业技术成果持续研发合作博弈的作用机理

8.2.1 技术价值波动率对最优投资阈值的影响

由 Dixit 和 Pindyck[89]对 σ 与 β 的关系讨论可得,在其他参数不变的情况下,技术价值的波动率 σ 越大,β 越小,因此楔子 $k=\dfrac{\beta}{\beta-1}$ 越大,这表明随着技术价值不确定性的增加,企业在愿意做出不可逆的投资之前所要求的超额回报更高,投资阈值更大,企业选择的投资时机更晚,此结论与 Dixit 和 Pindyck[89]、Lukas 等[88]、阳军等[96]、王玲等[97]等对不确定条件下投资的波动率对投资时机影响的研究结论一致,在此不再赘述。

8.2.2 双方努力水平对最优投资阈值的影响

核心企业和科研团队努力水平的变化会影响技术价值漂移率增量,进而影响技术价值变化曲线和最优投资阈值,讨论努力水平变化对最优投资阈值的影响可以得到以下命题。

命题 8.2 对于任意类型的契约 C_t,都有 $\dfrac{\partial V_i^*}{\partial \theta}>0, \dfrac{\partial V_i^*}{\partial w}>0$,$i=1,2$。

证明 (1) 若合作契约为 C^α。式(8-16)的 V_1^* 可以写成以 (w,θ) 为自变量的函数:

$$V_1^*(w,\theta) = k(\beta(\delta(\theta)))\dfrac{k(\beta(\delta(\theta)))(I+I_S(w))+I_C(\theta)}{1+\eta_1(k(\beta(\delta(\theta)))-1)} \quad (8\text{-}22)$$

将式(8-22)对 w 求偏导,得到 $\dfrac{\partial V_1^*}{\partial w}=k\dfrac{\partial I_S(w)}{\partial w}=k\dfrac{w}{e}>0$,对 θ 求偏导,得到

$$\dfrac{\partial V_1^*}{\partial \theta}=\dfrac{\partial k}{\partial \theta}\dfrac{\left[k(I+I_S)+I_C\right](1-\eta_1)+k(I+I_S)}{\left[1+\eta_1(k-1)\right]^2}+\dfrac{k\theta}{h\left[1+\eta_1(k-1)\right]^2}>0$$

(2) 若合作契约为 C^c。式(8-19)的 V_2^* 可以写成以 (w,θ) 为自变量的函数:

$$V_2^*(w,\theta) = k(\beta(\delta(\theta)))(I+I_S(w)+I_C(\theta)) \quad (8\text{-}23)$$

将式(8-23)对 w 求偏导,得到 $\dfrac{\partial V_2^*}{\partial w}=k\dfrac{\partial I_S(w)}{\partial w}=k\dfrac{w}{e}>0$,对 θ 求偏导,得到

$$\dfrac{\partial V_2^*}{\partial \theta}=\dfrac{\partial k}{\partial \theta}(I+I_S+I_C)+k\dfrac{\partial I_C(\theta)}{\partial \theta}=\dfrac{\partial k}{\partial \beta}\dfrac{\partial \beta}{\partial \delta}\dfrac{\partial \delta}{\partial \theta}(I+I_S+I_C)+k\dfrac{\theta}{h} \quad (8\text{-}24)$$

对于式（8-24）的正负号判断，将式（8-7）对 δ 求偏导，可得

$$\frac{\partial \beta}{\partial \delta}=\frac{1}{\sigma^{2}}\left(\frac{\frac{\mu+\delta}{\sigma^{2}}-\frac{1}{2}}{\sqrt{\left(\frac{\mu+\delta}{\sigma^{2}}-\frac{1}{2}\right)^{2}+\frac{2r}{\sigma^{2}}}}-1\right)<0，已知 \frac{\partial \delta}{\partial \theta}=B>0，\frac{\partial k}{\partial \beta}=-\frac{1}{(\beta-1)^{2}}<0，因$$

此 $\dfrac{\partial V_{2}^{*}}{\partial \theta}>0$。

综上，$\dfrac{\partial V_{i}^{*}}{\partial \theta}>0, \dfrac{\partial V_{i}^{*}}{\partial w}>0$，$i=1,2$。证毕。

命题 8.2 表明，科研团队和核心企业努力承诺越高，核心企业的投资阈值 V^{*} 越高。对此做出更为直观的解释是，努力水平是双方在谈判阶段承诺的，能反映出双方对该项技术成果后续开发潜力的预期。一方面，科研团队愿意投入更多的努力，表明对此项技术成果后续开发潜力的预期更高，核心企业接收到科研团队释放的信号后提高了企业对此项技术成果价值的预期，愿意等待更高的投资阈值出现后再投资；另一方面，核心企业承诺提供的创新服务越多，表明企业更加看好此次合作，愿意为其付出更多的努力。因此，科研团队和核心企业承诺的努力水平的增加，使得企业等待投资的期权更有价值，从而提高核心企业投资进入此次合作的技术成果价值阈值。

8.2.3 合作契约的影响因素分析

本节讨论谈判能力、努力承诺以及双方投入成本对 C^{α} 与 C^{c} 两种合作契约的影响。

将 C^{α} 契约与 C^{c} 契约中的 α_{1}^{*} 与 α_{2}^{*} 随科研团队谈判能力变化程度进行对比，可得 $\dfrac{\partial \alpha_{1}^{*}}{\partial(1-\eta_{1})}=\dfrac{(k-1)(I+I_{S})}{k(I+I_{S})+I_{C}}<1=\dfrac{\partial \alpha_{2}^{*}}{\partial(1-\eta_{1})}$，即 C^{α} 契约中科研团队谈判能力对其价值分享比例的影响程度小于 C^{c} 契约。

在 C^{α} 契约中，将 α_{1}^{*} 分别对 θ 和 w 求偏导，得到

$$\frac{\partial \alpha_{1}^{*}}{\partial \theta}=\frac{(I+I_{S})\left\{\frac{\partial k}{\partial \theta}\left[(I+I_{S})-\eta_{1}(I+I_{S}+I_{C})\right]+\frac{\partial I_{C}}{\partial \theta}\left[1+\eta_{1}(k-1)\right]\right\}}{\left[k(I+I_{S})+I_{C}\right]^{2}}>0 \quad (8-25)$$

$$\frac{\partial \alpha_{1}^{*}}{\partial w}=\frac{-\frac{\partial I_{S}}{\partial w}\left[1+\eta_{1}(k-1)\right]I_{C}}{\left[k(I+I_{S})+I_{C}\right]^{2}}<0 \quad (8-26)$$

由式（8-25）和式（8-26）可知，C^{α} 契约中科研团队价值分享比例随其努力承诺的增加而上升，随核心企业努力承诺的增加而下降。

在 C^c 契约中，考虑 c^* 随科研团队和核心企业努力承诺的变化，将 c^* 分别对 θ 和 w 求偏导，得到

$$\frac{\partial c^*}{\partial \theta} = \eta_1 \frac{\theta}{h} > 0 \quad (8\text{-}27)$$

$$\frac{\partial c^*}{\partial w} = -(1-\eta_1)\frac{w}{e} < 0 \quad (8\text{-}28)$$

式（8-27）和式（8-28）表明现金转移数量随科研团队努力承诺的增加而增加，随企业努力承诺的增加而减少。

双方投入成本与谈判能力将影响科研团队对 C^α 与 C^c 两种契约类型的偏好，具体见下述命题 8.3。

命题 8.3 当 $\dfrac{I_C}{I+I_S} > \dfrac{1-\eta_1}{\eta_1}$ 时，$C^{\alpha^*} < C^{c^*}$；当 $\dfrac{I_C}{I+I_S} = \dfrac{1-\eta_1}{\eta_1}$ 时，$C^{\alpha^*} = C^{c^*}$；当 $\dfrac{I_C}{I+I_S} < \dfrac{1-\eta_1}{\eta_1}$ 时，只能达成 C^α 契约。

证明 将式（8-15）和式（8-16）代入 $C^{\alpha^*} = \alpha_1^* V_1^*$，表示 C^α 契约中科研团队在 τ_1^* 时刻获得的价值，将式（8-17）～式（8-19）代入 $C^{c^*} = \alpha_2^* V_2^* + c^*$，表示 C^c 契约中科研团队在 τ_2^* 时刻获得的价值，得到

$$C^{\alpha^*} - C^{c^*} = \frac{(k-1)^2(1-\eta_1)\left[(1-\eta_1)(I+I_S)-\eta_1 I_C\right]}{1+\eta_1(k-1)} \quad (8\text{-}29)$$

当 $\dfrac{I_C}{I+I_S} > \dfrac{1-\eta_1}{\eta_1}$ 时，式（8-29）分子中的因式 $(1-\eta_1)(I+I_S)-\eta_1 I_C < 0$，可得 $C^{\alpha^*} < C^{c^*}$；当 $\dfrac{I_C}{I+I_S} = \dfrac{1-\eta_1}{\eta_1}$ 时，$\alpha_1^* = \alpha_2^*$，$V_1^* = V_2^*$，$c^* = 0$，因此 $C^{\alpha^*} = C^{c^*}$；当 $\dfrac{I_C}{I+I_S} < \dfrac{1-\eta_1}{\eta_1}$ 时，$c^* < 0$，核心企业与科研团队无法就 C^c 契约达成一致，只能签订 C^α 契约。证毕。

命题 8.3 表明，科研团队、核心企业为此次合作付出的成本与双方的谈判能力之间的关系将影响双方签订的契约类型。核心企业面对不同类型的科研团队时，为顺利达成合作，需根据科研团队特性与之签订不同类型的契约，详见 8.3.2 节数值模拟部分。

8.3 核心企业投资决策及合作契约因素的影响效应

本书采用 MATLAB 软件对上述模型进行数值模拟。为进行数值模拟，需要对某些参数进行适当的假设和赋值，基本参数取值如下：贴现率 $r=0.1$，技术初始价值 $V_0=1$，技术价值漂移率 $\mu=0.01$，波动率 $\sigma=0.4$，企业投入资金 $I=1$，科研团队和企业的努力成本系数 $h=0.5$，$e=0.8$。

核心企业与科研团队的背景和实力决定双方讨价还价能力，假设核心企业为有资金实力的大型企业，其主导进行此次研发合作（$\eta_1 \geq 0.5$）；科研团队可能来自高校或新型研发机构等科研院所，其拥有的技术成果分成四种类型：{技术成熟度高，技术相关性高}（以下简称{高，高}）、{技术成熟度高，技术相关性低}（以下简称{高，低}）、{技术成熟度低，技术相关性高}（以下简称{低，高}）和{技术成熟度低，技术相关性低}（以下简称{低，低}），结合科研团队背景与其所拥有的技术成果特性，相关参数取值如表8-1所示。核心企业依据自身技术需求与这四种类型的科研团队进行谈判，决定后续开展合作的对象。

表8-1 努力水平影响系数及谈判能力系数赋值

		技术相关性	
		高	低
技术成熟度	高	$b_{HH}=0.07$，$1-\eta_1=0.5$	$b_{HL}=0.05$，$1-\eta_1=0.3$
	低	$b_{LH}=0.03$，$1-\eta_1=0.3$	$b_{LL}=0.01$，$1-\eta_1=0.1$

假设核心企业承诺努力水平取值分别为{0,0.25,0.5,0.75,1}，代表企业提供创新服务的五种（无、较低、适中、较高、极高）水平；科研团队承诺努力水平在[0,1]范围内连续变化。

8.3.1 双方努力承诺对核心企业投资决策影响的数值模拟

首先，考虑科研团队谈判时承诺的努力水平对企业最优投资阈值的影响，如图8-3所示。图8-3（a）和图8-3（b）分别表示核心企业与科研团队签订C^{α}契约和C^{c}契约的两种情况，此时假设核心企业没有提供创新服务（$w=0$）。如命题8.2中所述，图8-3中可以看出，无论契约形式如何，科研团队提高努力承诺会增加企业的投资阈值；当四种类型科研团队的努力水平承诺相同时，企业对{高，高}类型的科研团队投资阈值高于其他三种类型的。这一结果说明，科研团队愿意投入更多的努力表明对此项技术开发潜力的预期更高，从而提高了企业对此项技术成果价值的预期，核心企业愿意等待更高的投资阈值出现再投资；在相同的努力承诺下，成熟度越高、与企业技术需求相关性越高的技术成果价值的平均变化幅度越大，核心企业对其价值预期更高，因此投资阈值更高。

其次，以{高，高}和{低，低}两种类型科研团队为例，考察在C^{α}和C^{c}两种契约下，核心企业由低到高五种承诺努力水平对最优投资阈值的影响，结果如图8-4所示。如命题8.2中所述，无论契约形式如何，企业提供创新服务越多，核心企业的最优投资阈值越高。核心企业最优投资阈值随企业提供创新服务水平增加而增加的趋势与科研团队类型无关，也与双方签订的契约类型无关。

(a) C^a契约

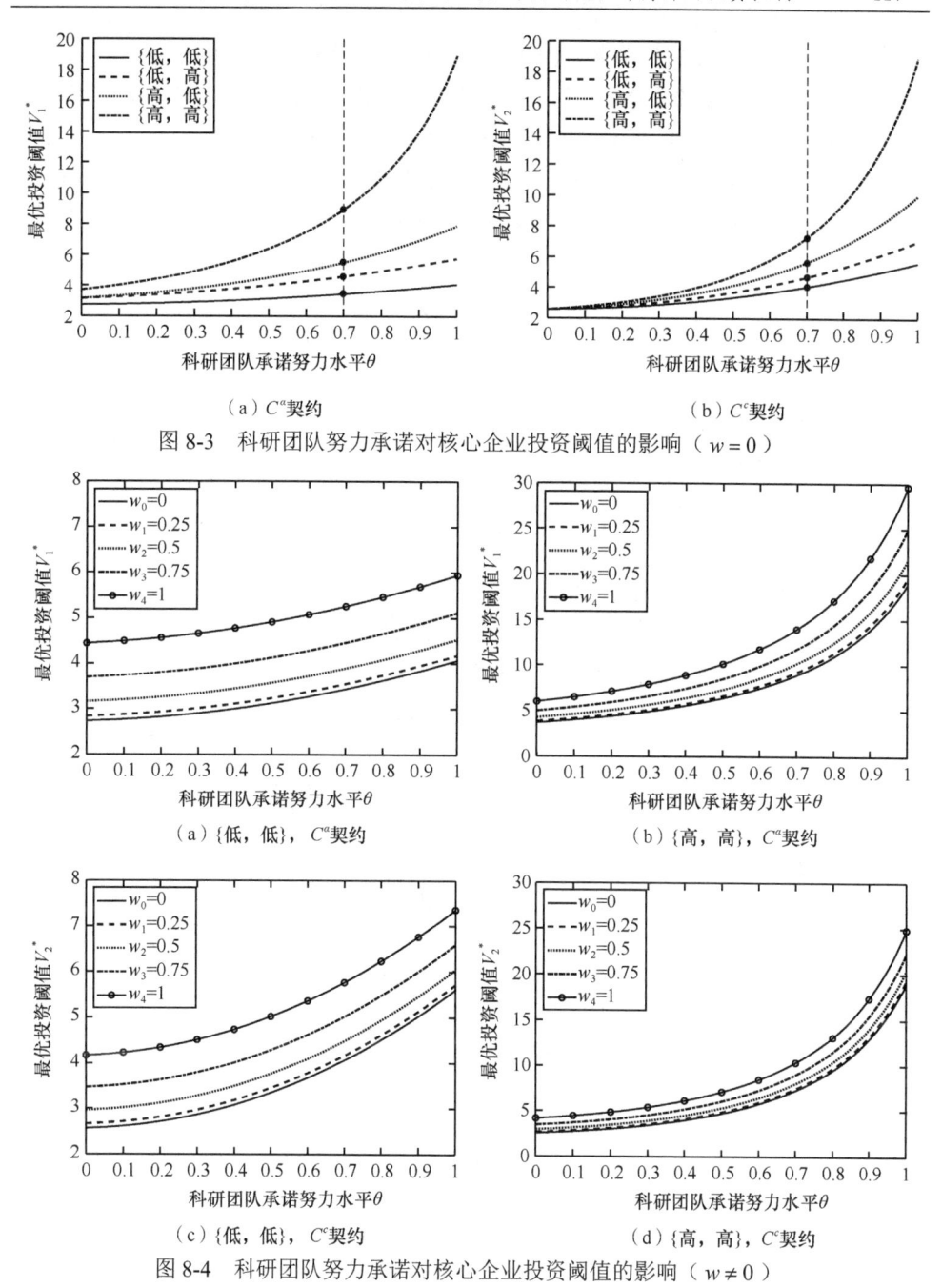

(b) C^e契约

图 8-3 科研团队努力承诺对核心企业投资阈值的影响（$w=0$）

(a) {低,低}，C^a契约

(b) {高,高}，C^a契约

(c) {低,低}，C^e契约

(d) {高,高}，C^e契约

图 8-4 科研团队努力承诺对核心企业投资阈值的影响（$w \neq 0$）

8.3.2 合作契约的影响因素的数值模拟

由命题 8.1 可知，C^α 契约中科研团队的价值分享比例 α_1^* 由双方努力承诺、科研团队类型与谈判能力共同决定。图 8-5（a）展示的是科研团队努力承诺水平 θ 与其在 C^α 契约中获得的价值分享比例 α_1^* 的关系，其中，有、无三角形标注的相同线型分别代表核心企业承诺提供的创新服务为"极高""无"两个水平，以{低，低}类型为例，斜线部分表示{低，低}类型科研团队的 α_1^* 在企业努力承诺不同时的变化区间。可以看到，科研团队的价值分享比例 α_1^* 随其承诺努力水平 θ 的增加而增加，与式（8-25）结果一致；科研团队的价值分享比例 α_1^* 随企业努力承诺 w 的增加而下降，且在科研团队的承诺努力水平 θ 较高时下降幅度更大。

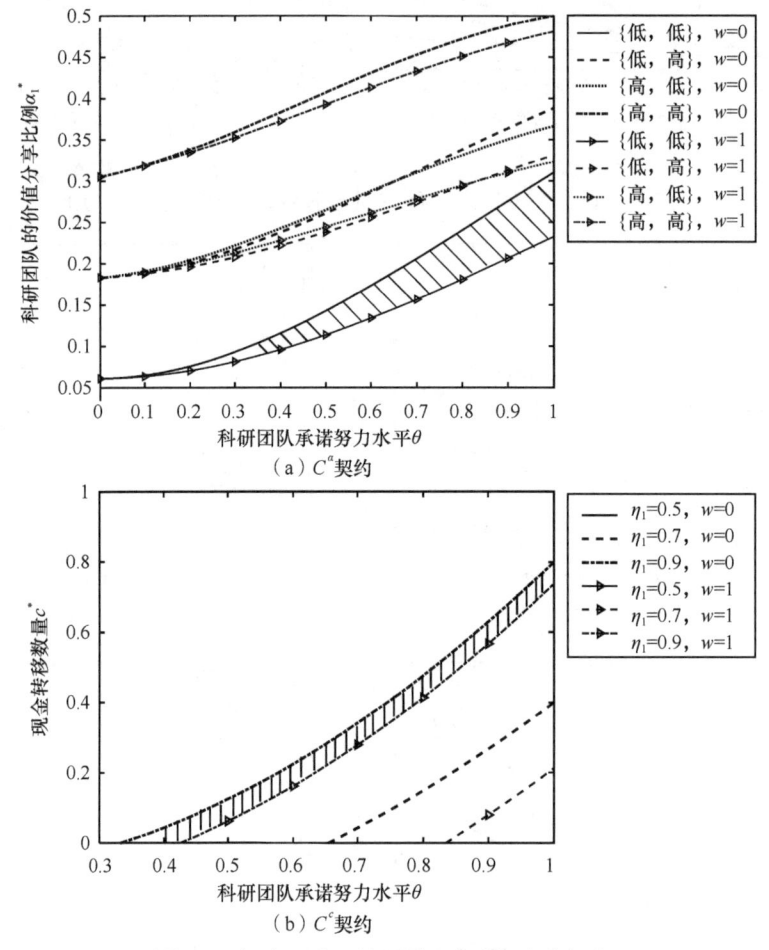

图 8-5 努力承诺、科研团队类型与合作契约

在 C^c 契约中，科研团队的价值分享比例 α_2^* 如式（8-17）所示，只由自身谈判能力决定。图 8-5（b）展示的是不同谈判能力下科研团队承诺努力水平 θ 与现金转移数量 c^* 之间的关系，其中，有、无三角形标注的相同线型分别代表核心企业承诺提供的创新服务为"极高""无"两个水平，以{低，低}类型为例，斜线部分表示{低，低}类型科研团队的 c^* 在企业努力承诺不同时的变化区间。图 8-5（b）中可以看出，在科研团队价值分享比例 α_2^* 一定的情况下，如果科研团队想要获得更多的固定报酬，就需要承诺付出更多的努力；不同类型的团队可获得固定报酬

的承诺努力水平初始值（即 $c^*=0$ 时对应的 θ）不同，当科研团队与核心企业的相对谈判能力 $\left(\dfrac{1-\eta_1}{\eta_1}\right)$ 越高，可获得固定报酬的承诺努力水平初始值越大；随着核心企业提供更多的创新服务，由核心企业向科研团队的现金转移逐渐减少，与式（8-27）和式（8-28）的结果一致；在设定中，由于{高,高}类型科研团队的谈判能力与企业相当 $\left(\dfrac{1-\eta_1}{\eta_1}=1\right)$，在承诺努力水平 θ 和 w 取值范围内，始终有 $\dfrac{I_C}{I+I_S}<\dfrac{1-\eta_1}{\eta_1}$。因此，如命题 8.3 所述，企业与{高,高}类型科研团队无法就 C^c 契约达成一致。

在不同努力承诺下，不同类型科研团队在最优投资时刻从两种契约中获得的价值差值（$C^{\alpha^*}-C^{c^*}$）如图 8-6 所示。核心企业承诺提供的创新服务水平越高，科研团队在两种契约下获得的价值差值越大。图 8-6（a）中的{低,低}类型科研团队，在努力承诺较低时，双方只能达成 C^α 契约，而当努力承诺较高时，C^c 契约对该团队来说是更好的选择；上文的图 8-3 和图 8-4 显示，{低,低}类型的科研团队由于技术成果成熟度低、相关性低而需要付出更多的努力，核心企业也需提供较高水平的创新服务。因此，从核心企业角度出发，若与{低,低}类型的团队合作，应该与其签订 C^c 契约，鼓励科研团队为了更高的固定报酬而承诺更高的努力。对于{高,高}类型科研团队，由于其与核心企业谈判能力相当，如图 8-6（b）所示，核心企业与之合作只能达成 C^α 契约。上文图 8-4 和图 8-5 显示，{高,高}类型的科研团队只需承诺较低水平的努力，核心企业也只需提供较低水平的创新服务，便可使得技术价值达到企业预期的某一阈值，而图 8-6（b）显示，科研团队努力承诺越高，获得的价值分享比例 α_1^* 越高。因此，核心企业在与{高,高}类型科研团队谈判时，可以利用 α_1^* 引导科研团队承诺更高的努力，以便于技术价值快速达到企业的投资阈值，促进合作尽快开展。

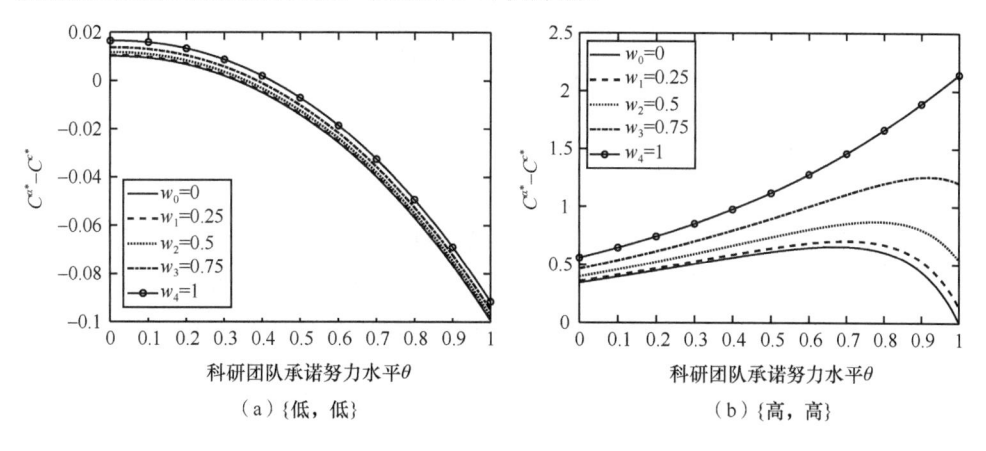

(a) {低,低}

(b) {高,高}

（c）{低，高}　　　　　　　　　　（d）{高，低}

图 8-6　努力承诺、科研团队类型与价值差值

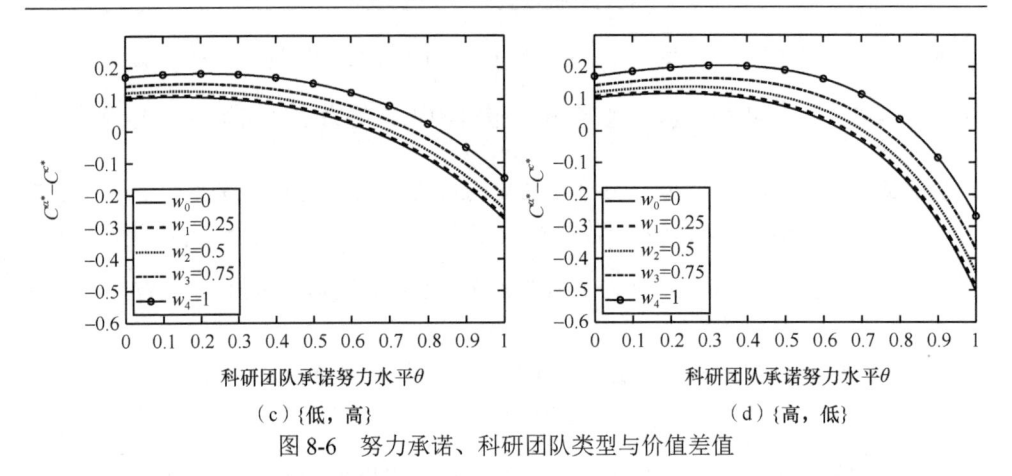

8.4　核心企业主导技术成果持续研发转化合作的实现策略

本节构建了基于合作博弈的核心企业与科研团队共同持有技术成果持续研发实物期权的投资决策模型，以研究核心企业与科研团队进行合作研发的投资决策和契约设计问题。通过推导包含纳什讨价还价的两阶段决策模型，给出了双方"先就合同进行讨价还价，再由核心企业做出投资决策"的最优投资时机和最优合作契约，最后由模型分析和数值模拟给出了影响企业投资决策以及合作研发契约的因素。

研究发现主要如下。①科研团队和核心企业在谈判时的努力承诺越高，企业进行投资决策的最优投资阈值越高。②若合作契约中不存在现金转移部分，双方的价值分享比例由双方的努力承诺、科研团队类型以及谈判能力等因素共同决定：科研团队的价值分享比例随其努力承诺的增加而增加，随核心企业努力承诺的增加而减少，通过数值模拟发现，当科研团队的承诺努力水平较高时，其价值分享比例受核心企业努力承诺变化的影响更大。③当契约中包含现金转移部分时，价值分享比例仅由各自的谈判能力决定。④核心企业面对不同类型的合作团队，可以通过决定在契约中是否包含现金转移条款来影响科研团队的努力承诺：当核心企业与技术成果类型为成熟度高、相关性高的团队谈判时，应该与其签订不包含现金转移条款的契约，利用更高的价值分享比例引导科研团队承诺更高的努力，以便于技术价值快速达到企业的投资阈值，促进合作尽快开展；当核心企业与技术成熟度低、相关性低的团队谈判时，应该与其签订包含现金转移条款的契约，并提供较高水平的创新服务，确保合作顺利开展。

研究发现科研团队不仅需要依据实际情况做出合理的承诺，更要在后续合作研发过程中付出自己最大的努力来完成技术研发任务。核心企业从产业角度提供专业见解，分享真实市场环境下的约束条件，为技术成果提供实现和验证的环境，在帮助外部科研团队完成技术成果转化的同时满足其自身的技术需求，与外部科研团队形成创新联合体，用实际行动践行"十四五"规划中"强化企业创新主体地位，促进各类创新要素向企业集聚"这一要求。

第9章 核心企业投资激励技术入股转化合作博弈的契约机制

我国科技成果转化进入新的加速时期,国家和地方着力于按照权责一致、利益共享、激励与约束并重的原则,探索建立符合科技成果特点和转化规律的新型模式,为单位和科研人员创新营造宽松的生态环境,实现科技成果通过转化更好提升使用价值的目的。目前我国科技成果转化推进工作的制度体系在不断完善创新,各具特色的科技成果转化示范区快速涌现,科技成果转移转化的平台载体不断丰富,技术市场迅速发展。在各类科技成果转化模式中成果发明团队以科技成果作为技术入股的方式与承载企业合作的模式尤为普遍,这不仅将现有科技成果的价值最大化,而且有利于技术持续研发升级,提高科技成果的技术成熟度,最终形成具有市场价值的产品,这一典型模式值得深入进行机制设计研究。

9.1 核心企业投资激励技术入股转化问题描述和模型设定

van Norman[98, 99]在生态环境分析方面,利用两篇文章总结了美国学校科技成果转化从科研、专利申请到最终商业化的全流程,以美国医药行业为典型领域突出论述了学校技术转化办公室发挥的作用。Bradley[100]对大量高校科技成果转化研究文献作了总结,对美国高校科技成果转化的传统模式方法进行深入探讨,给出了传统线性模式的局限性,提出一种适用高校替代的发展模式。国内学者王凯和邹晓东[101]通过研究美国大学技术商业化组织模式创新,指出大学内部要建立创新生态系统并融入区域创新生态系统,要通过改变自身组织模式和创造新的制度设计。吕建秋等[102]将科技成果转化生态系统划分为两类:一类是由科技成果高校、企业、转化中介方、金融机构组成的生命系统;另一类是由市场环境、政策环境、社会环境等组成的生命支持系统。刘启雷等[103]认为,成果转化生态是包括研发生态、商业生态、产业生态与环境规制相互作用与兼容构成的复杂系统。

在我国科技成果转化案例中,大部分科技成果是由高校院所等机构的研发团队攻关获得,采取技术入股模式与承载企业围绕双方合作签订协议后,分工协作共同努力持续研发最终实现成果产品化生产。本节选取在科技成果转化过程中发明团队以技术入股作价的形式(假设技术先进水平为 S)与成果承载企业合作持续研发、共享利益这一合作方式为案例,描述成果发明团队和承载企业间合作且竞争的关系,建立合作博弈模型分析双方在利益不完全一致的情景下,共同努力提升科技成果的技术成熟度以推出最终产品的过程，具体如图9-1。重点围绕均衡条件下双方契约机制的影响因素作用机理和影响效应展开系统分析，将博弈模型的结论与单决策者的最优化模型结论进行比较获得研究论断，为成果发明团队与成果承载企业的合作提供理论依据。

技术入股后期合作研发共享利益

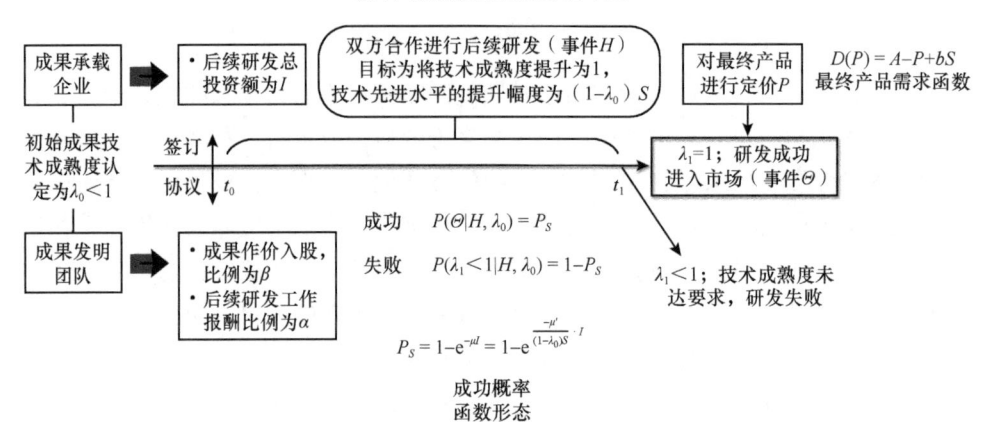

图 9-1　发明团队技术入股与承载核心企业合作研发的关系解构

从图9-1可知，发明团队、成果承载企业双方拥有共同合作研发实现成果成功转化的共同目标，但双方利益并不相同，因此形成合作博弈关系。假设双方合作前发明团队已有第三方认定技术成熟度为 λ_0（$0<\lambda_0<1$）的成果，承载企业总投资额为 I，发明团队决定研发劳务报酬占总投资额的比例 α，双方签订技术入股占股权比例为 β（$0<\beta<1$），且商定持续合作研发提升技术成熟度达到1，最终完成产品生产进入市场的协议。设定研发成功概率为 P_S，最终技术成熟度为 λ_1（$\lambda_0<\lambda_1\leq 1$），当 $\lambda_1=1$ 时，合作研发成功最终产品且进入市场价格为 P；当 $\lambda_0<\lambda_1<1$ 时，合作研发失败无法进入市场，可得成果合作研发成功的条件概率描述：

$$P(\Theta|I,\lambda_0)=P_S=1-\mathrm{e}^{-\mu I}=1-\mathrm{e}^{\frac{-\mu' I}{(1-\lambda_0)S}} \tag{9-1}$$

其中，Θ 为研发成功事件，式（9-1）表示双方合作研发从时刻 t_0 到 t_1 是初始技术成熟度 λ_0 和总投资额 I 在已知条件下研发成功（即技术成熟度提升到1）的概率；函数为负指数的累积分布；μ 为总投资额 I 的成功率；μ' 为单位技术先进水平提升投资额 $\dfrac{I}{(1-\lambda_0)S}$ 的成功率，体现承载企业的人员、技术、管理等能力水平，或是将有限投资转化为研发成功的软实力。在如图9-1所示的合作研发过程中投资额的成功率存在不一致性问题，不需要对研发过程成功与失败进行瞬时分析，只需要对最终结果进行重点比较分析，利用平均成功率（将 μ 和 μ' 视为常数）描述合作研发过程。

9.2 技术入股合作研发两阶段问题描述及合作博弈决策机制

9.2.1 两阶段决策问题建模描述

成果研发团队与承载企业合作持续研发过程是分为两阶段的：第一阶段为双方合作研发过程，第二阶段为研发成功后承载企业进行产品定价并将产品推入市场过程。采用逆序求解分析方法，第一阶段（t_0）承载企业的决策变量为I，成果发明团队的决策变量为α；第二阶段（t_1）只考虑合作研发成功最终产品的销售定价P（事件Θ），不受第一阶段决策变量的影响独立求解，但求解结果变量受第一阶段总投资额和劳务报酬分配比例参数的影响。

第二阶段：研发成功推入市场产品定价问题。成果研发团队与承载企业合作持续研发成功，承载企业为实现销售利润最大化，负责最终产品合理价格P的制定。依据Banker等[104]提出的产品需求由价格和产品质量决定的观点，我们以技术先进水平代替质量参数S，给出最终产品市场需求函数$D(P)$如下：

$$D(P) = A - P + bS \tag{9-2}$$

式（9-2）中，P为最终产品的价格；A为在无技术提升时产品的潜在需求；b为由技术先进水平带来新需求的折算因子；S为最终产品达到的技术先进性水平。设C为最终产品单位生产成本，为最大化最终产品的销售利润K，可得

$$\begin{aligned}\max{}_P D(P) \times (P-C) &= \max{}_P (P-C) \times (A - P + bS) \\ &= \max{}_P -P^2 + (A + bS + C)P - C(A + bS)\end{aligned} \tag{9-3}$$

由于式（9-3）的利润函数为凹函数，令K表示销售利润，可得

$$P^* = \frac{A + bS + C}{2} \tag{9-4}$$

$$K = D(P^*) \times (P^* - C) \tag{9-5}$$

设定临界条件：承载企业投资的临界条件为总投资额I不超过研发成功产品销售所得利润（即$I \leqslant K$）。在第二阶段引入承载企业总投资额上限条件，以此为第一阶段决策时总投资额的限制提供依据；第一阶段双方合作研发决策的变量为总投资额I和发明团队报酬比例α。

承载企业决定总投资额I，成果发明团队决定劳务报酬比例α，双方依据第三方评估的技术成熟度λ_0协商确定技术入股比例β，并在建模描述中设定β为事先确定好的常数。成果发明团队和承载企业双方为合作关系，但各自利益不尽相同，因此建模需要采用非零和合作博弈模型。当成果发明团队索求劳务报酬比例过高，持续研发剩余投资额过低会造成研发成功的概率变低，但如果成果发明团

队拥有股权，研发失败将造成团队股权收益为零的重大损失，则成果发明团队在通常情形下不会索要过高的劳务报酬比例。但当成果持续研发完全依赖研发团队人员，不需太多承载企业提供其他增值服务的投资的特殊条件下，成果发明团队在后续研发中会索要较高比例的劳务报酬。

第一阶段承载企业和成果发明团队，在研发成功（$\lambda_1=1$）时，概率为P_S双方的收益函数分别如下。

承载企业：
$$U_C(I) = K(1-\beta) - I \tag{9-6}$$

成果发明团队：
$$U_T(\alpha) = K\beta + \alpha I \tag{9-7}$$

研发失败（$\lambda_1<1$）时，概率为$1-P_S$，双方的收益函数为

承载企业：
$$U_C(I) = -I \tag{9-8}$$

成果发明团队：
$$U_T(\alpha) = \alpha I \tag{9-9}$$

双方期望收益函数为

承载企业：
$$\begin{aligned} E[U_C(I,\alpha)] &= P_S \times [K(1-\beta)-I] + (1-P_S) \times (-I) \\ &= KP_S(1-\beta) - I \end{aligned} \tag{9-10}$$

成果发明团队：
$$\begin{aligned} E[U_T(I,\alpha)] &= P_S \times [K\beta + \alpha I] + (1-P_S) \times \alpha I \\ &= KP_S\beta + \alpha I \end{aligned} \tag{9-11}$$

将成功概率函数分为两种形态讨论：第一阶段的非零和合作博弈模型，分别给出纳什均衡及相应均衡条件，并对纳什均衡的存在性和唯一性进行判断，其中μ_1、μ_2、λ_0、S均为常数。

研发成功概率与研发人员劳务报酬及投资额扣除劳务报酬剩余均正相关。依据研发成功条件概率描述式（9-1）可得

$$P_S = 1 - e^{-[\mu_1\alpha + \mu_2(1-\alpha)]I} = 1 - e^{-[\mu_1'\alpha + \mu_2'(1-\alpha)]\frac{I}{(1-\lambda_0)S}} \tag{9-12}$$

其中，$\mu_1 \geqslant 0$，$\mu_2 \geqslant 0$且不同时为0。$\mu_1 \geqslant 0$时研发人员所得劳务报酬越高，研发人员积极性越高，最终研发成功概率越大；$\mu_2 \geqslant 0$时投资总额扣除研发人员劳务报酬剩余越高，最终研发成功概率越大。μ_1、μ_2的大小体现了企业内部人员、管理或外部服务平台的质量和能力水平，数值越大对应的配套服务质量越高，有限投资情况下转化成功的概率越高。

定理9.1 考虑承载企业与成果发明团队双方期望收益[式（9-10）、式（9-11）]

的非零和合作博弈问题，若研发成功概率为式（9-12），则一定存在纯策略纳什均衡。

证明 博弈双方的纯策略空间 $I \in [0, K]$ 以及 $\alpha \in [0,1]$，均为非空紧凸集；期望收益函数 $E[U_C(I,\alpha)]$ 关于 I 和 α 连续，并且为 I 的凹函数；期望收益函数 $E[U_T(I,\alpha)]$ 关于 I 和 α 连续，并且为 α 的凹函数。由 Fudenberg 与 Tirole[105]专著中的定理可得纯策略纳什均衡一定存在。证毕。

为了描述和证明定理 9.2 和定理 9.3，这里依据双方的期望收益函数引入最佳反应函数为

承载企业：
$$BR_C(\alpha) = \text{argmax}_{0 \leq I \leq K} \{E[U_C(I,\alpha)]\} \tag{9-13}$$

成果发明团队：
$$BR_T(I) = \text{argmax}_{0 \leq \alpha \leq 1} \{E[U_T(I,\alpha)]\} \tag{9-14}$$

本节将在下面的定理中给出一定条件下，非零和合作博弈问题的纯策略纳什均衡的解。

定理 9.2 考虑承载企业与成果发明团队双方期望收益[式（9-10）、式（9-11）]的非零和合作博弈问题，若研发成功概率为式（9-12），则纯策略纳什均衡分为如下两种情况。

情形 1：若 $\mu_1 \geq \mu_2$，博弈问题存在唯一纳什均衡。
$$\alpha^* = 1 \tag{9-15}$$

$$I^* = \begin{cases} \dfrac{1}{\mu_1} \ln[K\mu_1(1-\beta)], & K\mu_1(1-\beta) \geq 1 \\ 0, & 0 < K\mu_1(1-\beta) < 1 \end{cases} \tag{9-16}$$

情形 2：若 $\mu_1 < \mu_2$ 且满足如下条件：
$$\begin{cases} K\beta(\mu_2 - \mu_1) > 1 \\ \dfrac{2\beta-1}{\beta} < \dfrac{\mu_1}{\mu_2} < \beta \end{cases} \tag{9-17}$$

博弈问题存在唯一纳什均衡为
$$\alpha^* = \dfrac{\mu_2}{\mu_2 - \mu_1} - \dfrac{\beta}{1-\beta} \tag{9-18}$$

$$I^* = \dfrac{(1-\beta) \times \ln[K\beta(\mu_2 - \mu_1)]}{\beta(\mu_2 - \mu_1)} \tag{9-19}$$

证明 博弈双方期望收益函数均为相关决策变量的凹函数，情形 1 的证明，可根据最优值的一阶条件展开分析，获得定理 9.2 的结果，这里不作赘述。

情形 2 可分以下情况对最佳反应函数进行推导，主要推导结果如下。

由一阶条件可得最佳反应函数为

$$\alpha^* = BR_T(I) = \begin{cases} \dfrac{\mu_2 I - \ln[K\beta(\mu_2-\mu_1)]}{(\mu_2-\mu_1)I}, & \mu_1 I < \ln[K\beta(\mu_2-\mu_1)] < \mu_2 I \\ 0, & \mu_2 I \leqslant \ln[K\beta(\mu_2-\mu_1)] \\ 1, & \mu_1 I \geqslant \ln[K\beta(\mu_2-\mu_1)] \\ [0,1]\text{区间中任意值}, & I = 0 \end{cases} \quad (9\text{-}20)$$

$$I^* = BR_C(\alpha) = \begin{cases} \dfrac{\ln\{K(1-\beta)[\mu_1\alpha+\mu_2(1-\alpha)]\}}{\mu_1\alpha+\mu_2(1-\alpha)}, & (\mu_2-\mu_1)\alpha < \mu_2 - \dfrac{1}{K(1-\beta)} \\ 0, & (\mu_2-\mu_1)\alpha \geqslant \mu_2 - \dfrac{1}{K(1-\beta)} \end{cases}$$
(9-21)

将两个最佳反应函数的第一种情况结合，可得纳什均衡为

$$\alpha^* = \frac{\beta\mu_1 + (1-2\beta)\mu_2}{(1-\beta)(\mu_2-\mu_1)} = \frac{\mu_2}{\mu_2-\mu_1} - \frac{\beta}{1-\beta} \quad (9\text{-}22)$$

$$I^* = \frac{(1-\beta)\times\ln[K\beta(\mu_2-\mu_1)]}{\beta(\mu_2-\mu_1)} \quad (9\text{-}23)$$

为保证 I 及 α 的可行域，需满足如下条件：

$$\begin{cases} K\beta(\mu_2-\mu_1) > 1 \\ \dfrac{2\beta-1}{\beta} < \dfrac{\mu_1}{\mu_2} < \beta \end{cases} \quad (9\text{-}24)$$

证毕。

情形 1 $\mu_1 \geqslant \mu_2$，表明资金分配给成果发明团队更有利于研发成功，这种情形是一种理想状态：在人才密集型的成果研发中，不需要过多设备、平台、管理等支撑服务，研发的成功与否主要取决于对研发人员的激励。在此情形下，企业和成果发明团队均希望把总投资额分配给发明团队，直观理解可知 $\alpha^* = 1$，可依据承载企业的最佳反应函数得知最优总投资额 I^*，然后再分两种情况决定投资总额。其中，最优总投资额 I^* 与最终销售利润 K 正相关，与技术入股所占股权比例 β 负相关，符合直观理解。

研发成功概率为

$$P_S = 1 - \frac{1}{K\mu_1(1-\beta)} \quad (9\text{-}25)$$

企业和成果发明团队的期望收益分别为

$$E[U_C(I^*,\alpha^*)] = K(1-\beta) - \frac{1}{\mu_1}\times\{1+\ln[K\mu_1(1-\beta)]\} \quad (9\text{-}26)$$

$$E[U_T(I^*,\alpha^*)] = K\beta + \frac{1}{\mu_1}\times\left\{\ln[K\mu_1(1-\beta)] - \frac{\beta}{1-\beta}\right\} \quad (9\text{-}27)$$

情形 2 $\mu_1 < \mu_2$ 且满足定理 9.2 中两个条件，较情形 1 更为常见，表明资金发放给成果发明团队对于成功概率的提升小于投资设备、平台、管理等支撑服务方面，也理解为成果发明团队实现技术入股，对于劳务报酬的激励敏感度不高。在满足两个基本条件的情况下，可知纳什均衡如定理中描述：最优劳务报酬比例 α^* 与 μ_1 正相关，与股权比例 β 负相关；最优总投资额 I^* 与最终销售利润 K 正相关，符合直观理解。

研发成功概率为

$$P_S = 1 - \frac{1}{K\beta(\mu_2 - \mu_1)} \tag{9-28}$$

承载企业和成果发明团队的期望收益分别为

$$E\left[U_C(I^*, \alpha^*)\right] = K(1-\beta) - \frac{1-\beta}{\beta(\mu_2 - \mu_1)} \times \left\{1 + \ln\left[K\beta(\mu_2 - \mu_1)\right]\right\} \tag{9-29}$$

$$E\left[U_T(I^*, \alpha^*)\right] = K\beta + \frac{(1-\beta)\mu_2}{\beta(\mu_2 - \mu_1)^2} \times \ln\left[K\beta(\mu_2 - \mu_1)\right]$$
$$- \frac{1}{\mu_2 - \mu_1} \times \left\{1 + \ln\left[K\beta(\mu_2 - \mu_1)\right]\right\} \tag{9-30}$$

若 $\mu_1 < \mu_2$ 但不满足定理中的两个条件，纳什均衡也存在，这时可通过数值求解的方法挑选合理的纳什均衡，方法可参考 Dreves[106] 的相关研究。

9.2.2 研发成功概率仅与投资额扣除劳务报酬剩余正相关

依据研发成功条件概率描述式（9-1）可得

$$P_S = 1 - \mathrm{e}^{-\mu_2(1-\alpha)I} = 1 - \mathrm{e}^{\left[-\mu_2'(1-\alpha)\frac{I}{(1-\lambda_0)S}\right]} \tag{9-31}$$

式（9-31）描述成果发明团队在成果承载企业已实现股权分配比例 β，劳务报酬的高低对研发人员的工作积极性无影响，是第一种情形的特殊场景（第一种情形令 $\mu_1 = 0$）。$\mu_2 > 0$，μ_2 数值越大表明对应的配套服务质量越高，有限投资额下研发成功的概率越高。易见纯策略纳什均衡一定存在，下面定理将给出在一定条件下合作博弈问题的纯策略纳什均衡。

定理 9.3 考虑承载企业与成果发明团队双方期望收益[式（9-10）和式（9-11）]的非零和合作博弈问题，若研发成功概率为式（9-31），并满足如下条件：

$$\begin{cases} K\beta\mu_2 > 1 \\ 0 < \beta < 0.5 \end{cases} \tag{9-32}$$

则博弈问题的纯策略纳什均衡为

$$\alpha^* = \frac{1-2\beta}{1-\beta} \tag{9-33}$$

$$I^* = \frac{(1-\beta) \times \ln(K\beta\mu_2)}{\beta\mu_2} \tag{9-34}$$

证明与定理 9.2 类似,这里不作赘述。

$E[U_C(I,\alpha)]$ 是关于 I 的凹函数,$E[U_T(I,\alpha)]$ 是关于 α 的凹函数,则由一阶条件可得最佳反应函数为

$$\alpha^* = BR_T(I) = \begin{cases} 1 - \dfrac{\ln[K\beta\mu_2]}{\mu_2 I}, & 1 < K\beta\mu_2 < e^{\mu_2 I} \\ 0, & K\beta\mu_2 \geq e^{\mu_2 I} \\ 1, & 0 < K\beta\mu_2 \leq 1 \\ [0,1] \text{ 区间中任意值}, & I = 0 \end{cases} \tag{9-35}$$

将两个最佳反应函数的第一种情况结合,可得纳什均衡为

$$I^* = BR_C(\alpha) = \begin{cases} \dfrac{\ln[K\mu_2(1-\alpha)(1-\beta)]}{\mu_2(1-\alpha)}, & 1-\alpha > \dfrac{1}{K\mu_2(1-\beta)} \\ 0, & 0 < 1-\alpha \leq \dfrac{1}{K\mu_2(1-\beta)} \end{cases} \tag{9-36}$$

$$\alpha^* = \frac{1-2\beta}{1-\beta} \tag{9-37}$$

$$I^* = \frac{(1-\beta) \times \ln(K\beta\mu_2)}{\beta\mu_2} \tag{9-38}$$

为保证 I 及 α 的可行域,需满足如下条件:

$$\begin{cases} K\beta\mu_2 > 1 \\ 0 < \beta < 0.5 \end{cases} \tag{9-39}$$

在此情形下最优劳务报酬比例 α^* 与股权比例 β 负相关;最优总投资额 I^* 与最终销售利润 K 正相关,符合直观理解。

研发成功概率为

$$P_S = 1 - \frac{1}{K\beta\mu_2} \tag{9-40}$$

承载企业和成果发明团队的期望收益分别为

$$E[U_C(I^*,\alpha^*)] = K(1-\beta) - \frac{1-\beta}{\beta\mu_2} \times [1+\ln(K\beta\mu_2)] \tag{9-41}$$

$$E[U_T(I^*,\alpha^*)] = K\beta - \frac{1}{\mu_2} + \frac{(1-2\beta)\ln(K\beta\mu_2)}{\beta\mu_2} \tag{9-42}$$

对于不满足定理 9.3 中两个基本条件的情形,可具体分情况讨论,或采用数值方法进行求解,数值求解方法可参考 Dreves[106] 的相关研究。

9.3 合作博弈问题纯策略纳什均衡及其影响效应特征

基于承载企业与成果发明团队双方期望收益[式（9-10）和式（9-11）]的非零和合作博弈问题以及获得的定理9.1、定理9.2和定理9.3等，进行灵敏度描述性数值计算，分情况讨论各因素对决策机制的影响。算例中研发成功收益K的单位为百万元。

9.3.1 纳什均衡解的灵敏度分析

（1）$\mu_1=1$、$\mu_2=8$、$K=5$，改变β的取值，分析对应的均衡决策变量[α^*和I^*分别见图9-2（a）和图9-2（b）]、研发成功概率[P_S，见图9-2（c）]，以及期望收益[$E[U_C]$和$E[U_T]$，见图9-2（d）]的变化规律，如图9-2所示。

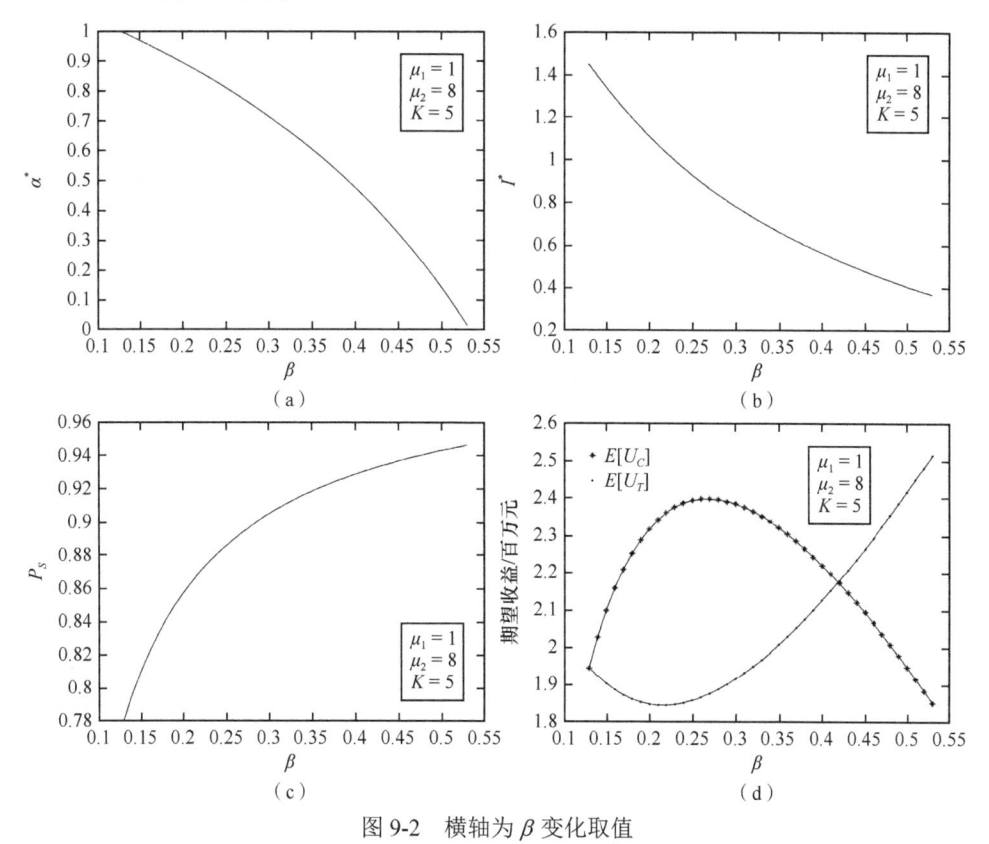

图9-2 横轴为β变化取值

在情形（1）下，α^*与β负相关，表明当成果发明团队的技术入股股权比例较高时，会愿意放弃一部分劳务报酬的权益；I^*与β负相关，表明成果发明团队股权比例较高时，承载企业投资人对投资比较谨慎；P_S 与 β 正相关，表明技术入股股权比例较高时，最终研发成功的概率会较高；$E[U_C]$、$E[U_T]$ 随 β 变化的曲线是非单调的，当 β 大于某个阈值时，成果发明团队的期望收益会持续增加，当 β 大于某另一阈值时，承载企业的期望收益会持续降低。

（2）$\mu_1 = 1$，$\beta = 0.4$，$K = 5$，改变 μ_2 的取值，分析对应的均衡决策变量[α^* 和 I^*，分别见图 9-3（a）和图 9-3（b）]、研发成功概率[P_S，见图 9-3（c）]，以及期望收益[$E[U_C]$ 和 $E[U_T]$，见图 9-3（d）]的变化规律，如图 9-3 所示。

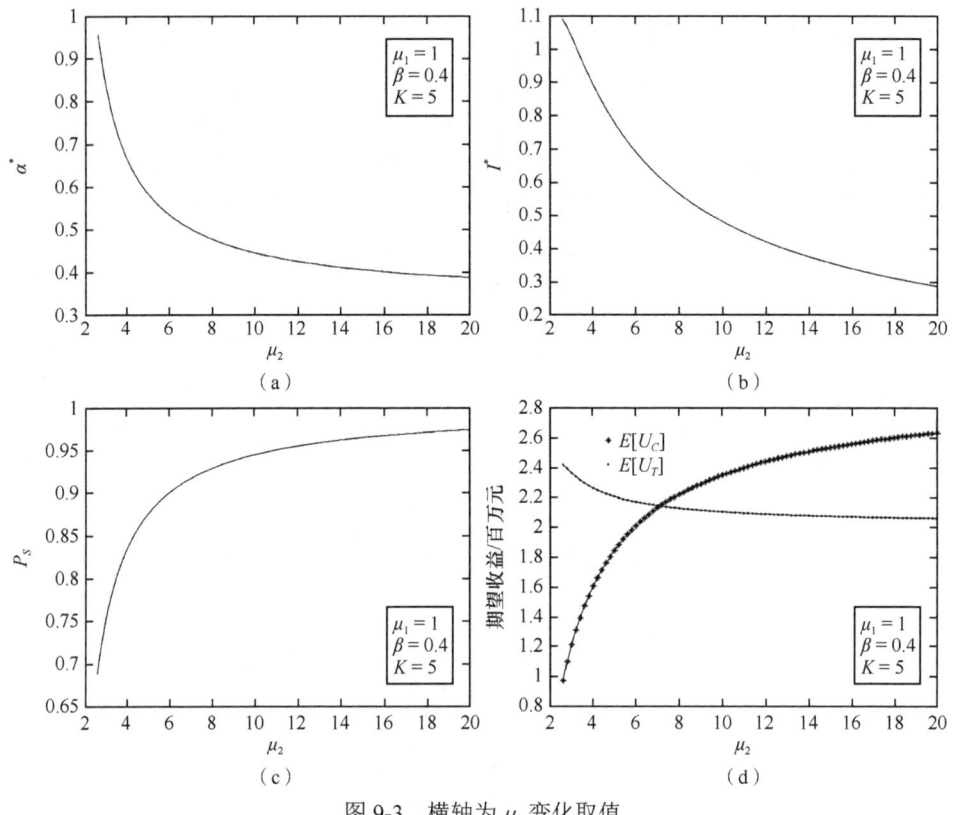

图 9-3 横轴为 μ_2 变化取值

在情形（2）下，α^* 与 μ_2 负相关，表明当剩余投资对研发成功的边际效率增高时，成果发明团队愿意放弃一部分劳务报酬的权益，以提升研发成功概率；I^* 与 μ_2 负相关，表明当剩余投资对研发成功的边际效率增高时，承载企业投资人会降低部分投资，但不会降低研发成功的概率和期望收益；P_S 与 μ_2 正相关，表明当剩余投资对研发成功的边际效率增高时，最终研发成功的概率会较高；$E[U_C]$、$E[U_T]$ 随 μ_2 变化的曲线是单调的，承载企业的期望收益单调递增，成果发明团队的期望收益单调递减。

（3）$\mu_1 = 1$，$\mu_2 = 8$，$\beta = 0.4$，改变 K 的取值，分析对应的均衡决策变量[α^*

和 I^*，分别见图9-4（a）和图9-4（b）]、研发成功概率[P_S，见图9-4（c）]，以及期望收益[$E[U_C]$ 和 $E[U_T]$，见图9-4（d）]的变化规律，如图9-4所示。

在情形（3）下，α^* 与 K 完全无关，它会由其他参数决定，表明成果发明团队对劳务报酬的要求不会因研发成功所得收益而改变；I^* 与 K 正相关，表明研发成功所得收益较高时，承载企业投资人会加大投资；P_S 与 K 正相关，表明研发成功所得收益较高时，由于投资会加大，最终研发成功的概率会较高；$E[U_C]$、$E[U_T]$ 随 K 变化线性单调递增，表明双方的期望收益均与研发成功所得收益线性正相关。

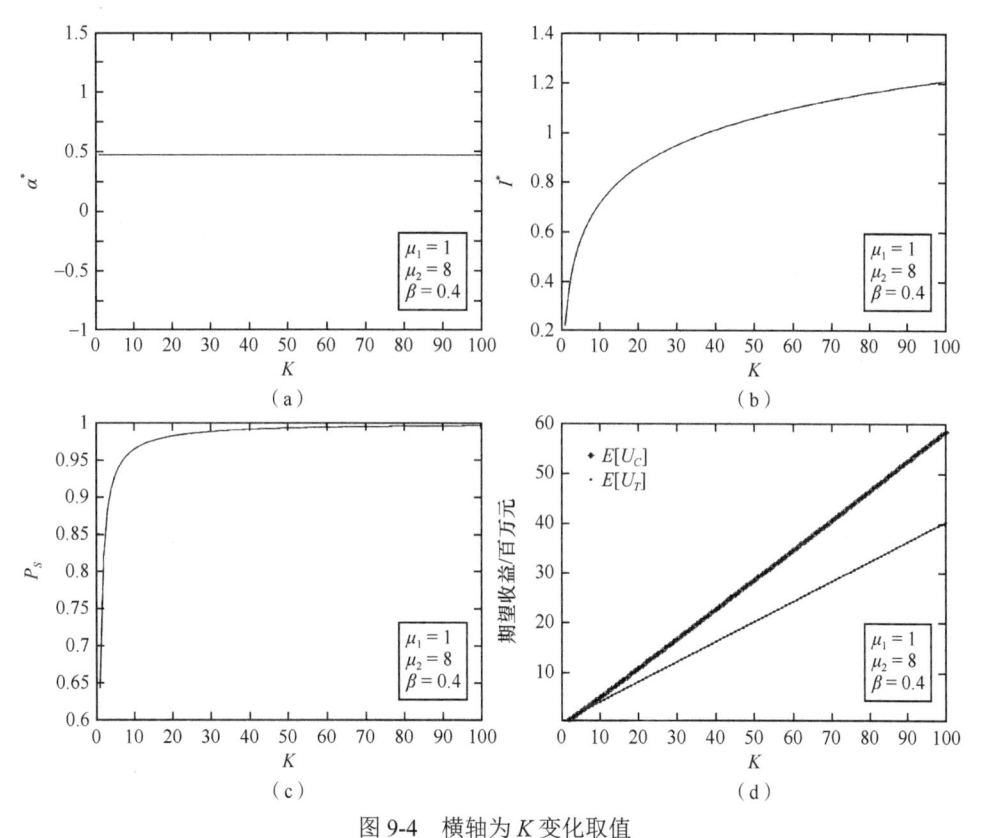

图9-4 横轴为 K 变化取值

（4）$\mu_2=8$，$\beta=0.4$，$K=5$，改变 μ_1 的取值，分析对应的均衡决策变量[α^* 和 I^*，分别见图9-5（a）和图9-5（b）]、研发成功概率[P_S，见图9-5（c）]，以及期望收益[$E[U_C]$ 和 $E[U_T]$，见图9-5（d）]的变化规律，见图9-5所示。

在情形（4）下，α^* 与 μ_1 正相关，表明成果发明团队劳务报酬对研发成功边际效率增高时，成果发明团队将会选择提高报酬比例；I^* 与 μ_1 正相关，表明成果发明团队劳务报酬对研发成功边际效率增高时，承载企业投资人会加大投资；P_S 与 μ_1 负相关，表明成果发明团队劳务报酬对研发成功边际效率增高时，最终研发

图 9-5 横轴为 μ_1 变化取值

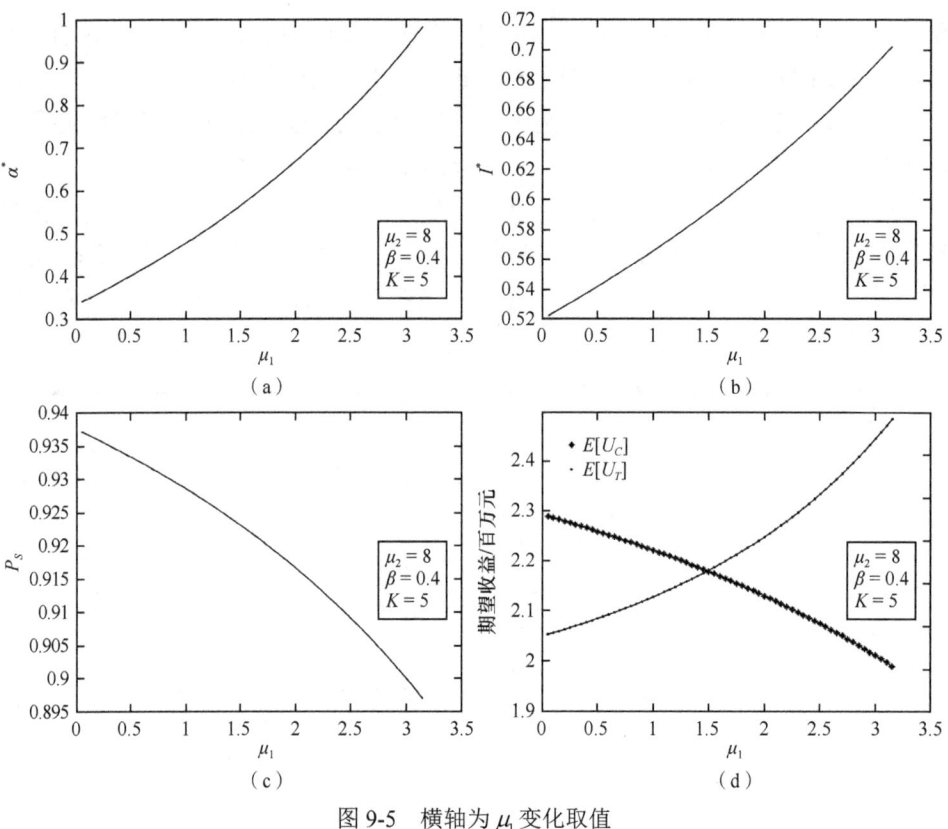

成功的概率反而变低，这可能是由于劳务报酬比例的提高，使得剩余投资变少较快，最终造成成功概率的降低；$E[U_C]$ 随 μ_1 变化单调递减，$E[U_T]$ 随 μ_1 变化单调递增，这些变化方向主要与 α^* 的增加相关。

（5）$\mu_1 = 0$，$\mu_2 = 8$，$K = 5$，改变 β 的取值，分析对应的均衡决策变量[α^* 和 I^*，分别见图 9-6（a）和图 9-6（b）]、研发成功概率[P_S，见图 9-6（c）]，以及期望收益[$E[U_C]$ 和 $E[U_T]$，见图 9-6（d）]的变化规律，如图 9-6 所示。

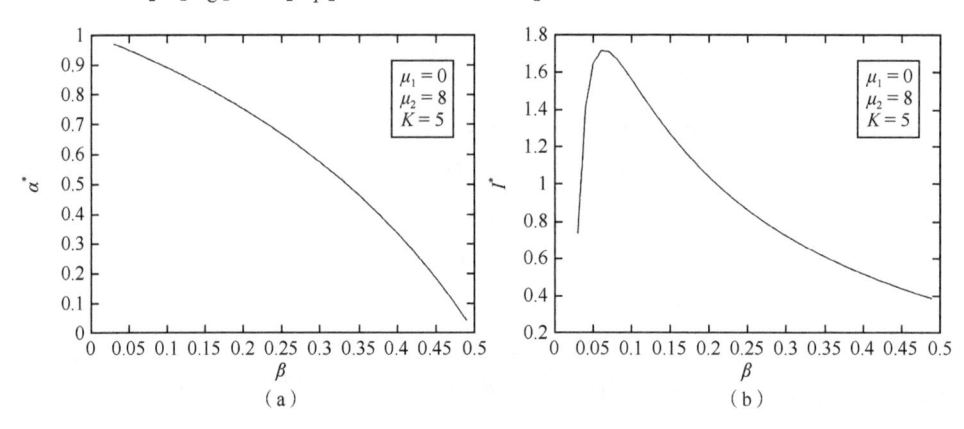

图 9-6 横轴为 β 变化取值

情形（5）$\mu_1 = 0$ 与情形（1）～情形（4）不同，是定理 9.3 描述的特殊情形，下面情景（6）和情景（7）两个情形将是 $\mu_1 = 0$ 这种类型。α^* 与 β 负相关，表明技术入股股权比例较高时，成果发明团队将会选择降低劳务报酬比例；I^* 与 β 关系变化，表明技术入股股权比例超过某一阈值时，承载企业会逐渐减少投资，在达某一阈值前会增加投资；P_S 与 β 正相关，表明技术入股股权比例较高时，最终研发成功的概率会更高；双方的期望收益 $E[U_C]$、$E[U_T]$ 随 β 变化均呈现非单调曲线。

（6）$\mu_1 = 0$，$\beta = 0.4$，$K = 5$，改变 μ_2 的取值，分析可得对应的均衡决策变量 [α^* 和 I^*，分别见图 9-7（a）和图 9-7（b）]、研发成功概率 [P_S，见图 9-7（c）]，以及期望收益 [$E[U_C]$ 和 $E[U_T]$，见图 9-7（d）] 的变化规律，如图 9-7 所示。

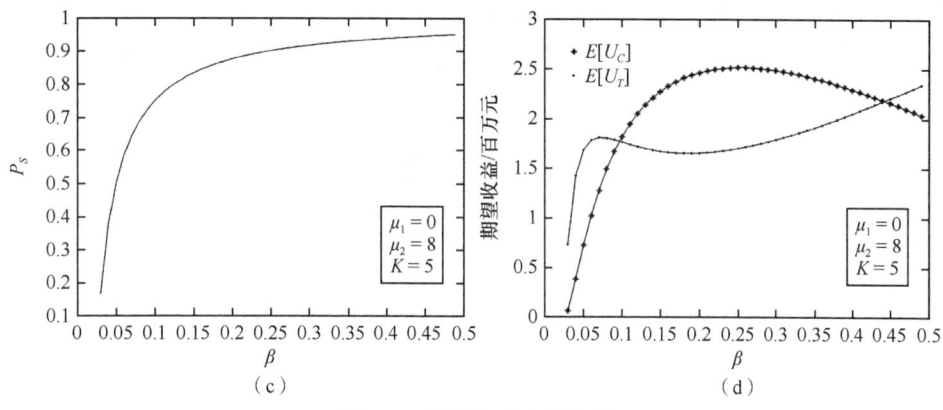

在情形（6）中，α^* 与 μ_2 无关，表明剩余投资对研发成功发挥边际效用的高低，并不会影响成果发明团队如何选择研发劳务报酬比例；I^* 与 μ_2 关系变化，表明剩余投资对研发成功发挥的边际效用超过某一阈值时，承载企业会逐渐减少，在达某一阈值前会增加投资；P_S 与 μ_2 正相关，表明剩余投资对研发成功发挥的边际效用较高时，最终研发成功的概率会更高；双方的期望收益 $E[U_C]$、$E[U_T]$ 随 μ_2 变化均呈现为单调递增曲线，这可能是研发成功概率的提高造成的。

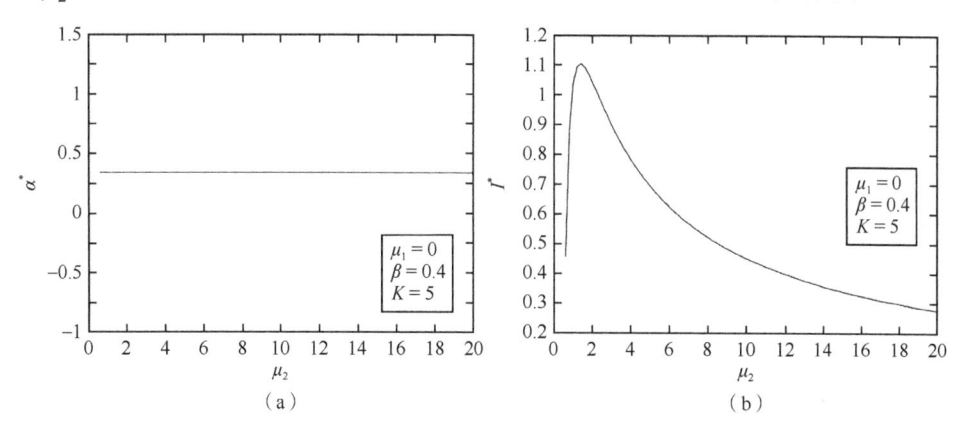

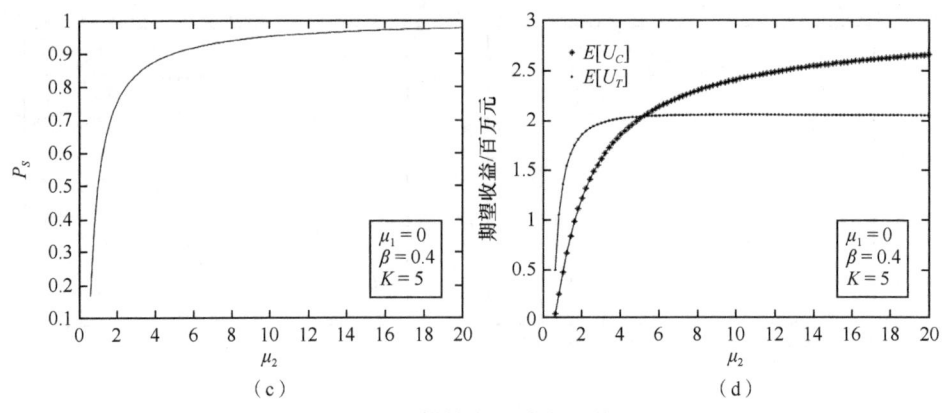

图 9-7 横轴为 μ_2 变化取值

（7）$\mu_1=0$，$\mu_2=8$，$\beta=0.4$，改变 K 的取值，分析可得对应的均衡决策变量 [α^* 和 I^*，分别见图 9-8（a）和图 9-8（b）]、研发成功概率 [P_S，见图 9-8（c）]，以及期望收益 [$E[U_C]$ 和 $E[U_T]$，见图 9-8（d）] 的变化规律，如图 9-8 所示，各曲线均与情形（3）类似。

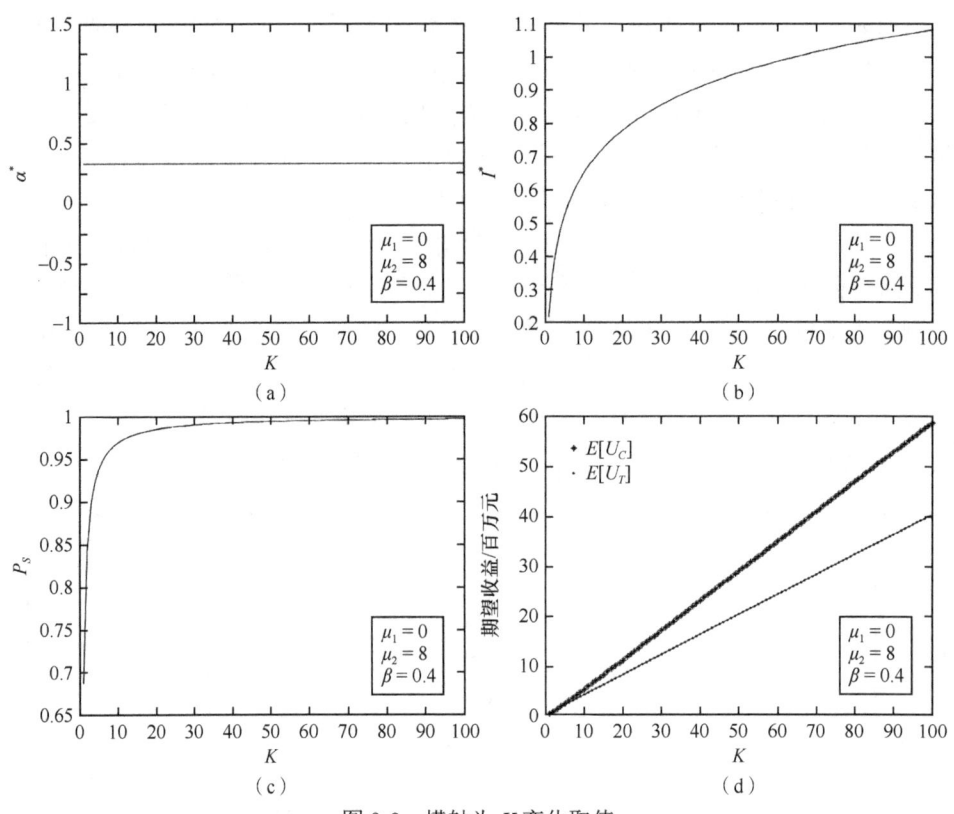

图 9-8 横轴为 K 变化取值

（8）$\mu_1 = 1$，$\mu_2 = 8$，$K \in \{2,3,4,5\}$，改变 β 的取值，分析可得对应的均衡决策变量、研发成功概率，以及期望收益的变化规律如图 9-9 所示。

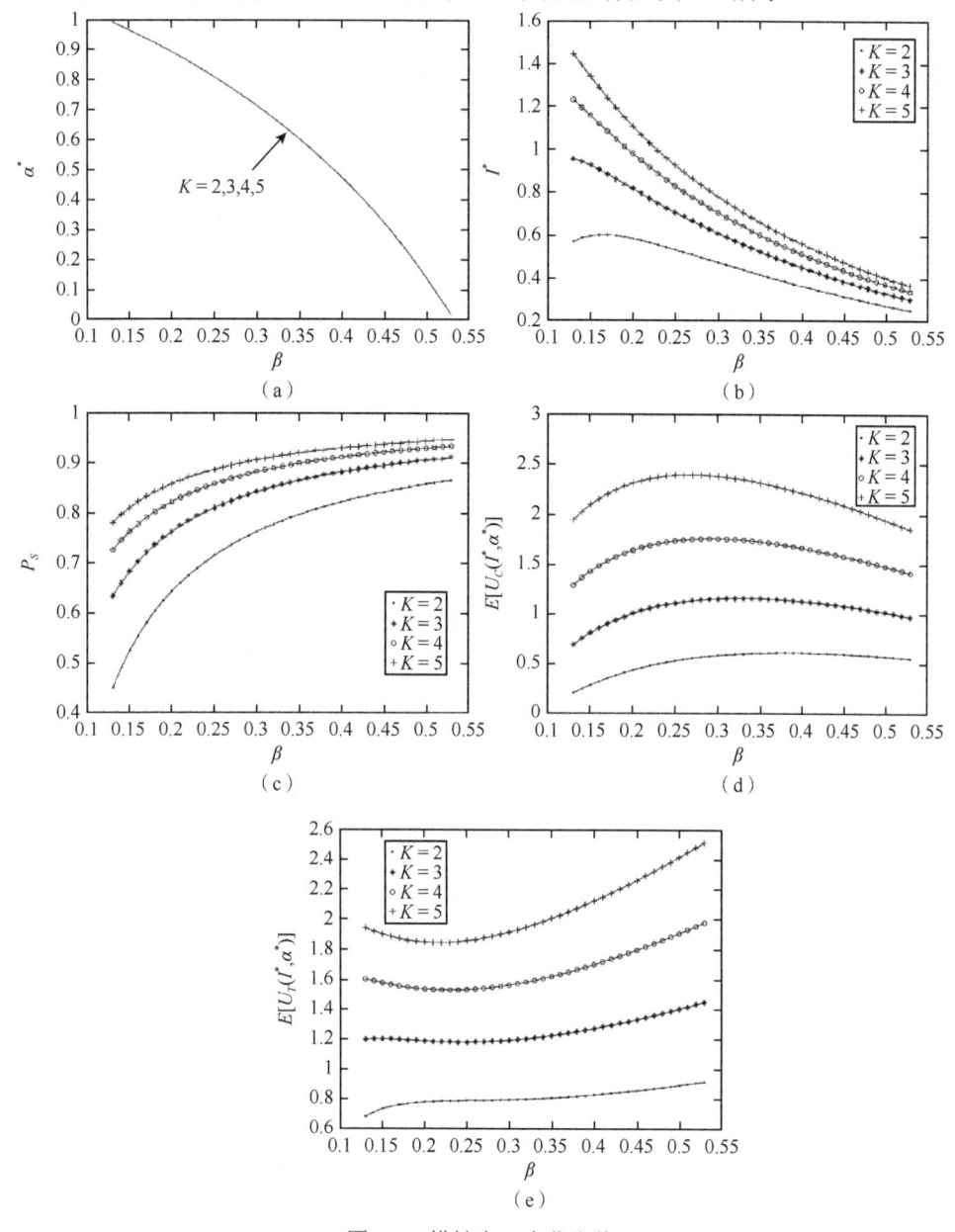

图 9-9 横轴为 β 变化取值

情形（8）描述当研发成功收益 K 不同时，均衡决策和其他结果与技术入股股权比例之间的关系。成果发明团队研发劳务报酬比例 α^* 随 β 单调递减，但与 K 无关；均衡决策总投资额随技术入股股权比例单调递减，研发成功概率随股权比例单调递增，双方的期望收益与股权比例间的非单调关系变化；总投资额、研发成功概率、双方的期望收益均随收益 K 的提高而增加。

（9）$\beta=0.4$，$K=5$，改变 μ_1、μ_2 的取值，分析测算可得对应的均衡决策变量、研发成功概率，以及期望收益的变化规律如图 9-10 所示。

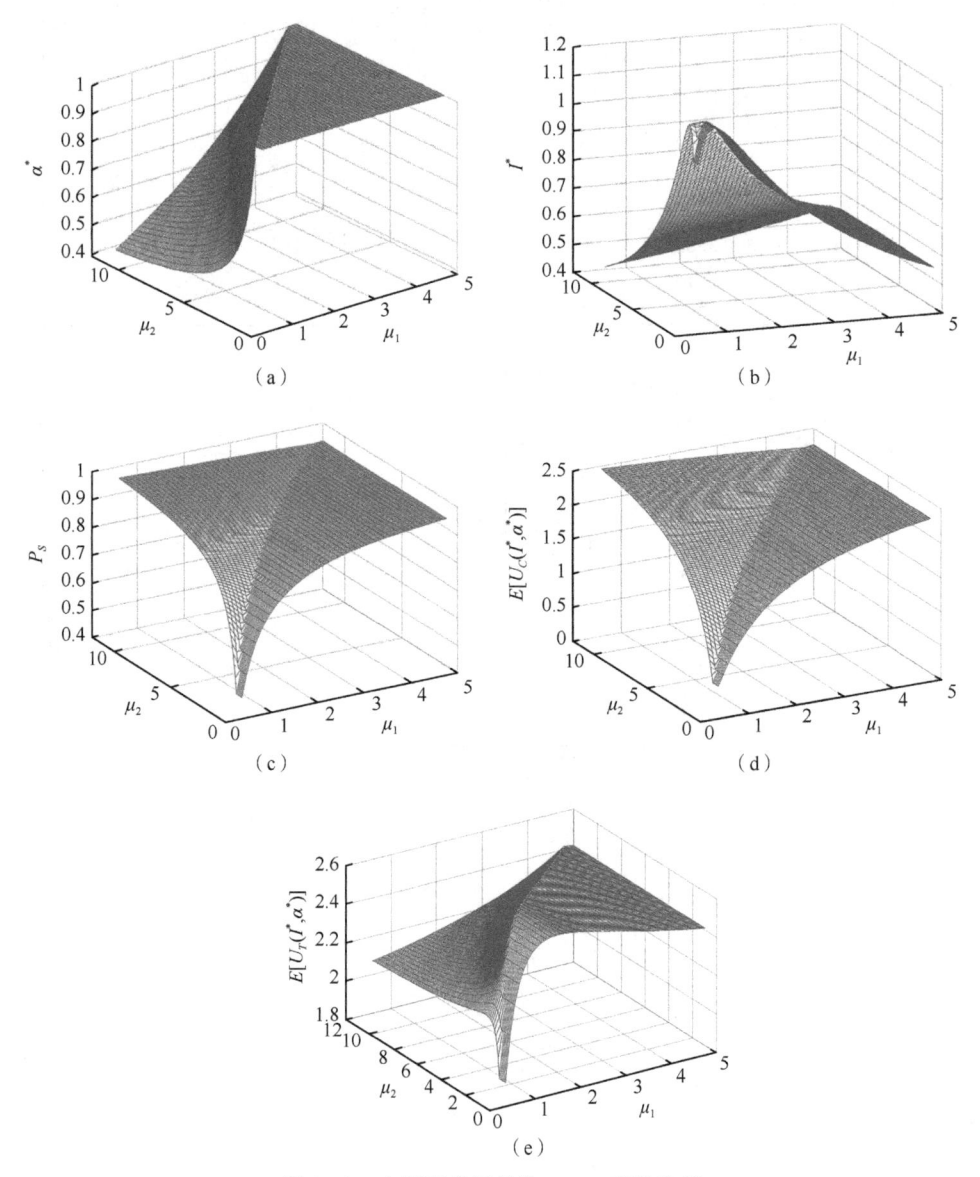

图 9-10 水平面坐标轴为 μ_1、μ_2 变化取值

情形（9）描述均衡决策、期望收益、研发成功概率如何受到 μ_1、μ_2 同时变化的影响，图中部分结果为数值求解方法迭代所得。此外，部分结果为 α^* 一直保持为 1 的边缘条件下测算的结果。

9.3.2 核心企业主导最优化决策与均衡策略对比分析

为了将科技成果转化承接核心企业与成果发明团队合作博弈均衡策略的解与承载企业独立优化求得的最优解进行比较，发现各自进行决策获得结论的异同特征。本节假设承接核心企业作为单决策者，同时决定 I 和 α 两个变量，以期求得期望收益最大化。单决策最优化问题如下：

$$\max K \times \left(1 - e^{-[\mu_1 \alpha + \mu_2(1-\alpha)]I}\right) \times (1-\beta) - I$$
$$\text{s.t.} \ 0 \leq I \leq K; 0 \leq \alpha \leq 1$$

当 $\mu_1 \geq \mu_2$ 时，合作博弈问题双方在对劳务报酬比例 α 的倾向性是越高越好，α^* 必定为 1，则最终获得结果与最优化问题相同，无须比较。

当 $\mu_1 < \mu_2$ 时，单决策最优化问题中承载企业希望把所有投资都用在设备、平台、管理等方面，因为投资这些方面得到研发成功概率提升的效能更大，此时 α^* 必定为 0，但合作博弈问题在大多数情形下都不会相同。单决策最优化问题的最优解为

$$I^* = \begin{cases} \dfrac{1}{\mu_2}\ln[K\mu_2(1-\beta)], & K\mu_2(1-\beta) > 1 \\ 0, & 0 < K\mu_2(1-\beta) \leq 1 \end{cases}$$

在任何参数配置的情形下，单决策最优化问题中承载企业期望收益 $E[U_C]$ 比合作博弈问题中一定更高。在 β 由 0.15 取值变化到 0.45 的过程中，通过单决策最优化和合作博弈问题两种方式获得的测算结果比较如表 9-1 所示。

表 9-1 单决策者最优策略与合作博弈均衡策略结果对比（$\mu_1=1$, $\mu_2=8$, $K=5$）

β	0.15		0.25		0.35		0.45	
	最优化	博弈	最优化	博弈	最优化	博弈	最优化	博弈
I^*	0.4408	1.3424	0.4251	0.9296	0.4073	0.6647	0.3864	0.4814
α^*	0	0.9664	0	0.8095	0	0.6044	0	0.3247
P_S	0.9706	0.8095	0.9667	0.8857	0.9615	0.9184	0.9545	0.9365
$E[U_C]$	3.6842	2.0981	3.1999	2.3918	2.7177	2.32	2.2386	2.094
$E[U_T]$	0.7279	1.9044	1.2083	1.8597	1.6827	2.0089	2.1477	2.2634

从表 9-1 获悉，尽管合作博弈问题总投资额均更高，但研发成功概率 P_S 却更低，其中相当一部分投资额是给成果发明团队发放的劳务报酬。此外，随着 β 增大，单决策最优化问题研发成功概率降低，但合作博弈问题研发成功概率提高。

9.4 核心企业主导技术入股持续转化的实现策略

为了提升技术成果的成熟度实现产品化生产,本章以科技成果转化过程中发明团队技术入股主导企业的典型情境为背景,构建了主导企业和成果发明团队间利益相异的合作和非零和的博弈关系模型,给出了在一定条件下的纯策略纳什均衡解,数值模拟测算了影响双方决策机制的各类影响因素以及激励合作成功的条件,挖掘了各因素在成果发明团队与主导企业投资间合作且竞争中发挥作用的效能。本章旨在探索以合作博弈模型对科技成果转化问题进行深度论证的系统方法,通过对双方签订合作协议进行持续研发以提升技术成熟度的过程进行描述,引入指数概率模型刻画研发成功与否的不确定性。此外,本章还依据投资额分配对研发成功与否分不同情形进行各因素影响效应数值影响测算分析,验证模型的有效性和对现实情况的准确描述,获得主导企业投资与发明团队的均衡策略,再将合作博弈模型与主导企业投资单决策最优化模型结果进行比较,得出了合作博弈模型能更好体现双方合作且竞争的特性的结论,以期为科技成果转化路径优化、模式创新作出贡献。

科技成果转化中发明团队与投资企业存在多种资本及运营的合作形态,涉及多元生态主体,是一个复杂的系统问题。本章仅对科技成果转化过程中发明团队以技术入股的形式与主导企业合作的典型情境开展研究。生态系统中各方主体的关系均是合作且竞争的关系,因此可依据本书引入的博弈思想对主体间各种合作形态进行深入论证分析。此外,合作开发双方信息的不对称性、动态演变、股权激励以及时间不一致性等问题都在本章框架下进行了深度论证分析,将科技成果转化过程中各种路径和形态清晰地描述,为科技成果转化过程的参与主体决策提供了科学依据。

第10章 核心企业主导科技成果一体化融合实现的共享机制

区块链技术应用可以带来科技成果转化生态主体间关系的变化，产生新的创新价值体系和动力增长点。本章基于核心企业主导科技成果转化布局创新链实现战略发展，探索科技成果转化多元参与主体的需求及价值创造活动的机制设计问题，为核心企业激励多元参与主体参与科技成果转化提供动力依据。

10.1 企业技术需求驱动创新链布局的一体化融合情景构建

企业产品升级和颠覆性创新（disruptive innovation）产品的产生，离不开生产过程中零部件和原材料等供应商的技术更新、产品质量提升以及供应的及时有效性，这使得目前供应链研究更多地从供应风险、需求扰动、供需互动和供应链金融等维度展开，重点聚焦不确定性带来的采购策略、供应链协同以及融资约束等问题及其产生的影响等，这也使得企业积极被动地应对需求变化展开研究，忽视了企业自立自强主动创新升级产品、产生颠覆性产品的创新活动以及重塑供应链等流程再造的创新实践。企业创新生产颠覆性产品激发新需求，引发消费者的升级转换，不仅能创造研发原始技术的刚性需求，而且会诱发产品生产技术"创新链+供应链"深度融合支持产品升级。

10.1.1 企业技术需求驱动科技成果一体化的融合机理

无论以何种模式或者情境进行科技成果转化，企业都作为承载主体的。承载企业为了实现技术的领先战略，充分发挥主体积极能动性，不断升级现有产品和创造颠覆性新产品，围绕生产技术创新需求在市场动态地选择有效的合作主体，打造技术创新供应链和重塑商品供应链。从市场导向的因素来说，企业参与成果转化主要由两类技术创新需求驱动：第Ⅰ类技术需求是现有技术市场需求的充分挖掘及模式创新；第Ⅱ类技术需求是创造新需求和颠覆性创新。承载企业依据领先战略的技术需求，研判国内外现有技术市场的匹配情况，使创新技术需求的生态系统各主体在供应链和创新链融合过程中协同创新、价值共创共享，实现技术成果的产业化生产，基于三类不同情景进行供应链的主体升级以及创新链合作研发重塑供应链布局。①技术市场现有成熟且已商业化的技术：承载企业将寻求成熟技术拥有方通过购买、兼并、授权生产等方式直接进行零部件等定型生产和供应链的主体升级布局。②技术市场没有成熟技术但有专利、样品等未商业化的技术成果：承载企业自己可委托具有技术基础的现有供应商，同技术成果拥有方寻求二次研发，同时力争获得政府平台、服务机构、投融资机构等的支持，合作进行小试、中试、生产定型，培育新型供应商实体企业，最终实现技术的产业化生产，满足消费者对产品升级的新要求。③技术市场没有任何相关匹配技术：企业需要从课题研究开始，同高校、科研院所、实验基地等外部科研团队进行技术需求导向的合作研发，借助服务机构等科技创新生态主体的力量，完成创新链的有效协同，通过技术创新与研发合作培育新的供应商，最终实现技术产业化生产，为市场创造新需求，满足客户更高要求。以承载企业主动提升技术需求为主导的"创新链+供应链"融合的关系布局，如图10-1所示。

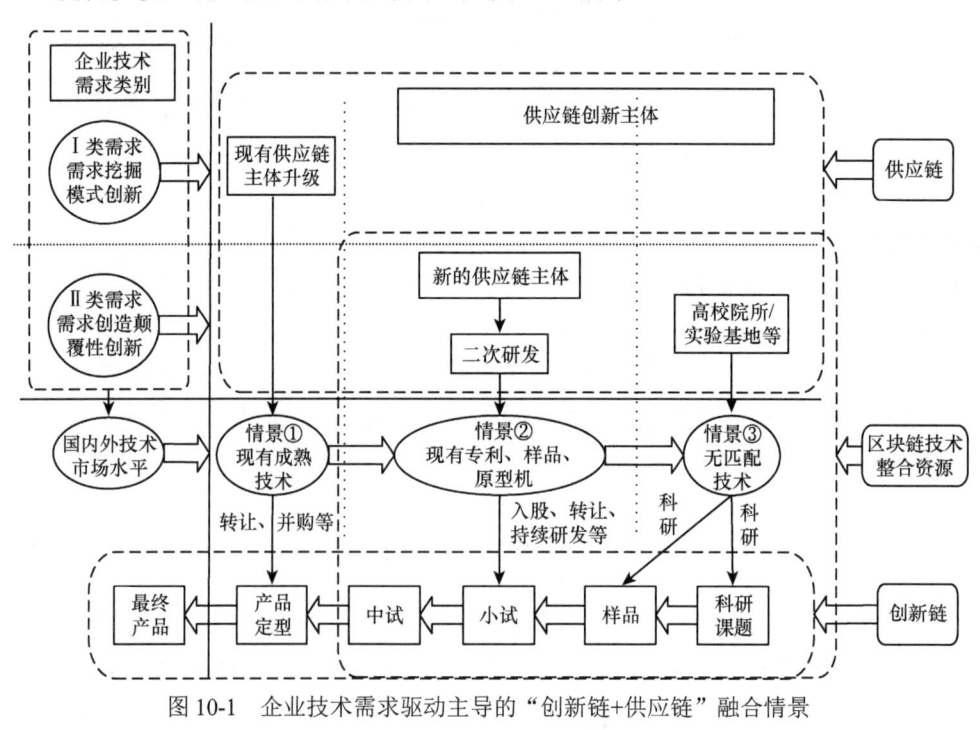

图10-1 企业技术需求驱动主导的"创新链+供应链"融合情景

10.1.2 区块链技术支撑企业科技成果一体化融合的应用场景

区块链技术在金融、供应链、物联网等多个领域中已得到成功应用，凭借其信息公开、分布式存储、加密算法、去中心化和共识机制等特点，能够支撑技术要素整合形成创新链重塑供应链。区块链技术在供应链中发挥的主要作用包括：①提升物流的可追溯性；②降低假冒产品以及黑市所造成的损失；③提升生产外包合同的透明度和遵从度；④减少纸质处理，降低管理成本；⑤通过提升原料的透明度增强企业声誉,提升公众数据可信度,减少供应链中不当行为所造成的公关风险,加强各方合作的信任度等。目前,区块链技术在供应链中的应用已经较为广泛,有不少国际知名企业均在试验区块链技术对其供应链提升的作用,具体包括采购、产品溯源追踪、支付和合同、数据、物流、生产等环节。例如,IBM(International Business Machines Corporation,国际商业机器公司)和马士基集团合作开展了区块链技术在集装箱运输和全球贸易活动中的商业化应用;沃尔玛与IBM自2016年合作研发的区块链平台,主要应用于沃尔玛食品供应的溯源;UPS(United Parcel Service of America,InC.,美国联合包裹运送服务公司)开发了自己的区块链平台,为包裹在多个运输公司中计划路线并进行全球追踪;阿里巴巴集团研发的区块链系统将应用于跨国物流体系,记录进口货物的所有重要信息,包括生产细节、运输途径、关税、第三方认证等;俄罗斯Gazpromneft-Aero和S7航空公司(西伯利亚航空公司)合作开发了区块链系统,使得航空公司不需要预付油费,降低了其金融风险。区块链技术具有以下应用场景。

1. 区块链技术支撑企业实现创新要素整合的共享机制

目前中国各省区市以及大部分高校均建有技术转移中心,且都拥有自己的大数据平台、电子商城或数据库等,为整合区域内技术要素数据,构建高效的"创新链+供应链"融合系统奠定了基础,但也客观存在是否互相信任和是否愿意共享私有信息的问题。区块链技术支撑区域内技术转移中心、平台机构、服务机构、金融机构、高校院所等选择性自愿共享自己的技术数据并保障安全,为企业在技术市场寻找有效的合作主体并实施创新链提供了保障。通过技术要素整合的效能示范,吸引更多的新机构、供应商企业加盟,自愿分享更多的私有技术数据,最终实现区域内技术要素整合聚集效应和分享机制。

2. 区块链技术支撑企业实现技术创新供应链的多方协同

比特币区块链技术是一个公共的、无许可的平台,该平台不需要中心机构进行运营和监管,所有参与者均可保持匿名,自由进入和退出。供应链具有与加密货币网络不同的特征,因此其区块链技术的类别将不同于比特币区块链技术,生产供应链的上下游企业及相关服务机构大多为已知的参与者,且某些信息、实物资产需要进行安全保护,使得支撑供应链的区块链技术多为私有、需经许可的平台。因此,这种私有性建立的区块链平台不需引入复杂的共识机制就可保障数据的合法安全。利用区块链技术的高度透明、不可篡改等特性,建立信用评分等相关机制,协同科技创新服务机构、金融机构、供应商企业等,为成果发明团队到承载企业实现技术创新产品生产提供了"创新链+供应链"多方可持续发展的生态系统。利用区块链技术,可以对知识产权服务中的专利进行评估与申请，提供科技咨询服务机构的行业分析、技术预测等服务，金融机构的保险、价值评估等服务，进行标准化和智能分解，形成创新链智能合约服务，能够降低创新服务的成本、提升创新服务的质量和速度，实现创新链各主体互相信任和供应链上下游企业的信息共享的效果。

10.2 一体化融合升级典型场景的合作机制建模与效果分析

10.2.1 典型场景选取与基本假设

科技成果转化的属性决定了企业合作的场景为技术市场没有相关匹配技术，如图10-1的情景③所示。本节将承载企业和供应链及其他创新主体合作机制作为企业技术需求创新链的典型场景，参考沈阳新松机器人自动化股份有限公司（以下简称新松公司）集成创新"新松机器人"案例，设计同时可以分析企业和创新主体基于区块链技术的创新合作机制模式与传统的创新合作模式的建模框架。

将"新松机器人"的典型案例引入所选取的典型场景。"新松机器人"的技术源于中国科学院沈阳自动化研究所，曲道奎作为带头人组建了新松创业团队进行机器人产品化，推动了机器人产业化。曲道奎结合当时的技术和市场情况，认为从设计机器人每个部件开始，经历组建、测试这样长周期的完全自主开发容易错过市场竞争时机，因此选择与同行进行技术合作，自己的团队只开发中国科学院沈阳自动化研究所最拿手的机器人核心控制技术（被誉为机器人大脑的控制器），然后将这个"大脑"与合作伙伴的产品进行集成，实现具有部分核心技术的自主知识产权产品。新松公司以曲道奎为首的技术团队，通过对机器人技术的梳理，认为机器人本体是一种集成设备。在产业链的关键和通用环节中，公司通过对机器人本体的集成过程，不仅能够向上进一步攻克机器人关键部件技术，提高自身的核心竞争力；还能够向下拓展系统集成业务的市场份额。以新松移动机器人产品为例，新松公司从外部集成了AGV（automated guided vehicle，自动导引车）核心自主技术、动态装配、能源供给系统、导航方式、通信系统、调度管理系统、车载控制器硬件、车载控制器软件、机械结构等诸多技术，形成了高技术水准的移动机器人产品和产业方向，使新松公司能够在创立之初迅速打造出具有市场竞争力的主导产品，如点焊机器人、弧焊机器人、移动机器人以及汽车行业机器人系统。该案例表明企业为了提高核心竞争力，扩大市场份额，需要从外部获得很多基础知识和技术模块供应商的技术产品，然后在企业内部进行技术集成，快速提高企业的核心竞争力。

基于该案例本节抽象出具有代表性且便于分析主导企业与创新主体合作机制的场景：主导企业有资金约束，寻求 m 项技术创新目标的源头技术集成。为了高速实现技术创新集成,其中有 i 项技术($i<m$)需要整合外部供应商资源,且 i 项技术间存在链式的连接关系,也就是说,前项技术是后项技术的基础。此外,现实中有些技术是并行关系,这种情况在本书分析中也已有体现。假设承载企业具有很强的创新实力,能够甄别、吸收并集成创新主体的技术要素,实现创新目标并获得收益,不存在逆向选择问题。假设市场上存在 n($n\geq i$)个创新主体都愿意与承载企业合作,承载企业只关注 m 项技术创新是否能完成,如果创新主体通过了承载企业的甄别,则认为其具有相同的实现技术目标的实力(但项目仍不一定成功),令创新过程的时间贴现为 1;如果没有完成该项创新目标,承载企业需要花费更高额的代价从外部购买此项技术或丧失机会,此时认为该技术无收益。

这里需要说明的是,为了简化建模过程中过多主体的交互影响,在抽象的研究框架中,本节的研究会将参与主体重点放在高校、科研院所以及具有科研实力的供应商上,强调创新链中研发主体的主导地位,将弱化知识产权服务、投融资服务、中介服务、政府等生态主体的功能作用。但这并不会对区块链技术支撑创新链的普适作用产生影响,若能实现区块链技术支撑"创新链+供应链"的全景应用,创新效能只会提升更多。

10.2.2 传统创新合作研发模式及其合约分析

本节对创新主体与主导企业的传统合作模式进行建模机理分析,测算企业和创新主体委托代理关系下,不同期进入的创新主体最优努力水平和获得收益。在建模之前需要分析传统合作模式的特征与创新主体收益的特点。

传统模式下,创新主体与主导企业合作,通常的做法是企业向创新主体提出技术市场需求,创新主体按照企业的要求完成任务并获得技术研发经费,经费多少通常按照该项创新成果的市场价格或商议机制确定,其具有的特点如下。

模块化合约:每期进入的创新主体只对本期创新行为负责并获得本期收益,收益获取时点为本期合作结束时点;通常早期进入的创新主体风险高,后期进入的创新主体收益高。这是因为企业是创新的邀约人,越早进行研发,距离技术集成生产越远,不确定性越大,企业对于大量投入会很谨慎,如果开始就大量投资,一旦失败,企业就无法在短期内再次启动新一轮的技术创新,错失发展良机。传统模式下主导企业邀约的链式创新供应流程如图 10-2 所示。

1. 基本假设

假设 10.1 企业在时刻 $i=1, 2, \cdots, T$ 分别发出创新邀约(A_i),在时刻 $T+1$ 时基础创新工作完成。每时刻有"技术创造者 $_{n-i}$"竞标($n>T$),且只有一个创新

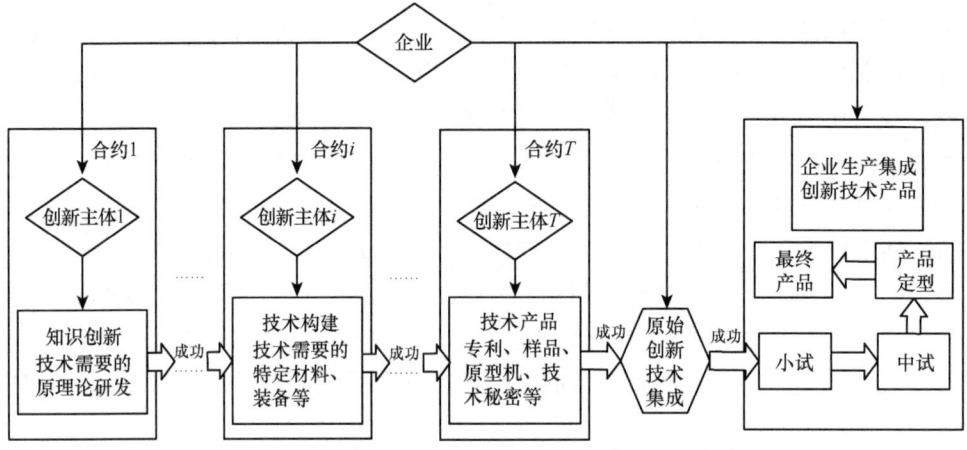

图 10-2 传统模式下主导企业邀约的链式创新供应流程

主体接到创新任务，创新主体参与越早，风险越大（第 i 个阶段参与的创新主体成功概率为 $P^{\frac{2i}{T(T+1)}}$），总体创新链最终成功的概率为 P。

假设 10.2 每个创新主体只会对自己该阶段的成功负责并获得相应收益。设有总体创新链收益 $R = \bar{R} + vS$，其中，vS 为创新部分的收益；S 为创新主体的努力程度；v 为创新主体努力程度收益的反应系数；$\bar{R}$ 为企业技术转化成功部分的收益，假设在第 m 期创新失败，则企业的努力将付诸东流。

假设 10.3 企业不会向创新主体分享技术转化成功的收益，只是按照比例 k' 给全体创新主体分配创新部分的收益 vS，也就说企业分给创新主体的收益总和为 $k'vS$，k' 为企业分给创新主体的创新部分的收益比例，通常越早期的创新不确定性越高，企业投入越少。假设第 i 个阶段参与的创新主体获得的收益为 $\frac{2i}{T(T+1)}k'vS$。

2. 基于委托代理理论的模型构建

企业发出技术需求创新邀约，市场上具有能力实现技术要求的创新主体接受邀请，双方达成协议形成委托代理关系，且基于信息不对称的客观现实，企业需要设计相应的机制以应对道德风险。因此，可利用委托代理模型开展双方的利益分配研究。基于假设给出企业和创新主体的效应函数如下。

企业的效用为

$$U = P(vS + \bar{R} - k'vS) - \sum_{i=1}^{T} P^{\frac{\sum_{j=1}^{i-1} 2j}{T(T+1)}} \left(\frac{i}{T(T+1)} \right)$$

其中，$P(vS + \bar{R} - k'vS)$ 为项目成功时企业获得的收益；$\sum_{i=1}^{T} P^{\frac{\sum_{j=1}^{i-1} 2j}{T(T+1)}} \left(\frac{i}{T(T+1)} \right)$ 为

企业在前期投入的研发沉没成本,不管项目最后是否成功,进行前 i 期研发就会产生前 i 期的沉没成本,每一期的沉没成本为 $\dfrac{i}{T(T+1)}$。

创新主体的效用为

$$U_i = P^{2\frac{i}{T(T+1)}}\left(2\frac{i}{T(T+1)}\right)k'vS - \frac{\eta S^2}{2}$$

其中,$P^{2\frac{i}{T(T+1)}}\left(2\dfrac{i}{T(T+1)}\right)k'vS$ 为创新主体获得的收益;$\dfrac{\eta S^2}{2}$ 为创新主体付出的成本。

基于委托代理理论构建模型,企业效用最大化为 $\max U$,参与约束为 $U_i \geqslant 0$,激励相容约束为 $\mathrm{argmax}\,U_i(S)$,获得以下最优化模型:

$$\max U$$
$$\mathrm{s.t.}\begin{cases}U_i \geqslant 0 \\ \mathrm{argmax}\,U_i(S)\end{cases}$$

3. 模型求解

参与约束 $U_i \geqslant 0$,可得 $S \in \left(0, \dfrac{4iP^{\frac{2i}{T(1+T)}}vk'}{\eta T(1+T)}\right)$。

根据 $\mathrm{argmax}\,U_i(S)$,由 U_i 对 S 求偏导,可得满足 U_i 参与约束,第 i 期进入的创新主体的最优主导创新努力水平 $S^* = \dfrac{2iP^{\frac{2i}{T(1+T)}}vk'}{\eta T(1+T)}$。

当激励相容约束与参与约束同时满足时,令企业效用最大化,对企业分给全部创新主体的技术创新部分的收益比例 k' 求偏导,可得

$$P\left(\frac{2iP^{\frac{2i}{T(1+T)}}v^2}{\eta T(1+T)} - \frac{4iP^{\frac{2i}{T(1+T)}}v^2 k'}{\eta T(1+T)}\right) = 0$$

求解可得 $k'^* = \dfrac{1}{2}$。

10.2.3 区块链技术支撑的创新合作模式

本节对区块链技术支撑场景下的创新主体与承载企业的新型合作模式进行建模机理分析,测算企业和创新主体委托代理关系,一开始同期进入的创新主体最优努力水平和获得收益如图 10-3 所示。在建模前需要分析创新合作模式的特征与创新主体收益的特点。

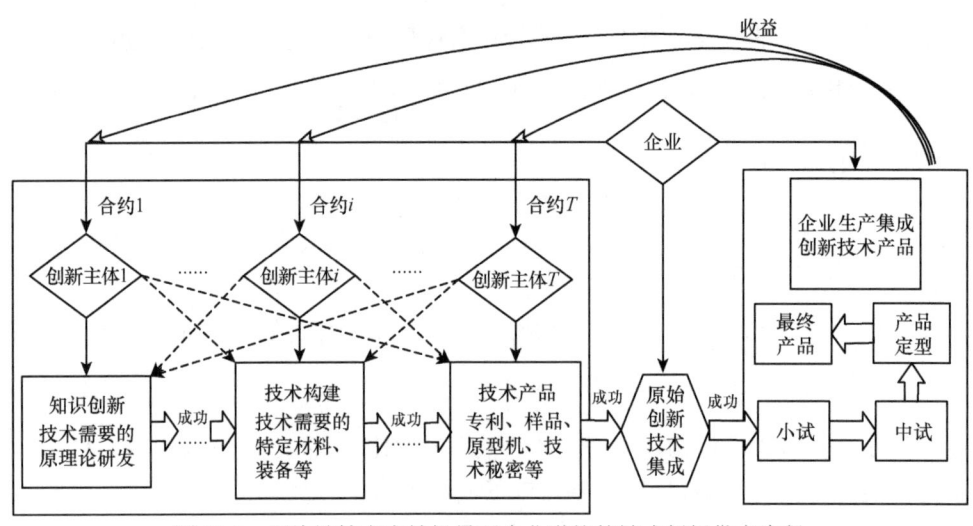

图 10-3　区块链技术支撑场景下企业邀约的链式创新供应流程

区块链技术使得信息传递效率增加且成本降低，创新参与主体能便捷地获取区块链上其他参与者的创新信息，这使得相互监督和帮扶成为可能，在创新链上拥有主导创新与促进创新两类功能。基于风险与收益匹配原则，研究认为原始创新处于技术创新的最前端是开源性探索，普适性远大于后期的专业技术，越前端的创新主体收益越高，但失败的风险极高；基于区块链技术形成一体化创新平台，激励创新主体充分发挥特长成为可能。基于信息不对称的客观现实，企业需要合理的机制设计实现对创新主体一体化的激励与风控管理，分享权益的契约设计比固定的转移支付更能帮助企业应对道德风险。

在区块链技术支撑场景下，所有创新主体都会在开始时进入，快速畅通地得到其他创新主体分享的技术信息并全程参与，创新主体依据成本选择主导创新，若不主导创新则进行促进创新，促进成本低于主导创新成本。最终，所有创新主体分享集成创新成果的转化收益。创新主体在技术集成转化生产获得收益时，按照技术创新的重要性和贡献获得分配收益。对于链式传递创新模式，本节研究认为越前期的底层技术是创新源头，属于原始创新，在同等投入下创新主体的收益越高。例如，在同等投入下创新主体 1 的收入大于其他其创新主体，它实施创新的时间和其获得收益的时间间隔最长，承担的不确定风险最大，资金机会成本更高。

1. 基本假设

假设 10.4　区块链技术支撑创新主体实现链条式创新活动，以可追溯和信用保障、缩短合作距离等优势形成新创新合作的机制。

假设 10.5　企业在时刻 $t=0$ 发出技术需求创新合作邀约（$A_1, A_2, \cdots, A_T$），在

时刻 $T+1$ 时完成基础创新工作,每时刻只有一个创新主体能接受主导创新任务,而且它只能主导创新一次,越早主导创新的创新主体风险越大(第 i 个阶段参与的创新主体成功概率为 $P^{\frac{2i}{T(T+1)}}$),最终企业技术需求创新成功的概率为 P。

假设 10.6 所有创新主体都有两项任务:一是主导创新活动的努力水平为 S,引发的成本为 $\frac{\eta S^2}{2}$;二是参与一次创新促进活动的努力水平为 S',引发的成本为 $\frac{\eta S'^2}{2}$。研究认为创新促进水平与实施创新水平正相关,因为越努力实施创新的创新主体越希望获得成功,越努力投入精力关注其他技术创新活动,使自己主导创新成功实现。因此,$S' = \alpha S$,$\alpha \in (0,1)$。

假设 10.7 技术创新成果实现总收益 $R = \bar{R} + vS$,其中,vS 表示创新带来的收益;S 为创新主体的努力程度;v 为创新主体努力程度收益的反应系数;$\bar{R}$ 为企业技术成果的收益。所有参与主体实施一体化合约机制,在技术需求成果获得收益兑现时,k 为所有创新主体获得总收益的比例。如果成功,所有的创新主体获得的收益为 PkR,第 i 个创新主体获得的期望收益为 $\frac{2(T-i)}{T(T+1)}kR$。企业获得的最终收益为 $(1-k)PR$;如果失败,每一位创新主体获得的收益为 0,其中 I 为企业对创新的固定支出,C 为企业的其他成本。

2. 基于委托代理理论的模型构建

企业的效用为 $U = (1-k)PR - C$。

创新主体的效用为 $U_i = P \times \frac{2(T-i)}{T(T+1)} \times kR - \left(T(T-1)P\frac{\alpha^2 S^2 \eta}{2} - \left(\prod_{b=1}^{i-1} P^{\frac{2b}{T(T+1)}} \right) \frac{\alpha^2 S^2 \eta}{2} + \left(\prod_{b=1}^{i-1} P^{\frac{2b}{T(T+1)}} \right) \frac{\eta S^2}{2} \right)$,其中,$P \times \frac{2(T-i)}{T(T+1)} \times kR$ 为创新主体的收益;$\left(T(T-1)P\frac{\alpha^2 S^2 \eta}{2} - \left(\prod_{b=1}^{i-1} P^{\frac{2b}{T(T+1)}} \right) \frac{\alpha^2 S^2 \eta}{2} + \left(\prod_{b=1}^{i-1} P^{\frac{2b}{T(T+1)}} \right) \frac{\eta S^2}{2} \right)$ 为创新主体付出的成本,包括自身在主导创新时的努力成本,该成本基于前几期均成功的假定条件下,以及创新主体对其他期促进创新的努力成本,其中每个创新主体促进其他期创新的成本为 $T(T-1)P\frac{\alpha^2 S^2 \eta}{2} - \left(\prod_{b=1}^{i-1} P^{\frac{2b}{T(T+1)}} \right) \frac{\alpha^2 S^2 \eta}{2}$,表示每个创新主体促进其他阶段创新的成本是一致化的总投入,但要减去其主持创新时期促进创新的成本。

企业效用最大化为 $\max U$,参与约束为 $U_i \geq 0$,激励相容约束为 $\arg\max U_i(S)$,获得以下最优化模型

$$\max U$$
$$\text{s.t.} \begin{cases} U_i \geq 0 \\ \operatorname{argmax} U_i(S) \end{cases}$$

3. 模型求解

由参与约束 $U_i \geq 0$ 可得

$$S \in \left(-\frac{2i\sqrt{kPR(T-i)}}{\sqrt{T(T+1)h\left((-1+a^2)P^{\frac{(-1+i)i}{T(1+T)}} - a^2P(-1+T)T\right)}}, \right.$$

$$\left. \frac{2i\sqrt{kPR(T-i)}}{\sqrt{T(T+1)h\left((-1+a^2)P^{\frac{(-1+i)i}{T(1+T)}} - a^2P(-1+T)T\right)}} \right)$$

根据 $\operatorname{argmax} U_i(S)$，由 U_i 对 S 求偏导，可得

$$\frac{\eta ST(1+T)\left((-1+\alpha^2)P^{\frac{(-1+i)i}{T(1+T)}} - \alpha^2 P(-1+T)T\right) + 2kP(-i+T)v}{T(1+T)} = 0$$

获得满足第 i 期创新主体参与约束条件的最优创新努力水平为

$$\overline{S}^* = \frac{2kP(T-i)v}{\eta T(1+T)\left(P^{\frac{(-1+i)i}{T(1+T)}} - \alpha^2 P^{\frac{(-1+i)i}{T(1+T)}} - \alpha^2 PT + \alpha^2 PT^2\right)}$$

满足激励相容约束与参与约束的条件下，令企业效用最大化，对 k（所有创新主体获得总收益的比例）求偏导可得

$$-\frac{P\left(\eta\overline{R}T(1+T)\left(-(-1+\alpha^2)P^{\frac{(-1+i)i}{T(1+T)}} + \alpha^2 P(-1+T)T\right) - 2(-1+2k)P(i-T)v^2\right)}{\eta T(1+T)\left(-(-1+\alpha^2)P^{\frac{(-1+i)i}{T(1+T)}} + \alpha^2 P(-1+T)T\right)} = 0$$

又可得

$$\overline{k}^* = \frac{\eta\overline{R}T(1+T)\left(-(-1+\alpha^2)P^{\frac{(-1+i)i}{T(1+T)}} + \alpha^2 P(-1+T)T\right) + 2P(i-T)v^2}{4P(i-T)v^2}$$

为了使 $\overline{k}^* \in (0,1)$，v 必须满足：

$$v \in \left(-\sqrt{\frac{-\eta\overline{R}T(1+T)\left[(1-\alpha^2)P^{\frac{i(i-1)}{T(T+1)}} + \alpha^2 P(T-1)T\right]}{2P(i-T)}}, \right.$$

$$\sqrt{\dfrac{-\eta \overline{R} T(1+T)\left[(1-\alpha^2) P^{\frac{i(i-1)}{T(T+1)}}+\alpha^2 P(T-1)T\right]}{2P(i-T)}}\Bigg)$$

10.3 核心企业主导科技成果一体化融合升级典型场景效果评价

本节研究选取主导企业与创新主体链式创新的传统合作模式和区块链技术支撑的新型合作模式进行建模，逻辑推理获得最优努力水平和收益分配比例，但两种模式下的最优努力水平和收益分配比例中包含很多参数，难以进行解析解的直接比较，因此，采用数值分析法对区块链技术典型应用场景下的价值共创与利益分享进行效果评价。

10.3.1 区块链技术典型应用场景下的价值共创效果评价

模型参数取值假设创新主体的努力水平产出系数 $v=200$，企业技术集成成功实现的部分价值 $\overline{R}=100$，企业需要进行 10 期的外部主体创新合作即 $T=10$，传统模式下企业给予创新主体的创新收益分配比例 $k'=0.5$，区块链模式下给予创新主体成功总收益的分配比例 $k=0.5$，促进创新的努力水平是创新努力水平的 0.5 倍即 $\alpha=0.5$，成本系数 $\eta=0.1$。根据参数取值，得到传统模式与区块链技术下创新阶段、成功概率对最优努力水平的影响效应，如图 10-4 所示。

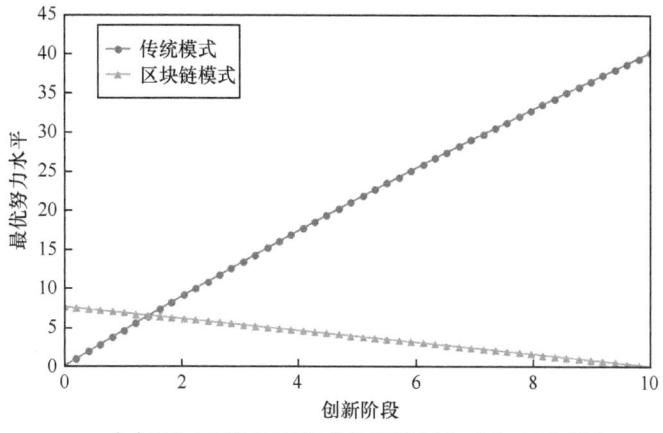

（a）努力水平关于创新阶段的关系图（$P=0.5$，$i\in(0,10)$）

（b）努力水平关于成功概率的关系图（$P\in(0,1)$, $i=4$）

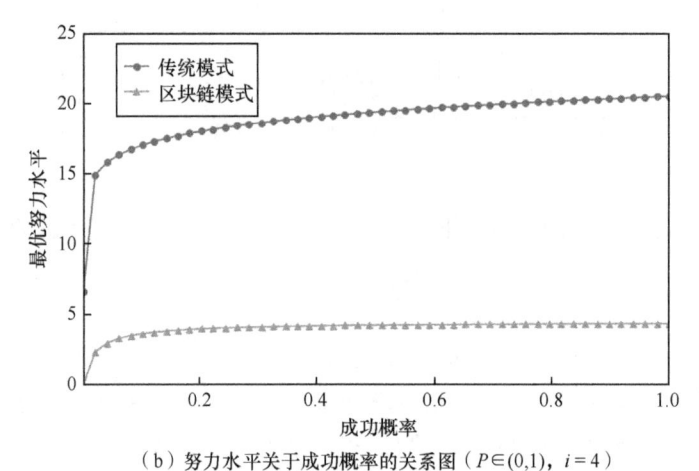

图 10-4　两种模式下创新阶段和成功概率对创新主体最优努力水平的影响效应

从图 10-4（a）可以看出，企业应用区块链技术使得早期创新主体获得更多的研发努力。在区块链技术场景下，早期创新主体的最优努力水平高于后期，这是因为后期主导创新的创新主体已经在前期进行了大量的促进创新活动，使得前期那些更为重要的创新活动获得成功；早期创新主体的最优努力水平在区块链技术应用场景下高于同期传统模式，这是因为在区块链一体化合约设计时，默认早期的创新主体由于承受的风险大、创新的难度高，因此享有高的收益。为了获得与风险和难度相匹配的收益，早期的创新主体会在自己承担的创新阶段负责任地加倍努力。

从图10-4（b）中可以看出，在区块链技术应用场景下，创新主体的努力水平不随着成功概率的提高而显著提高，也就是说，创新主体专心做早期创新。虽然从图可知成功概率相同时，区块链模式下创新主体的最优努力水平低于传统模式，但需要注意的是，创新主体进行了一期主导创新和多期的促进创新。根据数值模拟中给定的取值可知，区块链模式下如果获得成功，创新主体进行的总体最优努力水平为主导创新最优努力水平的 5.5 倍（5.5 是参数赋值数值模拟获得的结果，改变参数赋值结果会变化，但程度级别变化不大，具有鲁棒性），明显高于传统模式的最优努力水平，说明在区块链模式下所有的创新主体都可以全程参与创新。对企业而言，每一期的技术创新不仅包含本期主导创新技术的成果，还包含其他各期创新主体付出的有用技术要素，大大提高了每一期创新的成功概率。

10.3.2　区块链技术典型应用场景下的利益共享机理分析

根据区块链技术典型应用场景下的价值共创效率评价模型参数取值，获得创新阶段、成功概率对创新主体在传统模式最优收益分配和区块链技术下最优收益分配的影响效应，如图 10-5 所示。

(a) 分配比例关于创新阶段的关系图（$P=0.5$，$i\in(0,10)$）

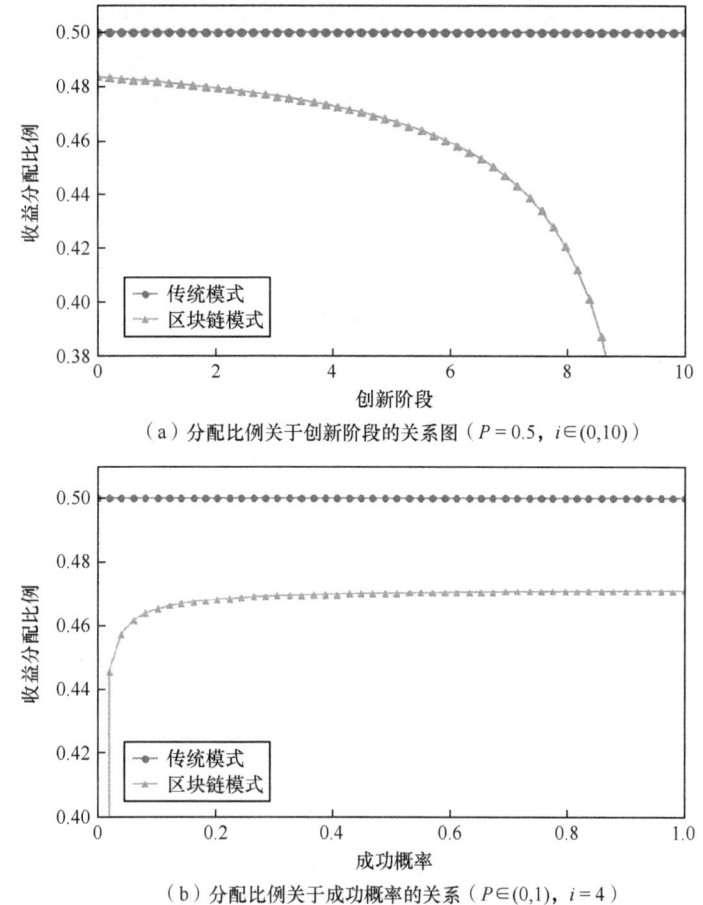

(b) 分配比例关于成功概率的关系（$P\in(0,1)$，$i=4$）

图 10-5　两种模式下创新阶段、成功概率对创新主体最优收益分配比例的影响效应

从图 10-5 可知，传统模式下创新主体获得最优总收益为创新收益部分的 50%（50%是证明结果，与赋值无关）。区块链模式下创新主体的最优收益分配比例虽然不及传统模式，但获得的是创新收益和部分最终成功收益，其收益绝对值大，具有以下特征结论。

区块链技术下创新主体最优收益获得与其进入时段和承担的风险有关。越早期主导创新的创新主体，获得的最优收益分配比例越大，这是因为越早期主导创新的创新主体承担的不确定性风险越大，努力成本沉没的可能性最大，需要更多收益与承担风险匹配。对越晚进入的创新主体而言，获得的最优分配比例急速下降，这是因为后期实施的创新是基于前期所有创新的成功。对于最后期主导创新的创新主体，没有大于零的最优收益分配比例，这是因为对于企业而言，后期进入的创新主体完成的创新工作，对企业整体技术集成定制生产等贡献远小于源头创新，因此从企业利益最优化出发，在某些参数不限定的情况下，确实难以给出正数最优解。

在区块链技术下如果成功概率太低,则创新主体的收益分配比例极低。从企业利益优化角度出发,只要稍微有些成功的迹象,区块链技术带来的信息不对称风险就会降低,创新主体集体发力使成功很有可能变成现实。因此,企业会迅速提高创新主体收益分配比例,激励创新主体努力创新获得成功。

10.3.3 区块链技术典型应用场景下链式合作模式的效能评判

本节基于典型场景构建承载企业与创新主体链式创新的传统合作模式和区块链技术支撑的新型合作模式的委托代理模型,以逻辑推理获得最优努力水平和收益分配比例为依据,利用数值模拟测算区块链技术应用的影响效果,主要结论如下。①区块链技术的应用使所有创新主体以主导创新和促进创新活动的方式,参与技术需求实现的全过程创新,付出的总体努力大于传统模式下创新主体的努力水平。②区块链技术的应用有利于源头创新,使创新主体投入的努力水平大于传统模式,获得的最优收益也大于传统模式。③区块链技术下主导创新主体的努力水平随着进入阶段的提前而增加,传统模式下主导创新主体的努力水平随着进入阶段的推迟而增加。④区块链技术下主导创新主体的努力水平随着成功概率提升波动的幅度小于传统模式,使得创新主体更专注于创新活动的实现。⑤区块链技术下如果成功概率太低,给创新主体的收益分配比例极低。但只要稍微有成功的迹象,企业会迅速提高创新主体的收益分配比例,激励创新主体加倍努力。

10.4 核心企业技术驱动科技成果一体化融合升级效能展望

本章以核心企业技术需求主导的"创新链+供应链"融合升级问题为研究对象,以承载科技成果转化与供应链及其他创新主体合作作为核心企业技术需求"创新链+供应链"的典型场景,构建承载企业与创新主体链式创新的传统合作模式和区块链技术支撑新型合作模式的委托代理模型,通过逻辑推理获得最优努力水平和收益分配比例,并采用数值分析法对区块链技术典型应用场景下的价值共创与利益分享给出效果评价。图10-1情景②技术市场有专利、样品等未商业化的技术成果,是图10-1情景③的子问题,承载企业委托具有技术基础的现有供应商,同技术成果拥有方寻求二次技术研发,进行小试、中试、生产定型等链式合作关系,仿照图10-1情景③构建委托代理模型,通过数值分析揭示了区块链技术应用场景下的价值共创与利益分享的具体效果评价,是图10-1情景③效果的重要构成。图10-1情景①技术市场现有成熟已商业化的技术,此时承载企业将寻求成熟技术拥有方通过购买、兼并、授权生产等方式直接进行零部件等定型生产和供应链主体升级布局,区块链技术在技术信息共享和供应链智能合约设计中产生效应。

以上研究强调了区块链技术支撑创新链重塑供应链中研发主体的融合升级,

弱化了服务生态主体的供应链融合作用。区块链技术支撑"创新链+供应链"融合的全景式应用，需要将知识产权、投融资、平台中介、政府等生态主体服务，根据企业技术需求纳入一体化信息共享、价值共创和利益共享平台，不同区域的技术要素数据共享壁垒、机构间互信、信息不对称风险等问题得到有效缓解，促进创新效能实现"质"的提升，使主导企业主动创新、创造新需求成为惯例。

  本章还发现了通过数字化赋能科技成果转化应用重塑创新价值链，创造更具效率的生态主体关系是科技成果转化新的动力增长点。本章将区块链技术的应用由生产制造、物流、交易等环节拓展到基础研发、样品开发、产品定型等环节，以区块链技术支撑的承载企业与创新主体围绕创新链的新型合作模式建立委托代理模型，以逻辑推理获得最优努力水平和收益分配比例为依据，利用数值模拟获得区块链技术应用的影响效果如下。①区块链技术的应用使所有创新主体以主导创新和促进成果转化创新活动的方式，参与技术需求实现的全过程创新，付出的总体努力大于传统模式下创新主体的努力水平。②区块链技术的应用有利于源头创新，使创新主体投入的努力水平大于传统模式，获得的最优收益也大于传统模式；区块链技术下主导创新主体的努力水平随着进入阶段的提前而增加，传统模式下主导创新主体的努力水平随着进入阶段的推迟而增加。③区块链技术下主导创新主体的努力水平随着成功概率提升波动的幅度小于传统模式，使得创新主体更专注成果转化创新活动的实现。④区块链技术下如果成功概率太低，则创新主体的收益分配比例极低。但只要稍微有成功的迹象，企业就会迅速提高创新主体的收益分配比例，激励创新主体加倍努力。以上研究强调了区块链技术支撑创新链重塑供应链研发主体的融合升级效能，特别是技术转移中心、平台机构、服务机构、金融机构、高校院所等基于区块链技术加入企业技术需求一体化共享平台，不仅有利于共享数据保障安全，而且实现了数据价值效益分享，使"创新链+供应链"合作主体协同的黏性得到快速提升，激励多主体从全局视角投入更多的努力，实现技术要素整合聚集效应，为科技成果转化创造良好的生态环境。

第三篇

政府支撑科技成果转化的激励机制

第 11 章 政府引导基金支撑科技成果转化的激励机制

"十四五"规划第二篇"坚持创新驱动发展 全面塑造发展新优势"第五章"提升企业技术创新能力"中明确提出,要"完善技术创新市场导向机制,强化企业创新主体地位,促进各类创新要素向企业集聚,形成以企业为主体、市场为导向、产学研用深度融合的技术创新体系"。习近平总书记在中国科学院第二十次院士大会、中国工程院第十五次院士大会和中国科学技术协会第十次全国代表大会上发表重要讲话时强调:"要增强企业创新动力,正向激励企业创新,反向倒逼企业创新。要发挥企业出题者作用,推进重点项目协同和研发活动一体化,加快构建龙头企业牵头、高校院所支撑、各创新主体相互协同的创新联合体,发展高效强大的共性技术供给体系,提高科技成果转移转化成效。"

政府引导基金在科技、医疗等领域的市场敏锐度低,难以掌握该领域新的发展方向;核心创新企业作为行业的领军企业,具备实施国家重大科技任务的实力。本书提出的政府引导科技成果转化的投融资模式是指政府引导基金投资进入企业创新链,该模式以参与前端基础研究、中端的成果二次研发和终端技术创新应用等环节为承载体,为企业投入科技成果转化分担风险,为社会资本投资实施引导,为科技创新驱动高质量发展提供支撑。政府引导基金作为母基金,市场化基金作为子基金,共同支撑科技成果转化,不仅能够激发市场积极性,保证资金支持的有效延续,也能够促进科技转化承载主体的积极性,形成有效的激励效应,本章通过构建数理模型重点研究政府引导基金参与科技成果转化的投资决策和契约设计问题。

11.1 政府引导基金链群契约设计思路与基本假设

科技成果转化中起到重要作用的资金形式是政府引导基金。科技成果转化过程具有高风险和资金需求量大的特点,很难实现转化链条中资金与转化活动的匹配,需要引入政府引导资金杠杆撬动社会资金集聚创新。在科技成果从立项研发的实验室技术到最终推向产品市场的全转化链条中,多主体基于不同需求在不同阶段依次参与并做出自己的贡献,多主体间实现合理的权益分配是推动科技成果转化的关键。政府引导基金通常由政府发起,吸引民间资本、投资机构等投资主体,支持科技创新企业发展,不以营利为主要目的。引导基金从募集到投放,有众多不同的主体参与，引导基金是基金募集和投放流程两链联结的核心纽带，是承载创新资金需求主体、多元投资主体之间通过信用流动和货币循环相互依存作用形成的动态平衡的生态系统。在资金募集环节，主要参与者有政府、基金管理机构和民间资本等，最重要的现实问题是政府如何激励民间资本参与科技成果转化创新实践活动。为实现引导基金撬动民间资本和推动科技成果转化发展目标，需要有序衔接、环环相扣的链条和协作竞争、共生演化的种群、引导基金的链群结构。其中，引导基金的链群结构是关键。基于链群结构的引导，基金契约该如何设计、对民间资本该如何驱动、多元参与主体的利益该如何分配，这将是本书回答的现实问题。

通过对引导基金链群结构和主体关系进行辨析，厘清了引导基金募集与投资的环节与主体关系解构。为了基于链群结构设计引导基金募集与投资的最优契约，研究政府让利与补偿机制以及引导基金参与主体间的权益分配，我们据此对复杂的链群结构和主体关系进行理论抽象，并给出本章研究的契约设计思路和基本假设。

11.1.1　政府引导基金链群契约设计思路

在政府引导基金募集和投资相接环节构成的链式结构中，通常涉及四个主要的参与主体：政府（G）、风险投资机构（VC）、民间资本（M）和成果承载企业（E），如图 11-1 所示。

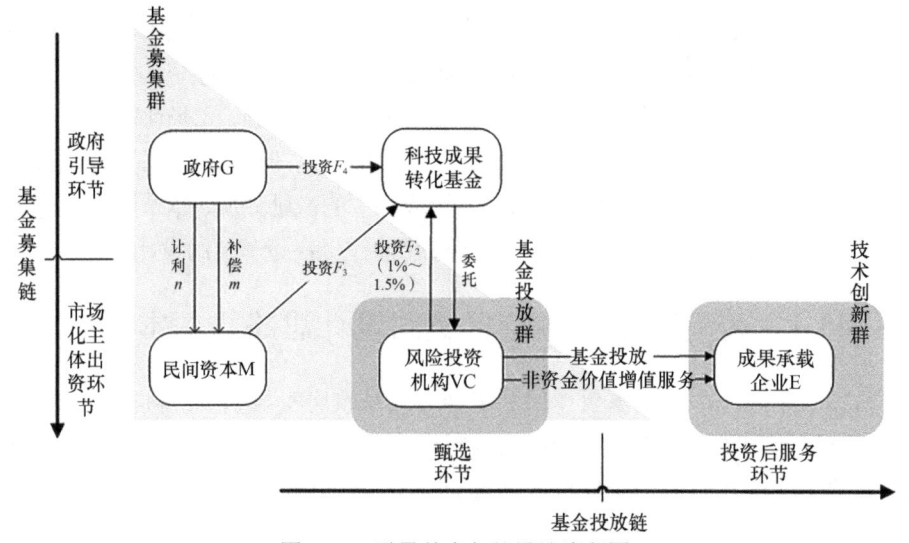

图 11-1　引导基金契约设计流程图

在募集链上活动的是基金募集群主体，包括民间资本、政府和风险投资机构（风险投资比例通常为 1%～1.5%），重点考虑引导基金对民间资本在科技成果转化成功时让利和失败时补偿问题[107, 108]。政府成立科技成果转化基金,风险投资机构通常继续扮演基金投资的角色[109],为了简化模型,在基金投资群中的主体仍然是风险投资机构,科技成果转化创新群的主体(仅有一个承载企业E)、风险投资机构和成果承载企业出资出力时,重点考虑它们的双向道德风险[95]。在引导基金募集和投资过程中,各参与主体的投入与产出要素和顺序为政府、民间资本、风险投资机构和成果承载企业;风险投资机构和成果承载企业是成果转化过程中的支撑主体和努力出力者;成果承载企业和科技成果转化基金先分配收益,科技成果转化基金中的政府、民间资本、基金管理机构(风险投资机构)再分配收益。

11.1.2 政府引导基金链群契约设计基本假设

根据对引导基金契约设计流程图(图 11-1)的分析,基于投入、产出、议价能力和权益分配比例等要素(图 11-2),给出链群视角下政府引导基金募集和投放最优契约模型的基本假设。

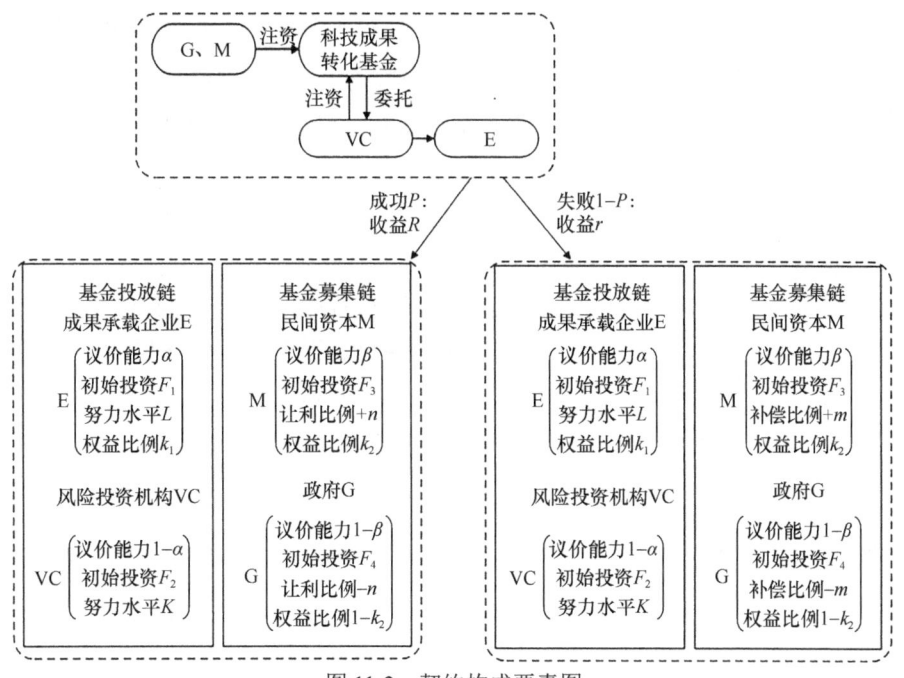

图 11-2 契约构成要素图

假设 11.1 在基金募集链中,β 和 $1-\beta$ 分别是民间资本和政府的议价能力;在基金投资链中,α 和 $1-\alpha$ 分别是成果承载企业和风险投资机构的议价能力。

假设 11.2 风险投资机构最终只选中一个成果承载企业进行投资。由于成果承载企业资金有限,故承载一项科技成果转化需要获得外部融资的支持。也就是说,成果承载企业、风险投资机构、民间资本和政府的初始投资分别为 F_1、F_2、

F_3 和 F_4。

基金投资链的总初始投资数量：$F = F_1 + F' = F_1 + F_2 + F_3 + F_4$。

基金募集链募集资金池数量为 $F' = F_2 + F_3 + F_4$。

假设 11.3 成果承载企业提供创新能力，其努力水平为 L，风险投资机构代表科技成果转化基金出资并提供非资金价值增值服务，其努力水平为 K，c 为成果承载企业和风险投资机构双方努力合作的互补系数，$c \in (0,1)$。转化成功产品的产出取决于成果承载企业和风险投资机构的共同努力，双方的努力水平不可观察。成果承载企业的努力成本为 $g_E(L) = \dfrac{L^2}{2\eta}$，风险投资机构的努力成本为 $g_{VC}(K) = \dfrac{K^2}{2\theta}$ [111-113]，其中 $L \in (0,1)$，$K \in (0,1)$，η 和 θ 分别为成果承载企业和风险投资机构的努力效率系数。在科技成果转化基金中实际付出努力水平的是风险投资机构，因此视风险投资机构的努力成本为科技成果转化基金的努力成本。

假设 11.4 成果承载企业投资分为成功和失败，投资成功的概率为 P，投资失败的概率为 $1-P$，成果转化成功时产品收益为 $R = c\sqrt{LK} + R_\varepsilon$ $(R_\varepsilon > 0)$ [113]，失败时收益为 $r = c\sqrt{LK} + r_\varepsilon$ $(r_\varepsilon > 0)$，预期总收益 $R_{总} = PR + (1-P)r$，科技成果转化基金预期总收益 $R_{F总} = P(R - k_1 R) + (1-P)(r - k_1 r)$，$R_\varepsilon$ 和 r_ε 分别为自然状态下成果转化成功和失败时的收益，ε 代表自然状态。

假设 11.5 科技成果转化项目的初始总投资 F 小于总收益 $R_{F总}$，即 $F - R_{F总} < 0$。

假设 11.6 成果承载企业获得权益分配比例为 k_1，则科技成果转化基金获得收益为 $R - k_1 R$ 或 $r - k_1 r$，这部分收益将由风险投资机构、民间资本和政府共同分享，为了保证科技成果转化基金出资人的利益，政府和民间资本为有限合伙人[114]，按照出资比例共同获得 $\dfrac{F_3 + F_4}{F'}$ 份收益且优先进行收益分配，风险投资机构作为普通合伙人获得剩余收益。

假设 11.7 政府与民间资本如果按同股同权分配收益，则民间资本权益分配比例为 $k_2 = \dfrac{F_3}{F_3 + F_4}$，政府权益分配比例为 $1 - k_2$，政府为驱动民间资本参与成果承载企业投资，在成果转化成功时，将 n 份股权让渡给民间资本激励投资；在成果转化失败时，将 m 份股权让渡给民间资本补偿损失。

假设 11.8 基金管理费为固定比例计提，不考虑风险投资机构所获得的基金管理费，重点关注政府对民间资本的激励问题，因此不考虑科技成果转化基金与风险投资机构间由委托代理产生的道德风险问题，也不考虑科技成果转化基金对风险投资机构的激励问题。

11.2 政府引导基金链群的讨价还价博弈模型构建

11.2.1 基金募集链上政府与民间资本间募集契约模型构建

假设政府、民间资本和风险投资机构共同注资形成科技成果转化基金,政府对民间资本的激励分为三类情形:①成功时让利,失败时补偿;②仅成功时让利;③仅失败时补偿。

情形 1:根据基本假设,在科技成果转化项目成功时政府对民间资本让利和失败时政府对民间资本补偿情形下,民间资本和政府的效用函数分别为

$$\begin{aligned} U_M &= R_M \\ &= P\left[k_2(R-k_1R)\frac{F_3+F_4}{F'} + n(1-k_2)(R-k_1R)\frac{F_3+F_4}{F'}\right] \\ &\quad + (1-P)\left[k_2(r-k_1r)\frac{F_3+F_4}{F'} + m(1-k_2)(r-k_1r)\frac{F_3+F_4}{F'}\right] \\ &= P(R-k_1R)\left(\frac{F_3}{F'} + n\frac{F_4}{F'}\right) + (1-P)(r-k_1r)\left(\frac{F_3}{F'} + m\frac{F_4}{F'}\right) \end{aligned} \quad (11\text{-}1)$$

$$\begin{aligned} U_G &= R_G \\ &= P\left[(1-k_2)(R-k_1R)\frac{F_3+F_4}{F'} - n(1-k_2)(R-k_1R)\frac{F_3+F_4}{F'}\right] \\ &\quad + (1-P)\left[(1-k_2)(r-k_1r)\frac{F_3+F_4}{F'} - m(1-k_2)(r-k_1r)\frac{F_3+F_4}{F'}\right] \\ &= P(R-k_1R)\left(\frac{F_4}{F'} - n\frac{F_4}{F'}\right) + (1-P)(r-k_1r)\left(\frac{F_4}{F'} - m\frac{F_4}{F'}\right) \end{aligned} \quad (11\text{-}2)$$

则纳什程序的讨价还价博弈模型为

$$\begin{aligned} &\max[U_M - F_3]^\beta [U_G - F_4]^{1-\beta} = \max[R_M - F_3]^\beta [R_G - F_4]^{1-\beta} \\ &\max\left[P(R-k_1R)\left(\frac{F_3}{F'} + n\frac{F_4}{F'}\right) + (1-P)(r-k_1r)\left(\frac{F_3}{F'} + m\frac{F_4}{F'}\right) - F_3\right]^\beta \\ &= \left[P(R-k_1R)\left(\frac{F_4}{F'} - n\frac{F_4}{F'}\right) + (1-P)(r-k_1r)\left(\frac{F_4}{F'} - m\frac{F_4}{F'}\right) - F_4\right]^{1-\beta} \end{aligned} \quad (11\text{-}3)$$

情形 2:根据基本假设,在仅有科技成果转化项目成功时政府对民间资本让利情形下,民间资本和政府的效用函数分别为

$$\begin{aligned} U_M &= R_M \\ &= P\left[k_2(R-k_1R)\frac{F_3+F_4}{F'} + n(1-k_2)(R-k_1R)\frac{F_3+F_4}{F'}\right] \end{aligned}$$

$$+(1-P)\left[k_2(r-k_1r)\frac{F_3+F_4}{F'}\right] \quad (11\text{-}4)$$

$$=P(R-k_1R)\left(\frac{F_3}{F'}+n\frac{F_4}{F'}\right)+(1-P)(r-k_1r)\frac{F_3}{F'}$$

$$U_G=R_G$$

$$=P\left[(1-k_2)(R-k_1R)\frac{F_3+F_4}{F'}-n(1-k_2)(R-k_1R)\frac{F_3+F_4}{F'}\right]$$

$$+(1-P)\left[(1-k_2)(r-k_1r)\frac{F_3+F_4}{F'}\right] \quad (11\text{-}5)$$

$$=P(R-k_1R)\left(\frac{F_4}{F'}-n\frac{F_4}{F'}\right)+(1-P)(r-k_1r)\frac{F_4}{F'}$$

则纳什程序的讨价还价博弈模型为

$$\max[U_M-F_3]^\beta[U_G-F_4]^{1-\beta}=\max[R_M-F_3]^\beta[R_G-F_4]^{1-\beta}$$

$$\max\left[P(R-k_1R)\left(\frac{F_3}{F'}+n\frac{F_4}{F'}\right)+(1-P)(r-k_1r)\frac{F_3}{F'}-F_3\right]^\beta \quad (11\text{-}6)$$

$$=\left[P(R-k_1R)\left(\frac{F_4}{F'}-n\frac{F_4}{F'}\right)+(1-P)(r-k_1r)\frac{F_4}{F'}-F_4\right]^{1-\beta}$$

情形 3：根据基本假设，在仅有科技成果转化项目失败时政府对民间资本补偿情形下，民间资本和政府的效用函数分别为

$$U_M=R_M$$

$$=Pk_2(R-k_1R)\frac{F_3+F_4}{F'}+(1-P)\left[k_2(r-k_1r)\frac{F_3+F_4}{F'}\right.$$

$$\left.+m(1-k_2)(r-k_1r)\frac{F_3+F_4}{F'}\right] \quad (11\text{-}7)$$

$$=P(R-k_1R)\frac{F_3}{F'}+(1-P)(r-k_1r)\left(\frac{F_3}{F'}+m\frac{F_4}{F'}\right)$$

$$U_G=R_G$$

$$=P(1-k_2)(R-k_1R)\frac{F_3+F_4}{F'}+(1-P)\left[(1-k_2)(r-k_1r)\frac{F_3+F_4}{F'}\right.$$

$$\left.-m(1-k_2)(r-k_1r)\frac{F_3+F_4}{F'}\right] \quad (11\text{-}8)$$

$$=P(R-k_1R)\frac{F_4}{F'}+(1-P)(r-k_1r)\left(\frac{F_4}{F'}-m\frac{F_4}{F'}\right)$$

纳什程序的讨价还价博弈模型为

$$\max[U_M-F_3]^\beta[U_G-F_4]^{1-\beta}=\max[R_M-F_3]^\beta[R_G-F_4]^{1-\beta}$$

$$\max\left[P(R-k_1R)\frac{F_3}{F'}+(1-P)(r-k_1r)\left(\frac{F_3}{F'}+m\frac{F_4}{F'}\right)-F_3\right]^{\beta}$$
$$=\left[P(R-k_1R)\frac{F_4}{F'}+(1-P)(r-k_1r)\left(\frac{F_4}{F'}-m\frac{F_4}{F'}\right)-F_4\right]^{1-\beta} \quad (11-9)$$

11.2.2 基金投资链上风险投资机构与成果承载企业间投资契约模型构建

在基金投资链上，政府、民间资本和风险投资机构共同注资形成科技成果转化基金，该基金将委托风险投资机构对成果承载企业进行投资，根据基本假设，成果承载企业和科技成果转化基金的效用函数分别为

$$U_E = R_E - g_E(L) \quad (11-10)$$
$$U_F = R_{F总} - g_{VC}(K) \quad (11-11)$$

其中成果承载企业的收益：

$$R_E = Pk_1R + (1-P)k_1r \quad (11-12)$$

科技成果转化基金的收益：

$$R_{F总} = P(R-k_1R) + (1-P)(r-k_1r) \quad (11-13)$$

则纳什程序的讨价还价博弈模型为

$$\max[U_E - F_1]^{\alpha}[U_F - F']^{1-\alpha}$$
$$=\max[R_E - g_E(L) - F_1]^{\alpha}[R_{F总} - g_{VC}(K) - (F_2+F_3+F_4)]^{1-\alpha}$$
$$=\max[Pk_1R + (1-P)k_1r - g_E(L) - F_1]^{\alpha}[P(R-k_1R)+(1-P)(r-k_1r) \quad (11-14)$$
$$-g_{VC}(K) - (F_2+F_3+F_4)]^{1-\alpha}$$

11.3 政府引导基金链群讨价还价博弈模型的机理关系

根据引导基金募集链与投资链上的讨价还价模型，本节分析基金募集链上募集群的主体最优契约（定理 11.1）及政府对民间资本的驱动（推论 11.1）；投资链上投资群与技术创新群的主体最优契约（定理 11.2）以及他们的努力水平、权益分配及其影响因素（推论 11.2）；不同契约的差异（推论 11.3）；不同链上各群主体的利益共享（定理 11.3 和推论 11.4）。

11.3.1 基金募集链最优契约及政府对民间资本的让利及补偿比例分析

由基本假设和模型可知，在讨价还价双向道德风险研究框架下，存在政府让利及补偿、仅让利和仅补偿三类情形，分别对三类情形的最优契约进行研究形成定理 11.1（1）～定理 11.1（3）。

定理 11.1

（1）在科技成果转化项目成功时政府对民间资本让利，且失败时政府对民间资本补偿的情形 1 下，民间资本和政府的最优契约形式为

$$R_M^* = (1-\beta)F_3 + \beta F_4 + \beta\left\{R_{F总} \times \frac{F_3-F_4}{F'} + 2\left[nP\frac{F_4}{F'}(R-k_1R) + m(1-P)\frac{F_4}{F'}(r-k_1r)\right]\right\}$$

$$= (1-\beta)F_3 + \beta F_4 + \beta\left\{\left[P\left(c\sqrt{LK}+R_\varepsilon\right)(1-k_1) + (1-P)\left(c\sqrt{LK}+r_\varepsilon\right)(1-k_1)\right]\right.$$

$$\left.\times\frac{F_3-F_4}{F'} + \frac{F_4}{F'}\left[2nP\left(c\sqrt{LK}+R_\varepsilon\right)(1-k_1) + 2m(1-P)\left(c\sqrt{LK}+r_\varepsilon\right)(1-k_1)\right]\right\}$$

（11-15）

$$R_G^* = (1-\beta)F_3 + \beta F_4 + (1-\beta)\left\{R_{F总}\frac{F_4-F_3}{F'} - 2\left[nP\frac{F_4}{F'}(R-k_1R) + m(1-P)\frac{F_4}{F'}(r-k_1r)\right]\right\}$$

$$= (1-\beta)F_3 + \beta F_4 + (1-\beta)\left\{\left[P\left(c\sqrt{LK}+R_\varepsilon\right)(1-k_1) + (1-P)\left(c\sqrt{LK}+r_\varepsilon\right)(1-k_1)\right]\right.$$

$$\left.\times\frac{F_4-F_3}{F'} - \frac{F_4}{F'}\left[2nP\left(c\sqrt{LK}+R_\varepsilon\right)(1-k_1) + 2m(1-P)\left(c\sqrt{LK}+r_\varepsilon\right)(1-k_1)\right]\right\}$$

（11-16）

（2）在引导基金模式中政府仅有让利行为的情形 2 最优契约中，民间资本和政府间的最优契约形式为

$$R_M^* = (1-\beta)F_3 + \beta F_4 + \beta\left[R_{F总} \times \frac{F_3-F_4}{F'} + \frac{F_4}{F'}2nP(R-k_1R)\right]$$

$$= (1-\beta)F_3 + \beta F_4 + \beta\left\{\left[P\left(c\sqrt{LK}+R_\varepsilon\right)(1-k_1) + (1-P)\left(c\sqrt{LK}+r_\varepsilon\right)(1-k_1)\right]\right.$$

$$\left.\times\frac{F_3-F_4}{F'} + \frac{F_4}{F'}2nP\left(c\sqrt{LK}+R_\varepsilon\right)(1-k_1)\right\}$$

（11-17）

$$R_G^* = (1-\beta)F_3 + \beta F_4 + (1-\beta)\left[R_{F总} \times \frac{F_4-F_3}{F'} - \frac{F_4}{F'}2nP(R-k_1R)\right]$$

$$= (1-\beta)F_3 + \beta F_4 + (1-\beta)\left\{\left[P\left(c\sqrt{LK}+R_\varepsilon\right)(1-k_1) + (1-P)\left(c\sqrt{LK}+r_\varepsilon\right)(1-k_1)\right]\right.$$

$$\left.\times\frac{F_4-F_3}{F'} - \frac{F_4}{F'}2nP\left(c\sqrt{LK}+R_\varepsilon\right)(1-k_1)\right\}$$

（11-18）

（3）在引导基金模式中政府仅有补偿行为的情形 3 最优契约中，民间资本和政府间的最优契约形式为

$$R_M^* = (1-\beta)F_3 + \beta F_4 + \beta\left[R_{F总} \times \frac{F_3-F_4}{F'} + \frac{F_4}{F'}2m(1-P)(r-k_1r)\right]$$

$$= (1-\beta)F_3 + \beta F_4 + \beta\left\{\left[P\left(c\sqrt{LK}+R_\varepsilon\right)(1-k_1) + (1-P)\left(c\sqrt{LK}+r_\varepsilon\right)(1-k_1)\right]\right.$$

$$\left.\times\frac{F_3-F_4}{F'} + \frac{F_4}{F'}2m(1-P)\left(c\sqrt{LK}+r_\varepsilon\right)(1-k_1)\right\}$$

（11-19）

$$R_{\mathrm{G}}^{*} = (1-\beta)F_3 + \beta F_4 + (1-\beta)\left[R_{\mathrm{F}总} \times \frac{F_4 - F_3}{F'} - \frac{F_4}{F'}2m(1-P)(r - k_1 r)\right]$$

$$= (1-\beta)F_3 + \beta F_4 + (1-\beta)\left\{\left[P\left(c\sqrt{LK} + R_\varepsilon\right)(1-k_1) + (1-P)\left(c\sqrt{LK} + r_\varepsilon\right)\right.\right.$$

$$\left.\left.(1-k_1)\frac{F_4 - F_3}{F'} - \frac{F_4}{F'}2m(1-P)\left(c\sqrt{LK} + r_\varepsilon\right)(1-k_1)\right\}\right.$$

(11-20)

定理 11.1（1）～定理 11.1（3）的相关论据诠释如下。在情形 1 中，求出使得目标函数式（11-3）最大化的最优值 R_{M}^{*}、R_{G}^{*}，便求得讨价还价解；由式（11-1）的一阶条件得，在既有让利也有补偿行为时民间资本和政府间的最优契约形式为式（11-15）和式（11-16）。情形 2、情形 3 与情形 1 的民间资本和政府间的最优契约形式证明一致（不再赘述）。从定理 11.1（1）～定理 11.1（3）可知，在讨价还价双向道德风险框架下，存在政府让利及补偿、仅让利和仅补偿三类情形，分别对三种情形下满足最优契约的让利和补偿比例进行研究，获得推论 11.1（1）～推论 11.1（3）。

推论 11.1 在最优契约中，政府对民间资本的让利与补偿比例及其影响因素如下。

（1）为了满足讨价还价解，在情形 1 的最优契约中，政府对民间资本的让利和补偿比例满足如下关系式：

$$\bar{n} = \frac{(1-\beta)F_3 + \beta F_4}{(1-2\beta)F_4}\left[\frac{F'}{P(R - k_1 R)} - 1\right] - \frac{(1-P)(r - k_1 r)}{P(R - k_1 R)}\left[\frac{(1-\beta)F_3 + \beta F_4}{(1-2\beta)F_4} + \bar{m}\right]$$

$$= \frac{(1-\beta)F_3 + \beta F_4}{(1-2\beta)F_4}\left[\frac{F'}{P\left(c\sqrt{LK} + R_\varepsilon\right)(1-k_1)} - 1\right]$$

$$- \frac{(1-P)\left(c\sqrt{LK} + r_\varepsilon\right)(1-k_1)}{P\left(c\sqrt{LK} + R_\varepsilon\right)(1-k_1)} \times \left[\frac{(1-\beta)F_3 + \beta F_4}{(1-2\beta)F_4} + \bar{m}\right] \quad (11-21)$$

其中，$0 < \bar{n}$，$\bar{m} < 1$，$\frac{\mathrm{d}\bar{n}}{\mathrm{d}\bar{m}} < 0$，即当其他条件不变时，满足最优契约的让利比例 $\bar{n}$ 和补偿比例 $\bar{m}$ 间呈现反向关系。

（2）为了满足讨价还价解，在情形 2 最优契约中，政府对民间资本的最优让利比例为

$$\bar{n} = \frac{\left[(1-\beta)F_3 + \beta F_4\right] \times \left[F' - R_{\mathrm{F}总}\right]}{(1-2\beta)P\left(c\sqrt{LK} + R_\varepsilon\right)(1-k_1)F_4} \quad (11-22)$$

（3）为了满足讨价还价解，在情形 3 的最优契约中，政府对民间资本的最优补偿比例为

$$\bar{m} = \frac{[(1-\beta)F_3 + \beta F_4] \times [F' - R_{F总}]}{(1-2\beta)(1-P)\left(c\sqrt{LK} + r_\varepsilon\right)(1-k_1)F_4} \quad (11\text{-}23)$$

其中,$\bar{n}, \bar{m} \in (0,1)$。

(4) 当基金募集群中政府、民间资本和风险投资机构三者初始投资总额 F' 变化, 且 $(1-\beta)F_2 + 2(1-\beta)F_3 + F_4 < (1-\beta)R_{F总}$ 时, 满足情形 2 和情形 3 最优契约的政府对民间资本最优让利(或补偿)比例受民间资本议价能力的影响, 具体为: ①当 $0 < \beta < \frac{1}{2}$ 时, 政府对民间资本的让利比例 $\bar{n}$ (或补偿比例 $\bar{m}$) 随民间资本的初始投资 F_3 的增加而减少; ②当 $\frac{1}{2} < \beta < 1$ 时, 政府对民间资本的让利比例 $\bar{n}$ (或补偿比例 $\bar{m}$) 随民间资本的初始投资 F_3 的增加而增加。

推论 11.1 诠释如下。①根据推论 11.1(1)可知, 在情形 1 的最优契约中, 政府对民间资本同时进行成功时的让利和失败时的补偿的数量间呈现反向关系。这是由于政府在引导民间资本参与科技成果转化投资的同时, 还需要考虑政府投入的有限性与可持续性[115], 如果让利与补偿同时增大, 将增大政府投入基金的期望损失, 同时缩小将降低政府对民间资本的引导作用, 因此在最优的契约设计中, 政府的让利与补偿数量此消彼长。②根据推论 11.1(2)~推论 11.1(4)可知, 在情形 2 和情形 3 的最优契约中, 政府对民间资本只有成功时让利, 或者只有失败时补偿。若科技成果转化项目总收益条件大于科技成果转化基金募集的初始投资条件时, 当民间资本的议价能力小于政府的议价能力时, 民间资本投资额增高, 政府基于较强的议价能力及引导目标的逐步实现, 将逐步淡化引导力度, 降低让利比例(或补偿比例); 当民间资本的议价能力大于政府议价能力时, 民间资本的投资额增高, 其要求政府提高让利与补偿的比例的话语权随之增高, 政府为鼓励民间资本持续参与科技成果转化投资, 让利比例(或补偿比例)会随着民间资本投资额的增高而增加。

推论 11.1 证明如下。

(1) 在推论 11.1(1)中, 满足最优契约的让利和补偿比例关系式的证明。

基于模型构建情形 1, 可得民间资本的收益为 R_M [式(11-1)], 满足纳什讨价还价契约的民间资本的收益为 R_M^* [式(11-15)], 显然 R_M^* 是 R_M 的特解, 故令 $R_M^* = R_M$, 可得

$$\bar{n} = \frac{(1-\beta)F_3 + \beta F_4}{(1-2\beta)F_4}\left[\frac{F'}{P(R-k_1 R)} - 1\right] - \frac{(1-P)(r-k_1 r)}{P(R-k_1 R)}\left[\frac{(1-\beta)F_3 + \beta F_4}{(1-2\beta)F_4} + \bar{m}\right]$$

由此可知, 上式为满足契约的让利和补偿比例关系式。

(2) 在推论 11.1(1)中 $0 < \bar{n}$, $\bar{m} < 1$ 的证明。

若要使让利比例 $0 < \bar{n}$, $\bar{m} < 1$, 则需

$$0 < \frac{(1-\beta)F_3 + \beta F_4}{(1-2\beta)F_4}\left[\frac{F'}{P(R-k_1R)}-1\right] - \frac{(1-P)(r-k_1r)}{P(R-k_1R)}\left[\frac{(1-\beta)F_3+\beta F_4}{(1-2\beta)F_4}+\overline{m}\right] < 1$$

由此解得

$$\begin{cases} 0<\beta<\dfrac{1}{2} \\ \overline{m} < \dfrac{[(1-\beta)F_3+\beta F_4][F'-R_{F总}]}{(1-2\beta)F_4(1-P)(r-k_1r)} \\ \overline{m} > \dfrac{[(1-\beta)F_3+\beta F_4][F'-R_{F总}]-P(R-k_1R)}{(1-2\beta)F_4(1-P)(r-k_1r)} \end{cases} \quad (11\text{-}24)$$

或

$$\begin{cases} \dfrac{1}{2}<\beta<1 \\ \overline{m} > \dfrac{[(1-\beta)F_3+\beta F_4][F'-R_{F总}]}{(1-2\beta)F_4(1-P)(r-k_1r)} \\ \overline{m} < \dfrac{[(1-\beta)F_3+\beta F_4][F'-R_{F总}]-P(R-k_1R)}{(1-2\beta)F_4(1-P)(r-k_1r)} \end{cases} \quad (11\text{-}25)$$

根据基本假设 11.5 可知，舍去式（11-24）。

当 $\left|[(1-\beta)F_3+\beta F_4][F'-R_{F总}\times\ddot{U}]-P(R-k_1R)\right| < \left|(1-2\beta)F_4(1-P)(r-k_1r)\right|$ 时，在 $0<\overline{m}<1$ 情况下，满足契约的最优让利比例 $\overline{n}$ 和补偿比例 $\overline{m}$ 有解；当 $\left|[(1-\beta)F_3+\beta F_4][F'-R_{F总}\times\ddot{U}]-P(R-k_1R)\right| > \left|(1-2\beta)F_4(1-P)(r-k_1r)\right|$ 时，在 $0<\overline{m}<1$ 情况下，满足契约的最优让利比例 $\overline{n}$ 和补偿比例 $\overline{m}$ 无解。

（3）在推论 11.1（1）中，$\dfrac{\mathrm{d}\overline{n}}{\mathrm{d}\overline{m}}<0$ 的证明。

$$\frac{\mathrm{d}\overline{n}}{\mathrm{d}\overline{m}} = -\frac{(1-P)(r-k_1r)}{P(R-k_1R)} < 0$$

（4）在推论 11.1（2）中，满足最优契约的最优让利比例 $\overline{n}$ 的证明与推论 11.1（1）的证明类似，不再赘述。

（5）在推论 11.1（2）中，$\overline{n} \in (0,1)$ 的证明。

若要使最优让利比例 $\overline{n} \in (0,1)$，则需

$$0 < \frac{[(1-\beta)F_3+\beta F_4][F'-R_{F总}]}{(1-2\beta)P(R-k_1R)F_4} < 1$$

根据基本假设 11.5 可得

在满足 $\begin{cases} \dfrac{1}{2}<\beta<1 \\ [(1-\beta)F_3+\beta F_4][F'-R_{F总}]-(1-2\beta)P(R-k_1R)F_4 > 0 \end{cases}$ 时，

能够保证政府对民间资本的最优让利比例 $\bar{n}$ 有解。

（6）在推论 11.1（2）中，最优让利比例 $\bar{n}$ 和民间资本初始投资 F_3 间的单调性的证明。

$$\frac{\mathrm{d}\bar{n}}{\mathrm{d}F_3} = \frac{[(1-\beta)F_2 + 2(1-\beta)F_3 + F_4] - (1-\beta)R_{F总}}{(1-2\beta)P(R-k_1R)F_4}$$

当 $(1-\beta)F_2 + 2(1-\beta)F_3 + F_4 < (1-\beta)R_{F总}$ 且 $0<\beta<\frac{1}{2}$ 时，$\frac{\mathrm{d}\bar{n}}{\mathrm{d}F_3}<0$；当 $(1-\beta)F_2 + 2(1-\beta)F_3 + F_4 < (1-\beta)R_{F总}$ 且 $\frac{1}{2}<\beta<1$ 时，$\frac{\mathrm{d}\bar{n}}{\mathrm{d}F_3}>0$。

（7）在推论 11.1（3）中即仅有补偿行为的契约下，政府对民间资本的最优补偿比例 $\bar{m}$、$\bar{m}\in(0,1)$ 以及最优补偿比例 $\bar{m}$ 和民间资本初始投资 F_3 间的单调性证明与推论 11.1（2）的证明类似，故不再赘述。

11.3.2 基金投资链最优契约设计、权益分配比例及其影响因素分析

基于式（11-14）给出基金投资链中成果承载企业和风险投资机构的最优努力水平、成果承载企业和科技成果转化基金的最优契约设计、权益分配及其影响因素。

定理 11.2 基于基本假设和模型可知，在讨价还价双向道德风险框架下，成果承载企业和科技成果转化基金间的最优契约为

$$\begin{aligned}R_E^* &= \alpha[PR+(1-P)r] + \alpha(1-\alpha)\left[\frac{g_E(\hat{L})}{\alpha} - \frac{g_{VC}(\hat{K})}{1-\alpha}\right] + (F_1 - \alpha F) \\ &= \alpha\left[P\left(c\sqrt{LK}+R_\varepsilon\right) + (1-P)\left(c\sqrt{LK}+r_\varepsilon\right)\right] \\ &\quad + \alpha(1-\alpha)\left[\frac{g_E(\hat{L})}{\alpha} - \frac{g_{VC}(\hat{K})}{1-\alpha}\right] + \alpha(1-\alpha)\left(\frac{F_1}{\alpha} - \frac{F-F_1}{1-\alpha}\right)\end{aligned} \quad (11\text{-}26)$$

$$\begin{aligned}R_{F总}^* &= (1-\alpha)[PR+(1-P)r] + \alpha(1-\alpha)\left[\frac{g_{VC}(\hat{K})}{1-\alpha} - \frac{g_E(\hat{L})}{\alpha}\right] - (F_1 - \alpha F) \\ &= (1-\alpha)\left[P\left(c\sqrt{LK}+R_\varepsilon\right) + (1-P)\left(c\sqrt{LK}+r_\varepsilon\right)\right] \\ &\quad + \alpha(1-\alpha)\left[\frac{g_{VC}(\hat{K})}{1-\alpha} - \frac{g_E(\hat{L})}{\alpha}\right] - \alpha(1-\alpha)\left(\frac{F_1}{\alpha} - \frac{F-F_1}{1-\alpha}\right)\end{aligned} \quad (11\text{-}27)$$

证明 在任意的努力水平 L 和 K 下，求出使得目标函数 $\max[U_E - F_1]^\alpha [U_F - F']^{1-\alpha}$ 最大化的最优值 R_E^*、$R_{F总}^*$，便求得讨价还价解。由式（11-4）的一阶条件得

$$R_E^* = \alpha[PR+(1-P)r] + \alpha(1-\alpha)\left(\frac{g_E(L)}{\alpha} - \frac{g_{VC}(K)}{1-\alpha}\right) + \alpha(1-\alpha)\left(\frac{F_1}{\alpha} - \frac{F-F_1}{1-\alpha}\right)$$

$$R_{F\text{总}}^* = (1-\alpha)[PR+(1-P)r] + \alpha(1-\alpha)\left(\frac{g_{\text{VC}}(K)}{1-\alpha} - \frac{g_{\text{E}}(L)}{\alpha}\right) + \alpha(1-\alpha)\left(\frac{F_1}{\alpha} - \frac{F-F_1}{1-\alpha}\right)$$

由于成果承载企业和风险投资机构的努力水平不可观测且存在双向道德风险，为解决这一问题，假定签订契约前成果承载企业和风险投资机构会预先约定某一固定的努力水平 $\hat{L}$ 和 $\hat{K}$，则契约中约定的给予成果承载企业和风险投资机构的努力成本补偿为 $g_{\text{E}}(\hat{L}) = \frac{\hat{L}^2}{2\eta}$ 和 $g_{\text{VC}}(\hat{K}) = \frac{\hat{K}^2}{2\theta}$，获得成果承载企业和科技成果转化基金间的契约形式为式（11-26）和式（11-27）。

推论 11.2　基于定理 11.2 在满足成果承载企业和科技成果转化基金间最优契约时，获得成果承载企业和科技成果转化基金（风险投资机构）最优努力水平、权益分配及影响因素结论如下。

（1）基于定理 11.2 满足成果承载企业和科技成果转化基金间最优契约且使各自收益达到最大化的成果承载企业和科技成果转化基金实际的最优努力水平分别为

$$L^* = \frac{c}{2}\left(\theta\eta^3\alpha^3(1-\alpha)\right)^{\frac{1}{4}} \tag{11-28}$$

$$K^* = \left[\frac{c\theta(1-\alpha)}{2}\right]^{\frac{2}{3}}\left[\frac{c}{2}\left(\theta\eta^3\alpha^3(1-\alpha)\right)^{\frac{1}{4}}\right]^{\frac{1}{3}} \tag{11-29}$$

其中，$L^*, K^* \in (0,1)$，且当 $\alpha \in \left(0, \frac{3}{4}\right)$ 时，$\frac{\mathrm{d}L^*}{\mathrm{d}\alpha} > 0$；当 $\alpha \in \left(\frac{3}{4}, 1\right)$ 时，$\frac{\mathrm{d}L^*}{\mathrm{d}\alpha} < 0$。当 $1-\alpha \in \left(0, \frac{3}{4}\right)$ 时，$\frac{\mathrm{d}K^*}{\mathrm{d}(1-\alpha)} > 0$；当 $1-\alpha \in \left(\frac{3}{4}, 1\right)$ 时，$\frac{\mathrm{d}K^*}{\mathrm{d}(1-\alpha)} < 0$。

（2）根据定理 11.2 和推论 11.2 满足成果承载企业和科技成果转化基金间最优契约的成果承载企业的权益分配比例为

$$\begin{aligned}\bar{k}_1 &= \frac{\alpha[PR+(1-P)r] - \alpha g_{\text{VC}}(\hat{K}) + (1-\alpha)g_{\text{E}}(\hat{L}) + F_1 - \alpha F}{PR+(1-P)r} \\ &= \alpha + \frac{\alpha(1-\alpha)\left[\dfrac{g_{\text{E}}(\hat{L})}{\alpha} - \dfrac{g_{\text{VC}}(\hat{K})}{1-\alpha}\right] + F_1 - \alpha F}{P\left(c\sqrt{LK} + R_\varepsilon\right) + (1-P)\left(c\sqrt{LK} + r_\varepsilon\right)}\end{aligned} \tag{11-30}$$

其中，$0 < \bar{k}_1 < 1$，且当 $F + g_{\text{E}}(\hat{L}) + g_{\text{VC}}(\hat{K}) < PR_\varepsilon + (1-P)r_\varepsilon$，$\frac{\mathrm{d}\bar{k}_1}{\mathrm{d}\alpha} > 0$。当 $F + g_{\text{E}}(\hat{L}) + g_{\text{VC}}(\hat{K}) > PR_\varepsilon + (1-P)r_\varepsilon$ 情形下，有

$$L > \frac{1}{c^2 K}\left(F - [PR_\varepsilon + (1-P)r_\varepsilon] + g_{\text{E}}(\hat{L}) + g_{\text{VC}}(\hat{K})\right)^2 \text{时，} \frac{\mathrm{d}\bar{k}_1}{\mathrm{d}\alpha} > 0;$$

$$L < \frac{1}{c^2 K}\left(F - [PR_\varepsilon + (1-P)r_\varepsilon] + g_E(\hat{L}) + g_{VC}(\hat{K})\right)^2 \text{ 时, } \frac{d\overline{k_1}}{d\alpha} < 0 \text{。}$$

推论 11.2 诠释如下。①由推论 11.2（1）可知，无论是风险投资机构还是成果承载企业，当议价能力未达到压倒性阈值时，双方都会积极付出努力以达成良好的投资结果，但当议价能力超过压倒性阈值时，其努力水平就会迅速衰减。这是由于当议价能力未达到压倒性阈值时，参与主体的议价能力会受到对方议价能力的制约，因此参与双方都会付出积极努力以使科技成果转化项目达到良好的投资效果，但是当其中一方的议价能力超过压倒性阈值时，会使得另一方的话语权过小不足以制衡对方的努力水平，因此会出现努力水平衰减的现象。②由推论 11.2（2）可知，当期望产出大于约定投入时，最优契约中成果承载企业的权益分配受其议价能力的影响，议价能力越大，权益分配越高。当期望产出小于约定投入时，只有成果承载企业的努力水平较高时，其议价能力才能使其获得更多的权益分配。

推论 11.2 证明如下。

（1）成果承载企业和科技成果转化基金（风险投资机构）的实际最优努力水平的证明。

将成果承载企业和科技成果转化基金在最优契约下的收益 R_E^* [式（11-10）] 和 R_F^* [式（11-11）]，代入各自的效用函数，可得成果承载企业和科技成果转化基金的净效用函数分别为

$$S_E = U_E - F_1$$
$$= \alpha\left[P\left(c\sqrt{LK} + R_\varepsilon\right) + (1-P)\left(c\sqrt{LK} + r_\varepsilon\right)\right] + (1-\alpha)g_E(\hat{L}) - \alpha g_{VC}(\hat{K}) - \alpha F - \frac{L^2}{2\eta} \quad (11\text{-}31)$$

$$S_F = U_F = F'$$
$$= (1-\alpha)\left[P\left(c\sqrt{LK} + R_\varepsilon\right) + (1-P)\left(c\sqrt{LK} + r_\varepsilon\right)\right] - (1-\alpha)g_E(\hat{L}) \quad (11\text{-}32)$$
$$+ \alpha g_{VC}(\hat{K}) + \alpha F - F - \frac{K^2}{2\theta}$$

为求得实际的最优努力水平 L^* 和 K^*，需要对成果承载企业和科技成果转化基金的净效用函数分别关于努力水平 L 和 K 求一阶偏导。

$$\frac{\partial S_E}{\partial L} = \alpha P \frac{c}{2}\sqrt{\frac{K}{L}} + \alpha(1-P)\frac{c}{2}\sqrt{\frac{K}{L}} - \frac{L}{\eta} = 0 \quad (11\text{-}33)$$

$$\frac{\partial S_F}{\partial K} = (1-\alpha)P\frac{c}{2}\sqrt{\frac{L}{K}} + (1-\alpha)(1-P)\frac{c}{2}\sqrt{\frac{L}{K}} - \frac{K}{\theta} = 0 \quad (11\text{-}34)$$

联立式（11-33）和式（11-34）得到最优努力水平 L^* 和 K^*，另根据假设容易求得 $L^*, K^* \in (0,1)$。

（2）成果承载企业和风险投资机构的最优努力水平 L^* 和 K^* 关于各自议价能力的单调性的证明。

$$\frac{dL^*}{d\alpha} = \frac{c}{8}\left[\theta\eta^3\alpha^3(1-\alpha)\right]^{-\frac{3}{4}}\theta\eta^3\left(3\alpha^2 - 4\alpha^3\right)$$

风险投资机构的最优努力水平 K^* 关于其议价能力的单调性证明类似，不再赘述。

（3）满足最优契约的成果承载企业权益分配比例 $\overline{k}_1$ 的证明。

基于模型构建可得成果承载企业的收益为 R_E [式（11-12）]，而满足纳什讨价还价契约的成果承载企业的收益为 R_E^* [式（11-26）]，显然 R_E^* 是 R_E 的特解，故可令 $R_E^* = R_E$，可得

$$\overline{k}_1 = \alpha + \frac{\alpha(1-\alpha)\left[g_E(\hat{L}) - g_{VC}(\hat{K})\right] + F_1 - \alpha F}{P\left(c\sqrt{LK} + R_\varepsilon\right) + (1-P)\left(c\sqrt{LK} + r_\varepsilon\right)}$$

由此知，$\overline{k}_1$ 为满足最优契约的权益分配比例。

（4）成果承载企业的权益分配比例 $\overline{k}_1 \in (0,1)$ 的证明。

若要使成果承载企业的权益分配比例 $\overline{k}_1$ 满足 $\overline{k}_1 \in (0,1)$，则需

$$\begin{cases} \alpha[PR + (1-P)r] - \alpha g_{VC}(\hat{K})F + (1-\alpha)g_E(\hat{L}) - \alpha F + F_1 > 0 \\ \alpha[PR + (1-P)r] - \alpha g_{VC}(\hat{K})F + (1-\alpha)g_E(\hat{L}) - \alpha F + F_1 - [PR + (1-P)r] < 0 \end{cases}$$

由此解得

$$\frac{g_E(\hat{L}) + F_1}{F + g_E(\hat{L}) + g_{VC}(\hat{K}) - PR - (1-P)r} < \alpha < \frac{PR + (1-P)r - g_E(\hat{L}) - F_1}{PR + (1-P)r - F - g_E(\hat{L}) - g_{VC}(\hat{K})}$$

（11-35）

根据假设容易求得

$$\begin{cases} \dfrac{g_E(\hat{L}) + F_1}{F + g_E(\hat{L}) + g_{VC}(\hat{K}) - PR - (1-P)r} < 0 \\ \dfrac{PR + (1-P)r - g_E(\hat{L}) - F_1}{PR + (1-P)r - F - g_E(\hat{L}) - g_{VC}(\hat{K})} > 1 \end{cases}$$

因此，$0 < \alpha < 1$ 能够保障成果承载企业的权益分配比例有解。

（5）成果承载企业的权益分配比例 $\overline{k}_1$ 关于议价能力及努力水平的单调性的证明。

根据基本假设 11.5 可得

$$\frac{d\overline{k}_1}{d\alpha} = 1 - \frac{g_E(\hat{L}) + g_{VC}(\hat{K}) + F}{c\sqrt{LK} + PR_\varepsilon + (1-P)r_\varepsilon}$$

化简可得结论，证毕。

11.3.3 基金募集链和基金投资链上最优契约的差异分析

在引导基金的募集链和投资链上，参与主体诉求的差异，导致最优契约中政府、民间资本、成果承载企业和风投资机构的收益形式有较大区别。

推论 11.3

（1）在基金募集链上政府和民间资本的最优契约中，双方的收益差异体现在议价能力倍数上：一是比对方多出的由初始投资比例确定的收益，二是政府引导行为导致的可转移的期望收益。

（2）在基金投资链上成果承载企业和科技成果转化基金最优契约中，双方的收益差异体现在单位议价能力上：一是初始投资的差异，二是按约定比对方多出的努力成本。

推论 11.3 证明如下。

根据定理 11.1（1）所得到的基金募集链上政府给民间资本同时让利与补偿情形，以及定理 11.2 基金投资链上成果承载企业和科技成果转化基金间的最优契约形式[式（11-15）、式（11-16）与式（11-26）、式（11-27）]，可知不同链上最优契约的核心要素及其差异，见表 11-1。其中，在式 $Pn\dfrac{F_4}{F'}(R-k_1R)+(1-P)\dfrac{F_4}{F'}m\times(r-k_1r)$ 中，$\dfrac{F_4}{F'}(R-k_1R)$ 和 $\dfrac{F_4}{F'}m(r-k_1r)$ 分别为政府在科技成果转化项目成功和失败时获得的收益，n 和 m 分别为科技成果转化项目成功和失败时的让利与补偿水平，P 和 $1-P$ 分别为科技成果转化项目成功和失败时的概率，由此可知，$Pn\dfrac{F_4}{F'}\times(R-k_1R)+(1-P)\dfrac{F_4}{F'}m(r-k_1r)$ 为政府引导行为导致的可转移的期望收益。产生以上结果的原因在于民间资本和政府都是单纯的投资人，投资人更注重可获得的收益：一是初始投资比例决定的应获得收益的差异，二是政府给民间资本转移的收益。成果承载企业和科技成果转化基金对科技成果转化项目的成功付出了资金，也付出了努力，是企业价值的共创者，因此双方在最优契约中既注重投入资金的差异，也注重所约定的努力成本的差异。

表 11-1 契约核心要素项差异对应表

募集链	议价能力倍数下的初始投资比例差异决定的固定收益	议价能力倍数下的政府引导行为导致可转移的期望收益
民间资本	$\beta R_{F总}\left(\dfrac{F_3-F_4}{F'}\right)$	$\beta\left[Pn\dfrac{F_4}{F'}(R-k_1R)+(1-P)m\dfrac{F_4}{F'}(r-k_1r)\right]$
政府	$(1-\beta)R_{F总}\left(\dfrac{F_4-F_3}{F'}\right)$	$-(1-\beta)\left[Pn\dfrac{F_4}{F'}(R-k_1R)+(1-P)m\dfrac{F_4}{F'}(r-k_1r)\right]$
投资链	单位议价能力的初始投资差异	单位议价能力上按约定比对方多付出的努力成本

续表

募集链	议价能力倍数下的初始投资比例差异决定的固定收益	议价能力倍数下的政府引导行为导致可转移的期望收益
成果承载企业	$\dfrac{F_1}{\alpha} - \dfrac{F-F_1}{1-\alpha}$	$\dfrac{g_E(\hat{L})}{\alpha} - \dfrac{g_{VC}(\hat{K})}{1-\alpha}$
科技成果转化基金（风险投资机构）	$\dfrac{F-F_1}{1-\alpha} - \dfrac{F_1}{\alpha}$	$\dfrac{g_{VC}(\hat{K})}{1-\alpha} - \dfrac{g_E(\hat{L})}{\alpha}$

募集群主体更关注可获得收益，因此会不遗余力地讨价还价来获得较多收益，需要特别注意的是政府与民间资本不同，政府为了实现引导目的，通过议价确定了较多应获得收益，相应的也需要给予民间资本较多的可转移的期望收益。成果承载企业和科技成果转化基金注重努力成本的差异，议价本身也需要耗费精力、耐力等成本，议价能力是这些成本共同作用的结果[110, 115]。因此，成果承载企业和科技成果转化基金的最优契约中，比较的是每单位议价能力上投入的成本和资金的差异，具体如表11-1所示。

11.3.4 基金募集群、基金投资群与技术创新群间的价值共创利益分享

定理11.3 基金募集群、基金投资群和技术创新群间存在如下关系。

根据基金募集群的主体间有限合伙人和普通合伙人关系，可得风险投资机构的效用函数为

$$R_{VC} = R_F - R_M - R_G$$
$$= P(1-k_1)R\frac{F_2}{F'} + (1-P)(1-k_1)r\frac{F_2}{F'}$$

则有

$$\begin{aligned}R_{F总} &= R_E + R_F \\ &= R_E + R_{VC} + R_G + R_M \\ &= \left[pk_1R + (1-P)k_1r\right] + \left[p(1-k_1)R\frac{F_2}{F'} + (1-P)(1-k_1)r\frac{F_2}{F'}\right] \\ &\quad + \left[p(1-k_1)R\left(\frac{F_3}{F'} + n\frac{F_4}{F'}\right)\right] + \left[(1-P)(1-k_1)r\left(\frac{F_3}{F'} + m\frac{F_4}{F'}\right)\right] \\ &\quad + \left[p(1-k_1)R\left(\frac{F_4}{F'} - n\frac{F_4}{F'}\right)\right] \\ R_{F总} &= R_E + R_F + (1-P)(1-k_1)r\left(\frac{F_4}{F'} - m\frac{F_4}{F'}\right) \\ &= pR + (1-p)r \\ &= p\left(c\sqrt{LK} + R_\varepsilon\right) + (1-p)\left(c\sqrt{LK} + r_\varepsilon\right)\end{aligned} \quad (11\text{-}36)$$

定理 11.3 说明，由于基金募集群的投资主体提供资金支持，技术创新群和基金投资群主体共同对整个科技成果转化项目的成功付出努力，因此在最优契约中，这些主体根据其投入、产出和激励等，共享由成果承载企业和风险投资机构努力水平 L 和 K 以及多元参与主体资金投入 F_1、F_2、F_3 和 F_4 共创的成果转化创新收益。

推论 11.4 在链群视角下的最优契约中，参与引导基金募集与投资的民间资本、政府、成果承载企业和风险投资机构各自分享的科技成果转化创新收益关系为 $R_M > R_G > R_{VC}$，且 $R_E > R_{VC}$，表明民间资本获得最多收益，风险投资机构获得最低收益。

推论 11.4 证明如下。

在成果承载企业和基金管理机构（风险投资机构）努力水平 L 和 K 下，根据基金募集群的主体出资比例 $\left(\dfrac{F_3}{F'} > \dfrac{F_4}{F'} > \dfrac{F_2}{F'}\right)$、让利比例（$+n$、$-n$）和补偿比例（$+m$、$-m$）的关系，可得：$R_M - R_G > 0$，$R_M - R_{VC} > 0$ 且 $R_G - R_{VC} > 0$。则可知基金募集群的主体依次获得收益的关系为 $R_M > R_G > R_{VC}$，表明民间资本所得收益最多，其次为政府所得收益，最后为风险投资机构所得收益。

科技成果转化创新收益，在成果转化创新实践参与群的主体成果承载企业和科技成果转化基金间，基于各自的权益分配比例 k_1 和 $1-k_1$ 进行分配。成果承载企业和科技成果转化基金实际是由民间资本、政府和风险投资机构等基金募集群的主体构成，故根据 $k_1 < 1-k_1$ 的关系可知，科技成果转化基金所得收益大于成果承载企业所得收益（$R_{F总} > R_E$）。同时，考虑风险投资机构可同时管理多只基金，对于受托管理某一只基金出资比例 $\dfrac{F_2}{F'}$ 较小，可得成果承载企业所得收益大于风险投资机构所得收益（$R_E > R_{VC}$）。

11.4　政府引导基金支持科技成果转化的实现策略

11.4.1　参数取值

首先，根据相关文献资料[110, 115]，对参数 $\{\eta, \theta, c, \beta, R_\varepsilon, r_\varepsilon, \hat{L}, \hat{K}\}$ 进行取值，具体见表 11-2。各参数值的选取如下，成果承载企业的努力效率系数 θ 为 1，风险投资机构的努力效率系数 η 为 1，双方努力的合作互补系数 c 为 1 以及自然状态下科技成果转化项目成功时的收益 R_ε 为 1.1，自然状态下科技成果转化项目失败时的收益 r_ε 为 0.1，基金募集群契约中预先约定的成果承载企业和风险投资机构的固定努力水平 $\hat{L}$ 和 $\hat{K}$ 均为 0.25，双方的实际努力水平 L 和 K 分别为 0.4 和 0.3。选取投资成功的先验概率 P 为 0.8，成果承载企业的权益分配比例 k_1 为 0.2[110]，初始总投资 F 为 1 以及民间资本的议价能力 β 为 0.68。

表 11-2 数值模拟测算诠释中的参数取值

参数	η	θ	c	$\hat{L}$	$\hat{K}$	F	P	k_1	β
取值/取值范围	1	1	1	0.25	0.25	1	0.8	0.2	0.68
参数	R_ε	r_ε	L	K	F_1/F	F_2/F'	F_3/F'	F_4/F'	
取值/取值范围	1.1	0.1	0.4	0.3	(0%,1%)	(1%,15%)	(65%,80%)	(20%,30%)	

其次，根据相关案例分析，对参数 $\{F_1, F_2, F_3, F_4\}$ 进行取值。参照中关村创业投资引导基金、深创投合作政府引导基金和云南省科技成果转化与创业投资基金等相关政府引导基金中各参与主体的出资情况以及在创业初期创业企业虽能提出具有吸引力的创业项目，但通常缺乏自有资金这一情况，本节选取成果承载企业的初始投入在总投入中的占比 $\dfrac{F_1}{F}$ 为(0%, 1%)，风险投资机构的初始投入在总投入中的占比 $\dfrac{F_2}{F'}$ 为(1%, 15%)，民间资本的初始投入在总投入中的占比 $\dfrac{F_3}{F'}$ 为(65%, 80%)，以及政府引导基金的初始投入在总投入中的占比 $\dfrac{F_4}{F'}$ 为(20%, 30%)。

11.4.2 数值模拟效应与策略

1. 让利比例与补偿比例的关系

在其他条件不变时满足民间资本和政府间契约的最优补偿比例与最优让利比例间存在着反向关系，如图 11-3 所示。当 $\bar{m}$ 一定时，政府对民间资本在科技成果转化项目成功时给予的收益让利比例 $\bar{n}$ 随民间资本初始投资 F_3 的增加而降低；当 $\bar{n}$

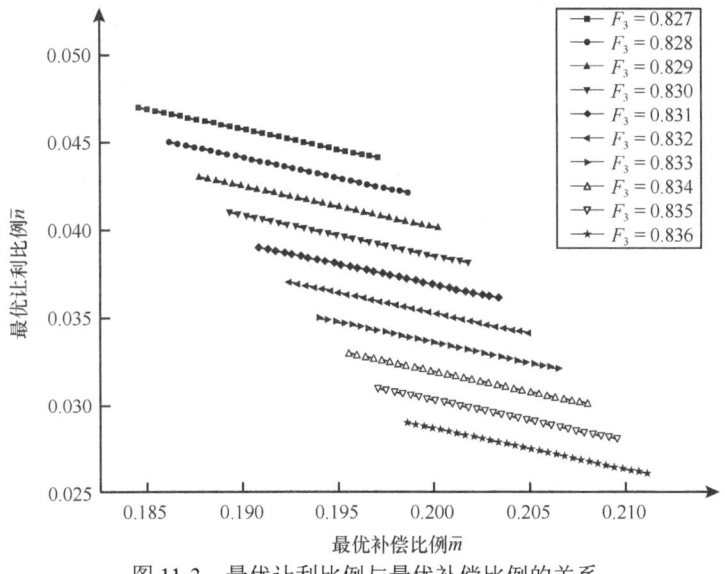

图 11-3 最优让利比例与最优补偿比例的关系

一定时,政府对民间资本在科技成果转化项目失败时给予的补偿比例 $\overline{m}$ 随民间资本初始投资 F_3 的增加而降低。这意味着无论是补偿还是让利只能起激励作用,此时在最优契约中政府另一种激励措施相应的减少。这是对推论 11.1(1)的进一步验证。

2. 最优努力水平与议价能力的关系

基金投资群中的创新创业基金(风险投资机构)和科技成果转化创新群中的创业企业(成果承载企业)二者的最优努力水平均是在议价能力达到临界点 0.75 后开始下降的,如图 11-4 所示,在此临界点前二者的最优努力水平均是随议价能力的提高而提高。因此,在设计引导基金下的基金投资群和科技成果转化创新群间契约时,由于双向道德风险的存在,成果转化企业和科技成果转化基金(风险投资机构)的议价能力需势力均衡,才能保证双方较高的努力水平,这与推论 11.2(1)一致。

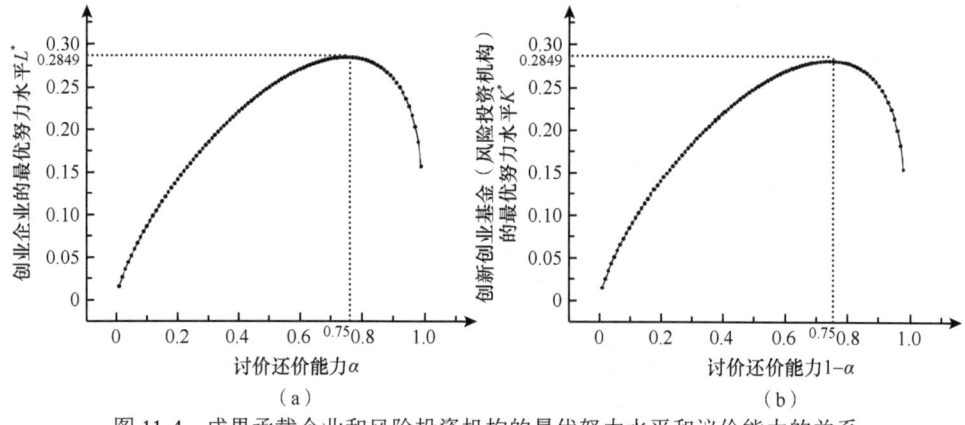

图 11-4 成果承载企业和风险投资机构的最优努力水平和议价能力的关系

3. 最优契约中的成果主导企业的权益分配比例、议价能力与努力水平间的关系分析

根据参数取值表 11-2,可知存在 $F + g_E(\hat{L}) + g_{VC}(\hat{K}) > PR_\varepsilon + (1-P)r_\varepsilon$,此时如图 11-5(a)所示,当成果承载企业努力水平 L 较大时,最优契约的成果承载企业的权益分配比例 $\overline{k_1}$ 随其议价能力 α 的增加而增加;当成果承载企业努力水平 L 较小时,成果承载企业的权益分配比例 $\overline{k_1}$ 随其议价能力 α 的增加而降低。这是对推论 11.2(2)的验证。

在图 11-5(b)中,平行与纵轴的曲面刻画了使最优契约中成果承载企业的收益达到最大值的最优努力水平 L^* 与议价能力 α 的关系,也就是图 11-4(a)会与图 11-5(a)的曲面相交,说明存在使成果承载企业收益最大化的最优努力水平 L^*,可实现最优权益分配比例 $\overline{k_1}$。

(a)

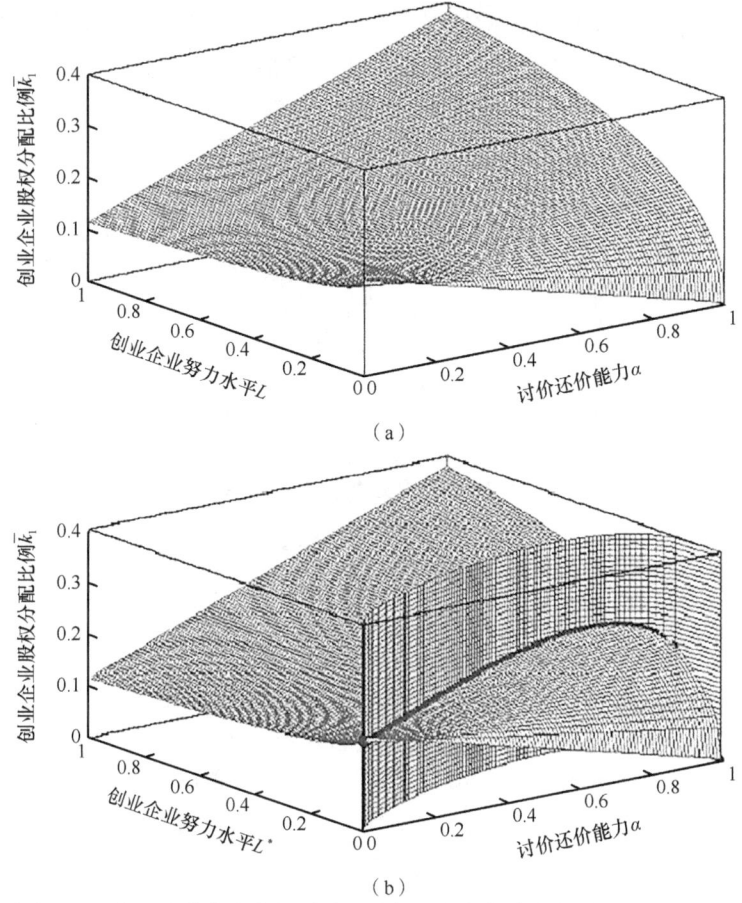

(b)

图 11-5 成果承载企业的权益分配比例、议价能力与努力水平间的关系
与水平面垂直的曲面为创业企业最优努力水平，与之相交的另一曲面为创业企业股权分配比例

4. 链群参与主体间价值共创利益分享策略

在成果承载企业和风险投资机构的努力下，创新收益不断提高，而且在初期时双方的单位努力带来的收益的增值速度更快，如图 11-6 所示。为了解析科技成果转化项目创新收益的分配情况，在给定成果承载企业和基金管理机构（风险投资机构）的努力水平 L 为 0.9384 和 K 为 0.5258，以及多元主体资金投入的情形下，可测算被投资科技成果转化项目的创新总收益 $R_{F总}$ 为 1.6024。在政府对民间资本既有成功时让利，又有失败时补偿的情形下，根据基金募集群的主体投入资金比例，民间资本、政府和风险投资机构获得收益分别为 $R_M=1.04$、$R_G=0.2226$ 和 $R_{VC}=0.0192$，科技成果转化创新群的主体获得收益 R_E 为 0.3205，表明基金募集群、基金投资群以及科技成果转化创新群各主体共同分享创新总收益。其中，$R_M>R_E>R_G>R_{VC}$，给出各主体最终收益的从大到小排序分别为民间资本、成果承载企业、政府和风险投资机构。民间资本出资最多，且获得政府的让利和补偿，获得最多收益；成果承载企业虽然出资最少，但却是创新价值创造的核心力量，

将获得次多收益；风险投资机构的努力水平不如成果承载企业，而且出资比例远小于民间资本和政府，获得最低的收益，该结果是对推论 11.4 的进一步验证。

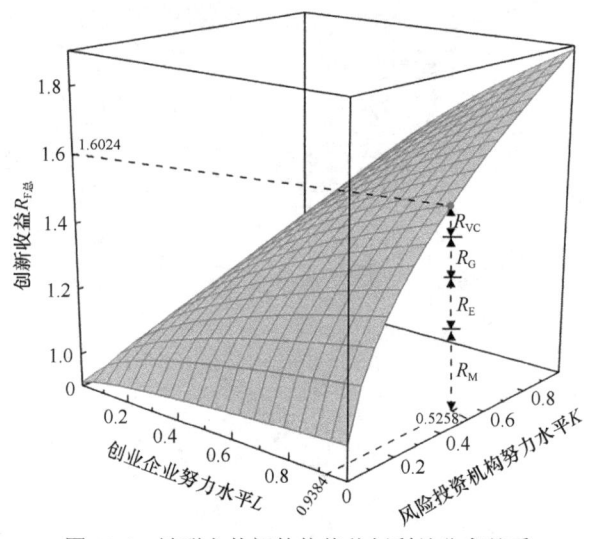

图 11-6　链群主体间的价值共创利益分享关系

政府引导基金是科技成果转化创新实践的重要资金来源。该基金不仅取决于基金募集和投资流程联结的集群结构，而且取决于创新资金需求主体、多元投资主体间通过信用流动和货币循环相互作用、相互依存形成的动态平衡系统。本节构建了基金募集链和基金投资链的相互衔接的讨价还价博弈模型，通过逻辑推理获得了最优解析解并进行参数模拟测算得到了如下几点结论。①在基金募集链上政府和民间资本的最优契约中，双方收益差异体现在议价能力倍数上。一是比对方多出的由初始投资比例确定的收益，二是政府引导行为导致的可转移的期望收益，这表明募集群的主体更关注可获得收益，政府为了实现引导目的，通过议价确定较多应获得收益，同时给予民间资本较多的可转移的期望收益。②在基金投资链上成果承载企业和科技成果转化基金的最优契约中，双方收益差异体现在单位议价能力上，一是初始投资的差异，二是按约定比对方多出的努力成本，这表明成果承载企业和科技成果转化基金比较的是每单位议价能力上投入的成本和资金的差异。③在链群视角下的最优契约中，参与引导基金募集与投资的民间资本、政府、成果承载企业和风险投资机构基于其出资比例、让利和补偿比例以及权益分配比例共享转化成果收益，最终收益从大到小排序分别为民间资本、成果承载企业、政府和风险投资机构。民间资本出资最多，且获得政府的让利和补偿，获得最多收益；承载企业虽然出资最少，但却是成果转化的承载体和价值创造的核心力量，将获得次多收益；风险投资机构的努力水平不如承载企业，而且出资比例也远小于民间资本和政府，获得最低的收益。以上发现为引导基金、民间资本、成果承载企业及风险投资机构合作共赢策略的制定提供了理论依据。

第 12 章　政府引导实现关键技术成功转化的政策激励保障

12.1　高校支撑颠覆性技术创新发展的建议

习近平总书记在党的十九大报告中指出要"加强应用基础研究，拓展实施国家重大科技项目，突出关键共性技术、前沿引领技术、现代工程技术、颠覆性技术创新"[①]。我国高校作为基础研究的生力军与国家创新体系的基石，在落实党的十九大精神支撑颠覆性技术创新发展方面责无旁贷。

2018 年 4 月的"中兴事件"凸显了我国信息与通信技术（information and communication technology，ICT）行业核心技术受制于人的局面。在 ICT 行业高端逻辑芯片与操作系统等技术领域，我国存在被《瓦森纳协定》"卡脖子"的问题。

12.1.1　颠覆性技术创新的概念

颠覆性创新最先由美国管理学家 Christensen（克里斯滕森）教授于 1997 年提出，它是指开发出初始性能较差（依据主流市场性能标准），但具有新特性优势的技术或产品，这些技术或产品以较低的价格从非主流市场切入，并通过不断改进性能指标实现侵蚀主流市场的过程。后经其他学者的发展，又将颠覆性创新划分为颠覆性技术创新与颠覆性商业模式创新。颠覆性技术创新侧重于技术层面的颠覆，颠覆性商业模式创新侧重于价值传递方式的颠覆。颠覆性技术创新与颠覆性商业模式创新相比，其不可模仿性与不可替代性更高，更有利于我国企业竞争优势的提升，因此我们将颠覆性技术创新作为研究重点。

原始性创新则是指前所未有的重大科学发现、技术发明、原理性主导技术等创新成果，其实现难度和研发投入远远高于颠覆性创新。颠覆性技术创新是后发企业从非主流市场向主流市场渗透的技术发展战略，其技术并不一定是全新的，因此颠覆性技术创新比较适合技术资源较为匮乏的后发国家或后发企业。我国作为世界上最大的发展中国家，更需要通过颠覆性技术创新充分发挥后发优势。虽然我国高校科技创新面临着颠覆性技术创新的巨大机遇，但在开展颠覆性技术创新时也面临着一些挑战。

---

① 引自 2017 年 10 月 28 日《人民日报》第 1 版的文章：《决胜全面建成小康社会　夺取新时代中国特色社会主义伟大胜利》。

12.1.2 高校落实颠覆性技术创新面临的挑战

(1) 高校学科壁垒制约多学科科技成果的综合集成。颠覆性技术创新需要对现有技术进行高水平的系统集成，而集成创新的特点就在于对已经存在的科学与技术组件进行创造性的重组和集成，从而产生全新的科技成果。然而，高校目前条块分割的科研管理体制和以个人为中心的科研评价体系，导致各学科科技成果整合共享与交叉程度较低，难以打破学科壁垒，不利于高校通过集成创新开展颠覆性技术创新。

(2) 高校支撑中小企业颠覆性技术创新发展的深度互动机制不畅。目前虽然有支持高校科研人员离岗创业的政策，但是对高校科研人员到中小企业兼职开展科技创新活动的相关内容尚未建立有效的分类评价机制。我国中小企业资金和技术积累普遍不足，在目前的就业文化下对高校优秀科技人才的吸引力不足，因此很难达到颠覆性技术创新的条件要求。我国高校支撑中小企业颠覆性技术创新发展的深度互动机制不畅，不利于科学家与企业家协同发挥颠覆性技术创新主体作用。

(3) 高校缺乏市场敏感性，对颠覆性技术创新发展的前瞻性预判不足。颠覆性技术创新一般从非主流市场切入，企业处于市场最前沿，对市场需求认知比较全面。例如，成立于2003年的特斯拉公司，该公司基于对精英阶层环保和时尚需求的敏锐察觉，开发出了高端电动跑车，引领全球电动汽车产业，侵蚀传统燃油汽车市场。高校则处于基础研究的前沿，对市场动态关注不够，因此缺乏市场敏感性，导致对颠覆性技术创新发展的前瞻性科学预判不足，难以针对颠覆性技术创新预先开展应用基础研究。

12.1.3 高校参与颠覆性技术创新发展的建议

(1) 鼓励高校搭建科技成果学科交叉创新平台，打破学科壁垒，促进不同学科科技成果的集成创新。建议教育部尽快制定落实《关于深化项目评审、人才评价、机构评估改革的意见》的细则，深化高校科研体制改革。鼓励高校搭建科技成果学科交叉创新平台，通过实施研究所（院、基地、中心）、团队、项目群、个人等多主体的考核办法打破学科壁垒，促使科研人员利用各种信息技术、管理技术与工具，对现有的不同学科的科技成果进行选择、优化和系统集成，促进颠覆性科技成果的产生。

(2) 鼓励高校加强分类评价的执行力，健全高校与中小企业的深层互动机制。通过创新科研评价考核机制，鼓励高校优秀科研人员到中小科技企业开展颠覆性技术研发合作，提高中小科技企业的科研实力，促进中小科技企业充分发挥我国一流创新人才的人力资本优势探索颠覆性技术前沿，降低国家科技投入的试错成本。高校加强与中小科技企业的深层互动，培养既擅长科学研究又熟悉市场技术需求的"桥接科学家"队伍作为学术界与产业界的桥梁，不仅可以提高高校科技成果转化与转移效率，而且能够促进科学家与企业家协同发挥颠覆性技术创新主体作用。

（3）建议教育部联合科技部、中国科学院设立颠覆性技术创新重大专项，实施预判研究、技术开发与市场推广。专项申请要求高校与企业联合申请，并且借鉴美国的先进技术开发项目（advanced technology program，ATP），要求企业必须配套至少占投入资金50%的研发资金。首先，发挥高校多学科的基础研究优势开展颠覆性技术创新的科学预判与应用基础研究；其次，由企业基于市场调研提出技术需求与开发重点；再次，产学研合作开发颠覆性技术，利用高校的应用基础研究成果为颠覆性创新技术搜索提供"地图"指导，提高颠覆性创新技术开发的成功率；最后，由企业进行市场应用推广，创造多学科交叉、多主体合作创新的新业态。

12.2 落实"一带一路"科技创新行动计划的建议

2017年5月14日，国家主席习近平在"一带一路"国际合作高峰论坛中提出，"愿同各国加强创新合作，启动'一带一路'科技创新行动计划，开展科技人文交流、共建联合实验室、科技园区合作、技术转移4项行动""将'一带一路'建成创新之路"[①]。科技创新合作是在"一带一路"倡议大背景下，显著提升共建各国之间在重点领域交流合作能力与水平的"推进剂"。教育部战略研究基地之一的西安交通大学中国管理问题研究中心副研究员张旭、教授郭菊娥等提出，明确"一带一路"建设面对的主要问题，探索促进科技创新合作的制度安排和政策规划，是落实行动计划的关键所在。

12.2.1 推动"一带一路"面对的主要问题

（1）经济水平、受教育程度、民族习俗、宗教文化和制度差异导致合作双方对合作的认知偏差、误解与抵触。政府部门和企业对共建国家的国情和民情了解不够，曾出现过某些项目"走不出去"、出去后"落不了地"、落地后"成不了事"的情况。

（2）合作双方信息不对称、供需对接不精准。多数共建国家教育、科研、经

---

① 《习近平出席"一带一路"国际合作高峰论坛开幕式并发表主旨演讲》，https://www.chinacourt.org/article/detail/2017/05/id/2860376.shtml，2017年5月14日。

济社会发展水平很低,难以开展高精尖科技合作。例如,在南亚、东南亚、中亚地区,最迫切需求和最能够及时落地见到成效的技术是实用的通用适用技术;南亚地区更需要抗虫害农作物的培育技术和低损耗的食品加工技术等。

(3)科技创新行动的顶层设计和统筹规划不明确。"一带一路"科技创新行动计划的人才培养、项目设立、平台建设和组织对接等工作没有形成整体性统筹协调的局面,各部门、各单位面对"一带一路"建设工作出现自发无序、一拥而上的现象,往往没有规划就先占住位置,担心失去机会,这不利于"一带一路"倡议的整体推进,也会令共建国家的对接部门无所适从、难以应对,甚至造成反感抵触的负面影响。

12.2.2 落实"一带一路"科技创新行动计划的政策建议

(1)建议教育部和科技部等相关部委统一制定部署"一带一路"科技创新行动计划的中长期落实战略,坚持问题导向、需求导向,通过顶层设计和统筹规划,确保政产学研模式以团队、项目和平台为载体,实现高质量高效率的协同发力。

"一带一路"共建国家在经济水平、科学研究、文化风俗等方面的差异性决定了"一带一路"科技创新合作的落实必须按照"政府引导,各高校有序前行"的指导思想,由教育部和科技部等主管部门统一协调,开展顶层设计和统筹规划,做出整体安排,理清不同区域、不同国家的需求特征,明确国内高校、企业和研究院所的优势特长,强调政府部门在对接过程中的组织者、协调者和服务者定位,以长期发展、循序渐进、潜移默化为原则,以人才培养、项目设立、平台建设和组织对接为载体,分阶段、分重点地安排政府部门、高校、企业和研究院所,有层次、有计划地与共建国家开展科技创新合作,确保政产学研多个主体能够互相配合、高质量高效率地协同发力。

(2)以科技人文交流为先手,根据共建国家特色,优先安排有优势和特色的相关高校牵头,实施针对性的对接计划,为共建国家友好往来奠定民心基础。

优化各国科教系统的内在互联互通便利机制,通过高校教育合作和科技人员培训等,培育"相近、相知、相帮、互利、互赢"的人脉和氛围。建议针对共建国家对科技教育人才的具体需求,确定牵头的高校单位,国家部门给予必要指导和支持,组织制定适合"一带一路"共建国家不同特点及需求的教育合作和人员培训计划与实施方案,包括教育政策和法规等的沟通和对接、学历学位的互认、相关签证的便利便捷办理等。具体的合作领域和渠道包括合作办学、师资培训、留学深造、学历互认、语言培训互通,以及邀请共建国家的优秀青少年和各领域青年学者来华研修,加强高层次专家学者和智库人员的交流力度,做好政府部门重要官员的访问接待,与共建国家合作共同培养科技人才,扩大杰出青年科学家来华工作计划规模,广泛开展应用技术和科技创新培训等。针对重点领域,积极构建以多层次的会议论坛和多主体的联合培养为载体的基础性、长效性交流模式,充分利用多层次的会议论坛,如博鳌亚洲论坛和中国—东盟博览会等,巩固人文交流成果;以"新丝绸之路大学联盟"等平台为纽带,促进共建国家高水平人才的培养。总之,通过各种方式培养共建国家"知华、亲华"的友好人士和"相识、相知、合作共赢"的民意基础,确保"一带一路"倡议能走出去、站稳脚、做成事。

(3)以解决民生问题为抓手,明确共建国家科技合作领域的实际需求,按照分层次、分领域、分阶段原则,实现与共建国家科技创新的精准对接。

大部分"一带一路"共建国家地处内陆,干旱和荒漠化等生态脆弱问题严重,生产力发展落后,经济总量小,区域性贫困显著,在生态研究、农业和海洋资源开发利用等诸多领域都需要依靠科技创新实现可持续发展。建议教育部、科技部和中国科学院等共同设立专家小组,集中高效地对部分共建国家开展精细调研与综合评估,认真研究并摸清其在科技创新合作领域的实际需求,尤其强调将推广适用科学技术确定为高校、研究院所和企业开展"一带一路"科技合作中的当前优先选项,以解决共建国家民生热点、难点和痛点问题为抓手,组织我国具有相关方向优势的高校、企业和研究院所形成协同团队,精准对标共建国家的实际需求,以便于操作和早见效果为目标,制定分阶段、分层次、分领域的合作计划和实施路径,确保科技创新合作"走得出去,落得了地,成得了事,赢得了民心"。

(4)以推动经济增长为拉手,围绕共建国家产业发展的个性问题和共性障碍,依托联合实验室、科技园区和科技论坛等载体和方式,组织优势高校和企业,开展科技创新合作、促进技术双向转移落地,培育共建国家增长潜力。

经济增长与社会进步是所有"一带一路"共建国家的共同追求。建议我国根据共建国家的不同需求,全局性分析并围绕各个国家在产业发展方面的个性问题和共性障碍,鼓励我国科研院所、高等学校和企业积极主动、有次序地与共建国家相关机构合作,按照利益主体共同参与的方式,共建联合实验室和联合研究中心,设立相关的联合研究计划、任务、课题等,组织、培养、强化相关的研究队伍,帮助共建国家培养产业人才,突破产业发展瓶颈,提升产业价值链水平;引导鼓励我国高新区、自主创新示范区、农业科技园区、海洋科技产业园区、环保产业园和绿色建材产业园等与共建国家对接,瞄准各国产业关键科技需求,在确保符合当地产业政策和法律法规的前提下,带动其产业发展;积极与共建国家共建技术转移中心、技术示范推广基地,进一步完善技术转移协作网络和信息对接平台建设,鼓励国内各技术转移中心构建国际技术转移服务联盟,加强我国的科技、人才、信息等资源与共建国家需求的结合度,打造国际合作新平台,增添共同发展新动力。

12.2.3 落实"一带一路"科技创新行动计划的保障条件

（1）组织保障。由教育部和科技部等相关部门联合成立"一带一路"科技创新行动计划协调小组，对接共建国家的相关机构，协调政府内部各职能部门的力量，研究共建国家的各国民情，统筹安排高校、企业和科研院所"走出去"的科技创新活动；在国家层面适时地总结经验，吸取教训，不断提升科技创新合作的质量；建议成立"科技创新合作联盟"，由西安交通大学、四川大学和厦门大学等与共建国家在科技人文交流方面已经取得一定成绩的高校牵头，联合其他有特色、有优势的高校，组成高教团队与共建国家教育机构发展长期性的交流合作关系，切实体现和发挥高校在科技创新合作中的重要地位和独特影响。

（2）制度保障。针对"一带一路"科技创新行动计划，制定长期性的面向各类行动主体和平台基地的激励制度。设立鼓励科技创新合作的研究项目和科技人文交流的培养项目，引导国内外学者共同参与共建国家的科学研究与人才培养；设立"一带一路"科技创新行动计划基金，奖励在与共建国家合作中取得突出成绩的高校、企业、科研院所和研究团队，支持共建实验室和联合研究中心的人才培养与研究项目；为科技企业提供"一带一路"税收优惠政策，降低企业走出去和技术转移的成本；提供相应的信贷资金，鼓励有能力的高新科技企业到具备一定科技实力的共建国家设立研发中心，提升中国与共建国家民间的科技创新交流活力。

（3）人才保障。选择有特色和实力的高校开展"一带一路"科技创新专项基础人才培养，以共建国家的语言学习为基础，将国际法律、知识产权、科学技术、科技政策、文化宗教和沟通能力等作为培养重点，训练储备国际化复合型多样化的科技人才梯队；鼓励高校、企业和科研院所与共建国家的教育机构和企业合作，开展"一带一路"的定制化双向型人才培养，不仅培养"走出去"需要的各类专业人才，而且培养"引进来"需要的各国优秀青年，为我国与共建国家的长期合作奠定坚实的人才基础。

（4）宣传保障。根据共建国家的国情民情制定差异化的宣导策略。在部分国家，要避免由于不当宣传让合作对象形成先入为主的偏见，产生抵触情绪。要以落好地、见实效为目标，低调做实事，力争早见成果和成效。

12.3　破解高校科技成果转化难点和堵点的建议

2021年11月27日发布的2017年至2019年全国高校科技成果转化相关统计数据报告显示，成果转化合同金额三年来明显提升，但站在系统提升科技资源支撑产业创新发展能力的角度，还需要深挖当前高校科技成果转化存在的难点和堵点，才能深入贯彻《"十四五"国家知识产权保护和运用规划》等政策，把握成果转化工作的历史性机遇。

高校科技成果转化难点是指从体制机制角度出发，现有政策已经为高校提供了指导性意见、原则性授权、框架性参考，但各高校落实政策力度与范畴参差不齐，执行细则不明确，导致成果转化基层人员难以开展"最后一公里"具体工作。堵点是指从资源支撑角度出发，成果转化所需的服务体系、专业人才和支撑平台等不充分、不健全、不完善，导致成果转化速度慢、效率低、效果差，在关键环节呈现出"拥堵"的特征。本章根据全国高校科技成果转化体现的总体特征，归纳并提出以下难点和堵点。

12.3.1 高校科技成果转化的难点和堵点

（1）职务科技成果共同所有权改革实施细则不明确，激励作用不明显。2020年2月14日，中央全面深化改革委员会第十二次会议审议通过的《赋予科研人员职务科技成果所有权或长期使用权试点实施方案》（以下简称《实施方案》）赋予了试点单位与成果完成人（团队）成为职务科技成果的共同所有权人。共同所有权人各自份额的确定在没有协议约定的情况下应当根据等分原则，即试点单位与成果完成人（团队）各占50%，但几乎没有高校出台相应的实施细则直接按照该比例赋予成果完成人（团队）所有权。各试点高校主要通过科技成果长期使用权的赋权完成成果转化前对科研人员的激励（长期使用权的收益分配目前也不清晰）。

（2）高校针对科技成果的知识产权管理流程化、体系化、数字化不完善，市场与高校信息对称性偏低。2020年2月，教育部、国家知识产权局和科技部出台《关于提升高等学校专利质量 促进转化运用的若干意见》，对高校专利管理提出了更高要求。截至目前，部分高校建立了专利申请前评估和职务科技成果披露机制，即由发明人所在学院组织专家对专利的技术先进性进行评估，学校根据评估结果承担部分申请成本和授权后若干年内的年费。科研项目实施结束后，科研人员须在学校科研管理系统中如实披露项目产生的科技成果，保证学校对科技成果的所有权。上述知识产权管理仍停留在高校内部管理的阶段，全流程管理、体系化建设、数字化呈现等工作仍未有效开展，难以解决市场与高校科技成果信息的对称性偏低的问题。

（3）高校科技成果转化的服务体系和联动机制不健全，成果转化的"消化能力"未达到预期。高校科技成果转化对技术经理人依赖性很强，需要技术经理人既对技术本身及商业前景有很好的理解，同时又善于发掘企业技术需求，撮合双方完成成果转化。当前技术经理人规模虽有一定程度的发展，但数量缺口较大，没有专业的培养体系，缺乏相应的资格认证和等级评定标准。各高校技术转移中心各自为政，没有形成区域联动的工作机制，在经验、信息、资源共享等方面仍有欠缺。

（4）成果转化中试阶段载体建设投入严重不足，显著制约高校科技成果转化的速度与效果。高校科技成果涉及的产业领域和技术环节广泛，需要的中试平台类别和规模差异较大。由于成果转化中试阶段相关主体投入严重不足，成果转化速度与效果受到明显制约。企业参与成果中试的前提是技术需求，而当前大部分企业的技术需求与高校的科技成果并没有形成直接的匹配关系，能够匹配的具体环节也没有被深度挖掘，因此企业参与中试的意愿不强。数量众多的中小企业没有足够的能力承接中试环节，领军龙头企业则偏向于直接使用自己的生产线进行优化升级。高校作为负责科技成果中试的主体之一，其经费主要来源是政府投入的资金，对处于技术风险较高的中试级项目，既缺乏必要经费的投入，也缺乏必要的工程化团队，导致很多高校科技成果束之高阁，不能有效转化。

12.3.2　解决高校科技成果转化难点和堵点的建议

（1）明确成果完成人（团队）和试点单位对职务成果共有所有权的比例约定，突出成果完成人（团队）的份额，从根本上释放高校科研人员参与成果转化的动力。建议高校参考 2020 年 8 月深圳出台的《深圳经济特区科技创新条例》，明确成果完成人（团队）和试点单位对职务成果共有所有权的比例约定，如成果完成人（团队）拥有职务成果所有权不低于 70%，切实实现"先赋权后转化"。高校同时应制定相应的规章制度与操作细则，明确职务成果所有权赋权的前提条件与审批过程，实施"预评估知识产权—发布成果信息—撮合有技术需求的企业承接成果—二次评估知识产权确定转化意向—成果完成人（团队）向学校申请职务成果所有权赋权—完成成果转化交易"的全流程管理，其中预评估知识产权属于知识产权管理中的一环，目的是提前开展评估工作节省成果转化过程的时间成本。在实施上述管理流程的过程中，高校应制定所有权赋权过程管理规范，增加审批频次，简化审批手续，防止出现因审批手续烦琐和审批时间较长导致制度激励失效的问题。

（2）构建成果评估、知识产权申请、维护、披露、宣介、撮合、估价、审批、转化等全流程的体系化、数字化的知识产权管理系统。建议高校采用数字化技术完善知识产权的全流程体系化管理，具体地将科研人员申请的非涉密职务成果全部纳入知识产权管理平台，每一项成果说明其来源项目的项目背景、成果学术价值与应用价值的预评估说明、知识产权的维护状态，并通过"视频+文字+动画"等多种形式，说明成果的应用场景与预期效果，便于成果宣介推广。企业可通过注册会员的形式加入平台，通过关键字搜索寻找符合自身技术需求的成果类型，如果对某项成果确定产生交易倾向，可通过平台联系技术经理人开展成果转化的撮合对接与估价等相关工作。成果完成人通过自己的账号能够实时了解自身成果转化的相应状态，在技术经理人与成果承载企业达成初步意向后，成果完成人开始介入参与谈判成果转化的具体细节。通过知识产权管理系统能够有效降低市场与高校针对职务成果的信息不对称性，凸显技术经理人的事前介入与全程管理优势，节省科研人员的时间精力。

（3）成立高校技术经理人联盟，完善培养体系，健全资格认证与等级评定制度，形成区域联动的技术经理人工作机制。建议参考国际技术转移经理人联盟（Alliance of Technology Transfer Professional，ATTP）的建设与组织模式，在中国高校技术转移联盟的基础上成立高校技术经理人联盟，开展技术经理人人才强化建设专项工作，包括成立工作小组收集各高校技术经理人现有的培养体系与课程方案，整合归纳提炼适用性更强、模块特色更突出、阶段化更明显的技术经理人培养指导体系；邀请科技成果转移转化领域的专家学者研讨制定技术经理人资格认证与等级评定的组织方式与考评标准，将技术经理人纳入国家职业资格认证的专业范畴；以高校技术经理人联盟为基础形成区域联动的工作机制，加强高校之间的成果信息与市场需求信息共享，探索与鼓励区域内技术经理人项目制团队化服务，即根据项目随时组建团队，推进科研人员以成果转化为目标的校际合作，提高科技成果转化工作效率。

（4）以市场为导向，以知识产权利益分配机制为纽带，吸引政府、企业与高校共同建设科技成果转化中试基地。中试基地的建设和作用发挥需要人才与资金支持。中试人才不仅要懂技术，会做科研，而且要了解生产一线的相关情况。整个中试平台建设和运行维护都需要大量的资金，且存在失败的风险。建议政府、高校和企业形成基于知识产权的利益分配共享机制，即由企业提供工程化人才与部分资金支持，高校提供仍处于实验室阶段的科技成果和科研人才，政府提供场地与资金支持，以企业为管理主体，以"科学家+工程师"为人才队伍，三方共建共担风险，共享成果中试之后产业化的利益，克服高校科技成果转化中试基地短缺的问题。

12.4 强化校企合作实现高水平科技自立自强的建议

2021年5月28日习近平总书记在中国科学院第二十次院士大会、中国工程院第十五次院士大会、中国科学技术协会第十次全国代表大会上指出"立足新发展阶段、贯彻新发展理念、构建新发展格局、推动高质量发展，必须深入实施科教兴国战略、人才强国战略、创新驱动发展战略，完善国家创新体系，加快建设科技强国，实现高水平科技自立自强"[①]。高水平研究型大学和科技领军企业作为国家战略科技力量的关键组成部分，要自觉履行高水平科技自立自强的使命担当。

高水平科技自立自强需要实现产业关键核心技术集群式突破。关键核心技术是国之重器，包括前沿引领技术和关键共性技术。前沿引领技术突破通常解决的是前沿"卡脖子"技术问题，对前瞻性基础研究的依赖性相对更强；关键共性技术突破通常解决的是迫切的现实"卡脖子"技术问题，对应用基础研究或应用研究的依赖性更强。因此，突破关键核心技术应该依据不同的技术突破目标，构建不同模态的校企合作创新联合体，形成互补的关键核心技术创新格局。

西安交通大学中国管理问题研究中心裴云龙副研究员、郭菊娥教授、张旭教授在分析校企合作现存问题的基础上，提出强化校企合作实现高水平科技自立自强的建议。

12.4.1 强化校企合作实现高水平科技自立自强需要关注的几个问题

（1）目前校企合作创新联合体大多表现为高校为主体的校企联合实验室/研究院，难以满足突破现实"卡脖子"技术的需求。关键核心技术突破包括前沿引领技术突破（如量子通信）和关键共性技术突破（如国产光刻机），前者表现为高校前瞻性基础研究引领前沿技术创新，后者表现为后发企业迫切的技术追赶。高校为主体的校企联合实验室/研究院通常远离市场，以高校科研人员为主，较少有企业研发人员常驻。迫切需要解决的现实"卡脖子"技术突破通常需要充分考虑市场需求和技术机会等多方面复杂因素，因此高校为主体的校企合作创新联合体无法很好地适应突破现实"卡脖子"技术的需求。

（2）企业自身基础研究投入不足，限制其通过校企合作吸收和转化高校科技成果的能力。《2020年全国科技经费投入统计公报》显示，2020年我国基础研究经费支出1467.0亿元，其中高校与政府属研究机构支出占比88.53%，企业基础研究支出占比不到11.47%。2019年3月11日，科技部部长王志刚在十三届全国人大二次会议记者会上指出"就基础研究经费投入来说，美国是联邦政府、地方政府、企业和其他社会力量都在投，中国的5%基本上是中央财政投的，地方财政和企业投得很少"[②]。企业基础研究投入不足，导致吸收能力有限，不利于其通过校企合作理解"卡脖子"技术的基础理论和技术原理，降低了突破关键核心技术的效率。

[①] 《习近平：在中国科学院第二十次院士大会、中国工程院第十五次院士大会、中国科协第十次全国代表大会上的讲话》，http://jhsjk.people.cn/article/32116542，2021年5月28日。

[②] 《王志刚：中国坚定不移加强科技创新基础研究，会加大投入力度》，http://www.xinhuanet.com/politics/2019lh/2019-03/11/c_1124218798.htm，2019年3月11日。

(3）校企合作面临体制壁垒阻碍人才跨界自由有序流动，不利于创新资源有效配置。"十四五"规划提出要"建立健全高等院校、科研机构、企业间创新资源自由有序流动机制"。人才是第一创新资源，校企之间研究人员的交流可以实现科研知识和成果的转移与流动。科技型中小企业试错成本相对较低，因此其在推动颠覆性技术创新方面发挥着关键的多样化作用。然而，目前高校普遍缺乏完善的校企研究人员双向交流机制，高校科研人员由于科研考核压力较大无法到科技型中小企业进行长期研究，同时科技型中小企业研发人员也缺乏到高校进行深入交流的渠道，不利于创新资源的有效配置。

（4）高校对校企合作研发的评价存在"唯经费"等形式主义倾向，不利于校企联合攻关突破关键核心技术。高校科技评价"破五唯"是因为在项目评审、机构评估、人才评价中存在形式主义倾向，而高校对科研人员参与校企合作研发的评价同样存在"唯经费"等片面评价现象，把横向项目合同金额作为评价的主要标准，对校企合作是否能够真正解决产业关键核心技术问题重视不够。科技型中小企业研发投入体量相对较小，而高校注重校企合作研发横向项目的合同金额，这阻碍了科技型中小企业与高校进行深度研发合作，不利于校企联合攻关突破关键核心技术。

12.4.2 加强校企合作实现高水平科技自立自强的建议

（1）建议教育部与科技部鼓励高校与企业基于不同关键核心技术突破任务，建立多模态创新联合体。对于前沿引领技术突破任务，建议教育部鼓励高水平研究型大学与前沿科技企业共同派出研究人员组建前沿引领创新联合体，面对面地开展前瞻性基础研究，努力实现原始创新的重大突破。对于迫切需要解决的现实"卡脖子"技术突破任务，建议科技部鼓励产业内技术领军企业牵头建立高校深度参与、上下游企业协同、产学研用深度融合的协同攻关创新联合体，各主体共生依存形成生态链，致力于颠覆性技术创新突破。明确两类创新联合体中多元创新主体的功能定位，形成互补的关键核心技术创新格局，避免科研力量分散和低水平重复建设等问题。

（2）建议科技部和国家税务总局加强投入机制创新与分类激励，进一步提高企业的基础研究能力，促进其有效利用校企合作成果突破关键核心技术。我国企业大多不愿意进行基础研究投入的根本原因在于其缺乏从中获益的能力（吸收能力）。建议国家自然科学基金委员会设立鼓励高校与企业联合申报的基础研究项目，该项目不仅能够有效激发企业开展基础研究的动力，而且能够培养"科学家+工程师"复合型科技人才。建议国家税务总局制定政策对企业研发投入进行分类激励，对企业基础研究投入的补贴力度应高于对企业应用研究和试验发展投入的补贴力度，促进构建我国基础研究的社会化多渠道投入机制，提升国家创新体系突破关键核心技术的效能。

（3）建议教育部鼓励高校建立健全校企之间人才资源双向自由有序流动机制。美国大学研究人员利用"学术休假"制度到企业开展研究这一做法日益成为潮流，如斯坦福大学人工智能研究院主任李飞飞教授利用学术休假机制在"谷歌云"担任首席科学家职务长达两年时间，目前虽已重返斯坦福大学，但仍兼顾在谷歌的工作，这从人才流动的角度强化了学术界与产业界在基础研究领域的联系。建议鼓励高校通过科研评价考核和产学合作交流机制创新，以校企合作创新联合体为载体，建立健全促进高校与企业尤其是科技型中小企业之间人才双向流动的"旋转门"机制，打破体制藩篱，鼓励优秀科技人才进行跨界自由有序流动，这不仅有利于为关键核心技术突破培养顶尖科技人才，而且能够激发优秀科技人才的创新活力，提升关键核心技术突破效率。

（4）建议教育部鼓励高校破除"唯经费"形式主义评价导向，加强与科技型中小企业的研发合作，形成以贡献高水平科技自立自强为导向的科研评价机制。鼓励高校摒弃"唯经费"的评价机制，回归服务社会与非营利组织的初心使命，崇尚"有场景"的科研，探索通过业界企业反馈、专家评审等方法注重评价科研人员参与校企合作对产业关键核心技术突破的实际贡献。科技型中小企业是培育发展新动能、推动颠覆性技术创新的重要力量，建议教育部鼓励高校将闲置的科研成果以象征性的价格，许可给具有合作关系的科技型中小企业在一定期限内使用，如果转化成功，高校再和企业商谈后续许可或转让费用；鼓励高校充分利用"互联网+"大数据技术，为科技型中小企业提供大型科研仪器设备分时租赁和分析测试开放共享等非营利服务，提升创新资源使用效率，为校企合作实现高水平科技自立自强提供硬件条件保障。

12.5 促进大学科技园打造2.0升级版的举措建议

进入新时代后，我国经济已由高速增长阶段转向高质量发展阶段，需要深入实施创新驱动发展战略，推进大众创业万众创新向纵深发展。大学科技园要围绕服务高校教学科研谋划新发展，回归支撑高校科技成果转化与"双创"人才培养的初心，为高校"双一流"建设作出贡献。

自1999年以来，截至2019年底，我国已批准建设国家级大学科技园115家，覆盖全国绝大多数省份。经过20年建设发展，这些大学科技园成为我国科技体制改革创新的试验基地、科技人员创新创业的核心载体、校企资源融合共享的枢纽平台，是支撑创新驱动发展的重要力量。根据《关于促进国家大学科技园创新发展的指导意见》与《国家大学科技园管理办法》，针对目前大学科技园发展存在的问题，我们经过调研并形成报告，希望能打造大学科技园2.0升级版。

12.5.1 大学科技园目前面临的突出问题

一是功能定位不够精准，运行效率较低。大学科技园的初心使命是为高校科技成果转化提供实践载体，通过不断孵化初创企业，使高校科技成果源源不断地转化为生产力。调查显示，仅有 25%的大学科技园同时具备专业的孵化与投资功能，很多企业进驻大学科技园后，迟迟不能"毕业"，不仅无法有效地转化高校科技成果，而且占据空间限制了科技园的发展潜力，造成资源浪费。调查还显示仅四成的大学科技园每年开办"创业训练营"活动，对"双创"教育服务内容不完善。

二是专业化能力严重缺乏，无法有效支撑高校科技成果转化与"双创"人才培养。目前很多体育明星与娱乐明星都有经纪人专门负责商业谈判和市场推广等业务，高校优秀的科技明星和学术明星同样需要经纪人——技术经纪（经理）人。人才始终是第一重要的战略资源，目前大学科技园专业化人才匮乏、管理人才梯队断层、市场化激励机制与考核制度安排缺失，园区科技成果转化生态环境未能有效构建，导致部分大学科技园只能提供租房等基础服务，偏离了服务高校科技成果转化与"双创"人才培养的初心。

三是与校内职能部门之间缺乏协同，管理体制机制不完善，评价制度亟待改革。由于与校内科技成果转化和"双创"教育管理部门没有形成有效的协调机制，大学科技园在服务高校科技成果转化与教学科研时，普遍存在与校内职能部门部分职责重叠和混乱的现象。对大学科技园的考核，过于看重产值效益和定量指标，缺乏对支撑高校发展的标志性成果和高质量孵化项目的考核，导致大学科技园存在过度关注经济创收而忽视服务教学科研的现象。

四是一些大学科技园发展存在财务和法律风险。一些大学科技园运营公司在发展过程中背负了大量的债务，给高校资产管理公司带来了财务风险和法律风险。

五是区域发展不平衡，国际化水平较低。我国 115 家国家大学科技园主要分布在东部、中部省份，西部省份仅有 15 家。从整体发展情况上看，东、中部大学科技园比西部发展得更好，这种不平衡制约了大学科技园的协同、共享、创新发展目标的实现。一流的大学科技园与一流的大学相辅相成，然而，目前只有少数大学科技园如清华科技园建立了海外园区，也很少引进国外知名大学在国内建立园区，总体来看大学科技园的国际化水平较低，不利于世界一流大学的建设。

12.5.2 政策建议

（1）改革大学科技园评价与考核制度，建立"优胜劣汰"的动态管理机制。建议教育部与科技部充分发挥第三方评估机构的作用，开展大学科技园高质量发展水平评估，将大学科技园完成的高水平科技成果孵化项目、服务"双创"人才培养的重大标志性成果等作为评估重点。建立"优胜劣汰"的动态管理机制，对于未达到高质量发展要求的大学科技园，限期整改，若仍未达到要求，坚决摘牌；对于考核优秀的大学科技园，要及时奖励，注重宣传，发挥示范作用。

（2）鼓励大学科技园提高科技服务人才队伍的专业化水平，优化高校科技成果转化与"双创"教育的生态环境。建议教育部联合科技部、人力资源和社会保障部制定政策，加强科技服务人才的职业培训与资格认证。鼓励大学科技园建设专业化的科技服务人才队伍，着力吸纳既懂经营又懂技术的"产业教授"和技术经理人，完善科技服务人才队伍的市场化激励机制，激发活力，提高科技成果转移与转化效率。

鼓励大学科技园优化园区物理空间使用效率，建立激励"毕业"企业返投或并购园区孵化企业的制度，通过聚集孵化、专利、法律、政策、研究咨询、投融资等科技服务机构（前端），建设包含科技成果库与市场需求库的线上服务平台，构建"大平台+小前端"的"互联网+"科技服务体系，优化高校"双创"教育与科技成果转化全链条生态环境，不断提高园区的科技服务能力和可持续发展能力。

（3）鼓励依托单位建立大学科技园管理委员会，完善与校内职能部门的协同机制，探索管理机制创新。推动依托单位建立大学科技园管理委员会，完善大学科技园与高校科研院、技术转移中心、教务处、团委等职能部门的协同机制，明确大学科技园在高校科技成果转化与"双创"人才培养工作体系中的实践载体作用。鼓励大学科技园搭建创新创业实践平台，增强本科生与研究生的"双创"意识和能力，培育富有企业家精神的创新创业后备力量；协同企业搭建产教融合研究生实践平台，引导研究生到大学科技园进行科研实践，研究真问题，破除仅从文献中寻找研究选题的科研弊端。

推动高校落实《国务院办公厅关于高等学校所属企业体制改革的指导意见》，鼓励大学科技园探索适合自身需求的管理体制创新，明确尽职免责条款，提升大学科技园运营公司股权社会化程度，完善管理制度，提升治理能力。

（4）建立大学科技园科技成果转化风险防范机制。建议教育部联合国务院国有资产监督管理委员会，充分发挥第三方评估机构作用，对目前资产负债率较高的大学科技园运营公司进行风险评估，根据评估结果要求大学科技园在规范运营管理方面持续改进，建立科技成果转化形成资产（股权）的财务风险与法律风险防范机制，严格执行高校资产有偿使用制度，避免国有资产流失。

（5）优化大学科技园国内区域布局，提升国际化水平。建议教育部与科技部出台国家大学科技园评估评价和科技园新建工作的实施细则，建立评估专家库，以申报积极性高、建设基础好的省级大学科技园为基础，启动国家大学科技园新建工作，并对现有国家大学科技园开展评估，促进国家大学科技园内涵式发展。

建议依托京津冀、长三角、珠三角等高校科技资源富集和区位优势，建设三个国际性大学科技园集聚示范区；依托重庆、西安、成都、武汉、郑州五大国家中心城市打造五条大学科技园区绵延带，带动邻近区域充分、协调发展。充分发挥大学科技园联盟的作用，实施"1+1"帮扶行动，鼓励发展好的东、中部大学科技园定向指导和帮助发展滞后的西部大学科技园，促进大学科技园全面均衡发展。

鼓励大学科技园与国际知名大学、国际技术转移机构、国外创业孵化机构和大学科技园建立资源链接合作机制，积极引进国际创业团队、资本和技术。鼓励有条件的大学科技园建立海外园区，融入全球创新网络，在推进"一带一路"倡议、全球科技创新中心建设中发挥重要作用。

12.6 激活先进制造行业技术创新活力的建议

"十四五"规划第二篇"坚持创新驱动发展 全面塑造发展新优势"第五章"提升企业技术创新能力"明确提出要"完善技术创新市场导向机制，强化企业创新主体地位，促进各类创新要素向企业集聚，形成以企业为主体、市场为导向、产学研用深度融合的技术创新体系"，其中第一节"激励企业加大研发投入"重点阐明要"实施更大力度的研发费用加计扣除、高新技术企业税收优惠等普惠性政策。"

美国等西方国家对我国尖端科技突破持续采取"长臂管辖""极限施压"等手段，试图遏制我国核心科技领域取得重大突破的进程，抑制我国科技发展之路。我国一批在5G（5th generation mobile communication technology，第五代移动通信技术）、光伏、量子通信等技术方面具有国际领先技术优势和较大市场份额的高科技企业，如华为、海康威视等，自2018年起遭遇美国无理制裁，出现了国际市场份额大幅下降、现金流紧缺、产品上下游产业链断供、专利纠纷诉讼以及基于意识形态的抵制等情况。因此，激励和促进我国先进制造企业增加研发支出，布局创新链不断突破现有技术攻关瓶颈，通过研发创新实现"卡脖子"领域技术产品追赶乃至反超，引领国际行业发展趋势，重塑我国应对国际政治经济复杂竞争环境的竞争力，是我国"十四五"时期乃至未来长期发展的重中之重。

响应国家战略发展需要，财政部和国家税务总局于2021年3月31日发布了《关于进一步完善研发费用税前加计扣除政策的公告》，国家税务总局于2021年5月14日发布了《研发费用税前加计扣除新政策指引》，相关政策已经分类规定制造业和其他行业的研发加计扣除政策，并采取让企业"自行判别、申报享受、相关资料留存备查"的管理办法，对于推动制造业增加研发投入比例，加快技术创新步伐具有重要意义。然而，由于先进制造业在技术领先水平、研发支出投入程度、技术创新"小试—中试—量产"周期等方面的滞后，目前先进制造业在转化科技成果试验阶段仍然面临难以享受研发费用加计扣除政策的困境。

12.6.1　先进制造业科技成果转化过程的问题

（1）先进制造业科技成果转化过程研发设备的定制化程度高，一旦中试失败，设备将不能再次利用，且不能计入固定资产，只能按照报废处理。

先进制造业通过吸收电子信息、计算机、机械、材料以及现代管理技术等方面的高新技术成果，实现产业创新的发展目标。先进制造业高新技术成果的转化尤其是中试阶段往往是在探索下一代生产技术，具有与现阶段产品截然不同的属性，因此支撑中试阶段的研发设备需要根据试验的技术"量身定制"，并非通用性设备的简单加工。由于科技成果转化中试阶段的成功率低，风险性大，一旦试验失败，设想的技术路线无法达到规模化稳产、量产的目标，投入到中试的设备在不能转用实施生产的情况下，将不得不以报废的方式处理，给企业带来巨大的损失。

（2）先进制造业科技成果转化中试阶段是模拟正常生产情境，以稳产、量产为目标进行的产线设计，定制化的设备投入远远高于500万元，如果难以享受研发费用加计扣除，将会影响先进制造业布局前沿引领性技术的积极性。

先进制造业为探索新技术新产品的市场化可行性路线，中试阶段需要根据技术特征搭建模拟正常生产情境，以稳产、量产为目标搭建定制化产线，投入的研发设备成本极大，远高于500万元，尤其是引领核心产品的技术产线创新，中试阶段的设备投入动辄上亿元。以国内光伏行业的龙头企业隆基绿能科技股份有限公司为例，2021年其在西安有两个研发中试线项目投入2.7亿元，其中90%属于定制化的研发设备。按照目前税法规定，企业采购研发设备不能将设备成本进行一次性税前扣除（500万元以下的研发设备除外，这部分设备允许一次性扣除），而是需要按照折旧年限，以折旧费的方式每年计入损益表，只有该折旧费用可以加计扣除。

（3）先进制造业科技成果转化中试阶段的周期一般是1年至1年半，最长不会超过3年，因此定制化研发设备的使用周期远远小于会计准则规定的折旧年限，导致设备报废损失或者减值不能加计扣除。

随着科技进步日益加快，技术突破所形成的独占期不断缩短，在先进制造业体现得尤其明显，因此企业需要不断地开展技术创新保持领先优势。中试阶段企业购入的贵重研发设备可能因为中试失败而短时间内面临淘汰或者报废的风险。按照目前的税法规定，设备报废损失或者减值不能用于加计扣除，这部分无法加计扣除的贵重研发设备将会加重企业的实际税负。例如，企业购入价值1亿元的中试阶段定制化研发设备，假设按照税法规定，每年计提折旧1000万元，企业在当年可以税前扣除2000万元（加计扣除100%）。但是，如果当年的中试试验失败，该设备将会报废，第二年企业只可以税前扣除9000万元的减值，这部分减值不能再享受加计扣除的税收优惠。即使按照3年的中试周期计算，中试结束后还有65%的研发设备产生的资产减值部分不能用于加计扣除。

12.6.2 提高先进制造业增加科技成果转化中试阶段投入积极性的建议

为进一步提高先进制造业布局前沿引领性关键技术的活力和积极性，减轻先进制造业科技成果转化中试阶段研发设备投入的压力和经济成本，建议国家税务总局针对先进制造业科技成果转化过程研发设备支出的加计扣除制定相关的激励政策，助推我国先进制造业在国际竞争环境中突破创新，引领经济高质量发展。

（1）完善先进制造业科技成果转化全流程的资产管理标准与制度细则，指导先进制造业进一步规范研发过程管理，确保研发试验与生产制造在各个环节"分得开""分得清"。

建议先进制造业相关企业建立一般性研发项目和特殊性研发项目的全流程资产管理制度，从立项开始，将研发活动所需的资产性支出与费用性支出按照项目编号单独建账，将其与正常的生产制造活动区分清楚。在研发活动过程中，将研发设备与正常设备分区管理，做好研发设备的使用记录。研发活动结束后，及时开展企业内部对研发设备再利用的评估，如果研发设备确已因研发失败而报废，则按照会计准则列入相应目录，并做好税务机关监管核查的准备工作。

（2）允许先进制造业科技成果转化过程研发设备的折旧周期根据成果转化的周期或者设备的可用周期计算，不再按照现有会计准则的折旧周期计算。

鉴于先进制造业科技成果转化过程研发设备具有定制化、高投入、使用周期短、再利用可能性低等特征，建议允许科技成果转化研发设备的折旧周期按照两种方式计算，一种方式是对于科技成果转化周期较长且过程稳定的项目，研发设备的折旧周期与成果转化周期同步，折旧部分享受研发费用加计扣除的政策；另一种方式是对于成果转化周期较短或中途失败的项目，经评估后研发设备确已不适合生产使用的，研发设备的一次性资产减值也能够享受研发费用加计扣除的政策。

（3）允许各省在省内优先选择一批行业前景好、示范带头作用强、技术领先水平高的先进制造业相关企业，开展中试阶段研发设备支出加计扣除试点，持续完善监管模式，适时适度扩大试点政策范围。

建议国家税务总局允许各省税务局在省内先进制造业相关企业中先选择一批领军企业开展科技成果转化过程研发设备支出加计扣除的试点，探索"企业申请备案、部门核查监管"的管理模式，重点明确企业转化科技成果失败后研发设备的报废管理与资产减值按照研发费用加计扣除的企业管理流程与税务部门监管流程，确保试点政策能够切实激发先进制造业加大布局前沿引领性技术的积极性，降低企业创新试错成本，杜绝各类通过伪造研发过程骗取研发费用加计扣除的可能性。

12.7 持续完善高校人才流动管理体系的建议

伴随"双一流"建设的推进，各大高校都向高层次人才伸出橄榄枝。东部高校高薪向中西部高校"挖人"、被挖高校出血本"反挖人才"的现象频频被媒体报道。高校人才流动失序问题逐渐成为政府和社会关注的焦点，长此以往不仅直接影响中西部高校正常的科研和教学秩序，对学生和年轻学者产生恶劣影响，造成科研经费和国际资源的浪费，而且会助长部分高校急功近利、选才不育才的不良风气，甚至会影响中西部地区的经济和社会发展进程，进一步加大东部地区和中西部地区的发展不平衡。

教育部办公厅于 2017 年 1 月 25 日下发了《关于坚持正确导向促进高校高层次人才合理有序流动的通知》（以下简称《通知》），明确高校高层次人才流动要服从服务于立德树人根本任务和高等教育改革发展稳定大局，《通知》对高校间的无序人才竞争发挥了一定的"降温"作用。为了进一步巩固人才流动的管理效果，确保陕西地区高校具有服务于国家重大发展战略的人才基础和研究能力，我们认为需要从多个方面持续完善高校的人才流动管理体系。

12.7.1 进一步完善高校人才流动管理体系的建议

经济收入和引进费用是人才流动的重要因素而非决定性因素。高效的科研环境、更好的学术平台、更多与顶级研究团队的合作机会才是高校留住人才的重要筹码。高层次人才往往是大型课题的获得者，并且能够获得多层的重复资助，因此经济收入和科研经费对其激励具有边际效用递减的特征。高层次人才更关注工作环境能否为其才智的发挥提供适当的物质准备，科研平台能否促进其人力资本的保值增值，制度空间能否保障其人才资本的可持续发展。因此，高校应当从科技创新的文化环境和开放自由的学术氛围、物质资本的支撑条件、制度平台的建设与管理等方面进一步完善人才流动的管理体系。

（1）建立具有激励性和公平性的薪酬管理机制。针对不同学科和不同层次的人才，制定系统性和规范性的薪酬待遇标准。在基本收入部分，尽量缩小陕西地区高校与东南地区高校在同一学科同一层次的差距；在变动收入部分，突出强化对高层次人才在科学研究、人才培养和社会服务等方面贡献的额外奖励；正确处理引进人才与本土人才的关系，缩小引进人才与本土同类人才的待遇差距，以同工同酬为指导原则，设置同一高校内同学科类型、同层次人才待遇的差距上限；以长期服务为导向，设立针对引进人才的薪酬考核机制，明确体现引进人才与本土同类人才待遇差距对应的不同工作要求，激励引进人才持续为高校的学科建设贡献积极力量。

（2）以学科建设为中心，聚焦重点、发挥优势，协同地方政府，倾力打造高水平、国际化、开放性的科学研究平台。高校应紧紧围绕"双一流"建设，聚焦学科重点，发挥自身优势，构建与高校办学定位和特色相匹配的学科专业体系，为高层次人才的科学研究提供良好的基础平台；积极与地方政府开展协同建设，突出管理体制机制的创新，通过成立各种类型的研究机构，将高校的学科建设与地方经济和社会在创新发展过程中的关键诉求与痛点、难点紧密结合，推动地方政府为高校营造更宽松的办学环境，促进高校科技成果转化与产业落地，在提升区域经济建设水平的同时为高层次人才提供与市场对接的具有活力的科研平台。高校应将自身发展目标与国家的"一带一路"倡议相结合，立足高校在"一带一路"共建的区位节点优势，发挥"教科文"先行的板块影响力，通过建立长期交流机制和短期访学机制，将高层次人才的职业发展融入国家重大发展战略，与共建国家共同成立高水平、国际化、开放性的科学研究平台。

（3）提升服务意识，为高层次人才的科学研究与日常生活提供良好的文化环境与基础保障。高校应提升服务意识，在事业留人、待遇留人的基础上，积极帮助高层次人才解决住房、配偶工作、子女入托入学甚至家属医疗等生活问题，免除其后顾之忧。进一步加强大学文化建设，大力塑造求真务实的科学精神，以追求真理、传播知识为宗旨，强化高校对社会进步与发展的影响力，避免社会功利主义和浮躁之风对高校的消极影响，重点突出大学文化积累对高层次人才的吸引力。

（4）强化师资队伍的长期布局与阶段性建设，设立多元化的人才成长通道，完善针对不同层次研究人才的培养机制。高校应加强师资队伍建设，在吸引高层次人才时根据中长期人才建设规划，按学科布局有步骤、分阶段地科学引才，建立可持续的人才机制，既发挥高层次人才科技创新的引领作用，对其他学者产生积极的拉动效应和示范效应，也为普通学者的职业发展创造机遇、搭建平台，促进人才发挥最大效益；应设立多元化的人才成长通道，广泛吸引在科学研究、人才培养和社会服务方面各有所长的高层次人才，并鼓励高校已有的人才队伍，根据自身特长和职业目标选择最具有激励性的人才成长通道，多出成果，出好成果；应完善针对不同层次研究人才的培养机制，对于高层次人才，要充分发挥其学科带头引领作用，通过"传、帮、带"机制提升教学团队的专业素养，提高教师的教学及科研能力，逐步形成科研梯队。重视青年教师科研潜力和创新能力的开发，为青年教师学术竞争力的提高创造锻炼机会；对于普通教师，以夯实教学和科研基础能力为目标，积极提供职业发展的支撑平台和周期性的培训活动。

12.7.2 陕西地区高校人才流动管理体系的保障条件

（1）积极申请并落实各项人才计划对中西部地区高校高层次人才的倾斜政策。《通知》中强调，教育部将在"长江学者奖励计划"等人才计划实施过程中加大对中西部地区高校的倾斜力度，鼓励和引导优秀人才向西部地区流动。继续单独为中西部地区设立人才政策，实施好"西部人才特殊支持计划""少数民族高端人才培养计划"等专项政策，充分发挥政策本身的导向作用，引导高校教师向中西部地区高校流动，如评选长江学者特聘教授时专门对中西部地区高校教师实施特殊政策，在更大程度上提升中西部地区高校的人才吸引力。陕西省应积极申请并落实上述各项人才计划的倾斜政策。

（2）建立高校之间高层次人才流动的协商补偿机制。对人才流出的高校而言，前期对于人才尤其是高层次人才的培养投入巨大，引才高校对其进行适当补偿符合公平原则。建议陕西省出台指导意见，鼓励高校建立协商补偿机制，引进国内高层次人才的高校要根据市场规律给予高层次人才外流的高校一定的经济补偿。保障人才流出单位的基本权益。

（3）明确各类人才计划的资助属性、支撑周期和岗位要求，鼓励高层次人才在合适的岗位上深入开展长期的科学研究与技术攻关。以长江学者特聘教授为例，长江学者特聘教授是教育部为吸引和培养造就一批具有国际影响的学科领军人才而设立的一类特殊岗位，当长江学者特聘教授离开原有岗位时，原来的岗位需求不复存在，单位和学科的基本条件也发生了变化，应该立即终止该长江学者特聘教授的资格。建议陕西省在设立各类人才计划时也明确其资助属性、支撑周期和岗位要求，防止成为学术投机者的"跳槽"工具。同时建议陕西省的各类人才计划针对在相对固定岗位上深入开展长期科学研究和技术攻关的高层次人才设立连续资助和延长聘期等支撑政策，鼓励高层次人才通过研究积累获得原创性成果，为科学教育事业发展和经济社会建设作出实质贡献。

12.8 完善高校科技成果转化收益分配机制的建议

党的十八大以来，我国日益强调科技创新对社会生产力和综合国力提升的战略支撑作用，高校科研人员作为科技创新的主力军，对创新驱动发展与"双创"战略的实施意义重大。构建科学合理的收益分配机制能够激励科研人员积极参与高校科技成果研发与转化过程，助力我国科技创新能力的提升。西安交通大学管理学院江旭教授、龚敏博士、高山行教授以及教育部战略研究基地之一的西安交通大学中国管理问题研究中心裴云龙副研究员、郭菊娥教授等，在梳理我国高校科技成果转化收益分配现状和存在的问题的基础上,试图提出完善我国高校科技成果转化收益分配机制的建议。

12.8.1 我国高校科技成果转化收益分配现状及存在的问题

（1）科技成果转化成效未直接纳入科研人员评价体系,科技成果转化收益对科研人员的激励不足。目前我国很多高校往往以科研人员承担的科研项目数、发表论文数对其进行职称评定和绩效考核,涉及科技成果的相关评价体系也仅仅对科技成果（如专利申请或授权）数量而非质量进行考核,更遑论将科技成果转化情况与职称和绩效挂钩。一方面,这种"学术思维"造成了科研人员"重理论研究和技术开发、轻成果转化和市场应用"的现象,导致很多科研项目"避难就易""为了发明而发明",与市场需求相去甚远,科技成果在项目结题之后就被"束之高阁"。另一方面,由于科技成果转化工作没有列入科研人员的评价范畴,科研人员开展成果转化工作无法提高学术"地位",难以调动科研人员开展科技成果转化的积极性。

（2）缺乏充分的转化权益,科研人员进行科技成果转化时"束手束脚"。目前我国绝大部分高校科技成果还属于科研人员的职务性成果,科技成果的所有权一般归高校所有。尽管某些高校如西南交通大学已经开展科技成果混合所有制的探索,但仍属少数。科研人员作为科技成果研发与转化的主力军,不能享有充分的技术权益,这限制了他们对于科技成果转化的能动性。另外,《中华人民共和国促进科技成果转化法》《中华人民共和国专利法》等法律法规提出要对科研人员进行奖金分红、股权奖励等多种形式的收益分配。但是由于缺乏具体的实施细则以及约束政策,科研人员的科技成果转化收益相关规定难以落地。例如,《实施〈中华人民共和国促进科技成果转化法〉若干规定》中规定以技术转让或者许可方式转化职务科技成果的,应当从技术转让或者许可所取得的净收入中提取不低于50%的比例用于奖励,但是在政策执行过程中,由于对科技成果转化"净收入"的核算方法没有统一标准,科研人员在维护权益的过程中颇受限制。

（3）缺乏完善的容错纠错机制,科研人员进行科技成果转化时"畏手畏脚"。科技成果转化是一个复杂的系统工程,同时也具有很大的收益损失风险。如果科技成果转化失败,高校及科研人员便要承担科研经费损失、国有资产流失的风险。由于缺乏完善的尽职免责容错纠错机制,高校以及科研人员会在科技成果转化时产生"不求有功,但求无过"的无为思想。尽管有些科研单位已经尝试实施尽职免责机制,如《广西壮族自治区促进科技成果转化条例》中规定"……已经履行勤勉尽责义务且未牟取非法利益,……,不纳入研究开发机构、高等院校对外投资保值增值考核范围,免除单位负责人在科技成果定价中因科技成果转化后续价值变化产生的决策责任。"但是如何认定"已经履行勤勉尽责义务"没有说明，事实上，这一点也难以评估，尽职免责容错纠错机制的科学性有待提高。

（4）技术经理人队伍普遍能力不强，无法提供专业的科技成果转化收益分配服务。目前我国部分高校已经建立起自己的技术转移机构（技术转移办公室、技术转移中心等），将学校内部分散在各系所、实验室的技术成果集中起来，由学校技术转移机构统一进行转化。然而，我国的技术转移机构普遍存在专业人员数量不足、能力缺乏、内部分工混乱、服务效率低下等问题，阻碍了科技成果的扩散、流动、共享和应用。例如，在科技成果转化过程中，科研人员与企业出现了知识产权纠纷，缺乏既懂技术又懂市场和人际沟通的技术经理人在中间进行调解，会造成双方矛盾激化，破坏高校与转化方的长效合作机制。

12.8.2 完善我国高校科技成果转化收益分配机制的建议

（1）鼓励高校建立科技成果贡献导向评价机制，建立健全科研人员分类激励机制。通过科研评价考核机制创新，鼓励高校在职称评定、岗位聘请、项目结题时增加科技成果转化绩效方面的评价内容，逐渐把以科技成果学术贡献为主的考核指标转变为学术贡献与应用贡献并重的考核指标。高校要健全对从事基础研究、应用研究、前沿技术研究以及成果转化服务人员的分类评价机制并规范评价程序。同时，鼓励高校改革科研人员绩效激励政策，完善科研人员激励机制，积极探索把企业和各类科研人员的积极性、创造性紧密结合起来的科技成果转化收益分配方案，激励科研人员积极参与科技成果转化。

（2）支持高校积极探索职务科技成果混合所有制改革，完善科研人员权益保护机制。建议教育部联合科技、财政、税务、知识产权等部门共同组成专项组，指导高校开展科研人员职务科技成果所有权或长期使用权相关探索和试点工作。鼓励高校结合各自特点和具体情况，探索新思路和新方法落实科研人员转化权、优先受让权、收益权、技术路线决策权等根本权益，完善并细化《中华人民共和国促进科技成果转化法》等文件提出的政策和实施细则。鼓励高校加强科研人员与科技企业的深层互动，建立科研人员依规兼职兼薪、带薪离岗从事科技成果转化活动的人才流动通道，激发科研人员转化科技成果的热情，提高高校科技成果研发与转化效率。

（3）鼓励高校健全转化风险共担机制，完善合理的容错纠错机制。鼓励高校拓宽资金来源渠道，除了争取政府科技成果转化引导基金外，还要积极吸引社会风险投资基金、投资银行、NGO（Non-Government Organizations，非政府组织）和国内外企业在成果转化阶段的支持。鼓励高校建立风险投资、质押贷款、股权融资、证券化等多元结合的经费保障长效机制，摆脱科技成果转化对政府资助的过多依赖，摆脱高校承担风险过大的现状。鼓励高校完善以信任为前提的科技成果转化容错纠错机制，容忍市场因素造成的非人为收益损失，尽快加强建设能够补偿科技成果转化风险的国家和地方技术创新引导基金，给予科技成果转化失败一定的纠错空间，为科研人员减压。

（4）引导高校构建线上线下融合发展的成果转化服务体系，培育高质量的技术转移人才队伍。鼓励高校加快科技成果转化服务中介机构及网络平台建设，尤其要加快成立专业的收益管理服务队伍，负责协调落实各参与主体在合同期内应当得到的转化收益。引导高校不断创新线下中介机构与线上网络平台的合作模式，逐步形成集评估、交易、转化、数据信息共享功能于一体的线上线下融合发展的科技成果转化服务体系。鼓励有条件的高校开设科技成果转移转化专业及课程试点，同时联合企业建立实习实践基地开展成果转化活动，构建多元化、立体化的技术转移人才培养体系，加快专业化、高质量的技术经理人、技术转移管理者等科技成果转化人才的输出，逐步提高科技成果转化服务能力。

12.9　加快提升国内技术经理人团队建设的政策建议

2022年1月6日，《国务院办公厅关于印发要素市场化配置综合改革试点总体方案的通知》指出要"加强技术转移专业人才队伍建设，探索建立健全对科技成果转化人才、知识产权管理运营人员等的评价与激励办法，完善技术转移转化类职称评价标准"。技术经理人以科技成果转移转化为己任，运用专业知识和实践经验促进科技成果的商业化和产业化。他们既是科技领域的专业从业者，也是活络技术市场、进一步发展科技研究成果的重要助推剂。面对知识产权新形势、新任务和新要求，技术经理人责任重大，是现代化进程和创新系统中不可或缺的组成部分，如何进一步壮大提升技术经理人团队是一个重要议题。因此，研究如何进一步加强技术经理人队伍建设，对促进我国科技成果转化具有重大意义。

12.9.1　技术经理人队伍建设现状与存在问题

（1）技术经理人培养体系与职业认证评价体系不完善，从业人员专业能力水平有待提高，晋升渠道受限。科技成果转化工作对从业人员的综合素质能力要求很高，尤其是对不同领域科技成果的商业价值评估、风险评估与交易撮合，需要很高的专业性、技术性及复合性。虽然我国一些科技服务机构如陕西省技术转移中心、西安科技大市场、中国西部科技创新港职业技术经理人培训中心等，提供技术经理人培训服务，但是培训的系统性仍需进一步完善。虽然西安科技大市场提供技术经理人职业资格认证，但是我国还没有统一规范的技术经理人职称晋升制度体系，导致技术经理人的晋升渠道受阻，不仅制约了人才的职业发展，而且压制了技术经理人自身的职业认同感，降低了职业的吸引力。与此同时，目前该行业缺乏市场准入机制、监督管理机制和退出机制，不利于技术经理人队伍的可持续发展。

（2）技术经理人的市场价值没有得到科技成果持有人与承载企业的充分认识，市场化激励机制不健全，激励模式单一。技术经理人的角色与体育娱乐明星的经纪人类似，不仅为科技成果转化提供中介服务，还要提供商业价值背书、交易撮合、商业谈判与市场推广等服务，为科技成果产业化的全流程保驾护航。由于目前技术经理人的重要作用与市场价值没有得到科技成果持有人与承载企业的充分认识，有的科技成果持有人甚至对技术经理人有排斥与畏惧心理，导致技术经理人在技术交易过程中很少能够按照技术交易的实际金额提取佣金，实际收入来源主要靠购买服务，激励模式单一，使得技术经理人的积极性难以得到有效保障，不利于技术经理人薪酬机制的市场化发展。

（3）对新兴技术利用不充分，制约技术经理人依托科技服务机构为"两链融合"提供专业、深层次的科技服务。现有的科技服务平台如秦创原综合服务平台与智慧秦科技——PDS 管服平台，更多强调对科技成果拥有者、企业、科技管理部门的服务，面向技术经理人与科技服务机构的专有入口较少，不利于技术经理人依托科技服务机构充分利用"互联网+"大数据等技术提供深入有效的科技服务。大多服务机构具有"小、散、弱"的特点，其中不少服务机构仅能提供专利和补贴申请、信息咨询与中介等初级服务，很少能提供专业、深层次的技术评估、风险评估与技术投融资等服务，不能有效满足科技成果供求双方的需求。

12.9.2 加强技术经理人队伍建设的建议

（1）完善技术经理人能力培养、职业认证、考核晋升和信用管理体系，畅通职业生涯发展道路，提升该职业对优秀人才的吸引力。建议科技部、人力资源和社会保障部采取如下措施。①基于《国家技术转移专业人员能力等级培训大纲》（试行）加强顶层设计，由技术经理人协会牵头，进一步完善以职业能力为核心的技术经理人培训体系与职业认证标准，提升技术经理人的培训和职业资格认定的系统性与规范性。②尽快建立统一规范的技术经理人职称评定制度。例如，借鉴北京经验，在工程技术职称系列中增设技术经纪专业，设立技术经纪专业技术资格评审委员会，开展职称任职资格审定工作。技术经理人专业职称体系应包括初级、中级、副高级与正高级等专业技术职称序列，以建立不同层次的人才梯队，畅通技术经理人职业发展通道，提升该职业对优秀人才的吸引力。③基于大数据等新兴技术，完善技术经理人信用管理体系，对技术经理人进行登记、注册和管理，加强对技术经理人的管理和监督，规范技术交易流程，建立技术经理人的信用管理制度，争取实现全国联网信用动态管理，建立能进能出的用人机制。

（2）提高科技成果持有人与承载企业对技术经理人重要作用与市场价值的认识，建立对技术经理人的多元化激励机制，激发技术经理人的主观能动性。①技术经理人对于科技成果的产业化非常重要，建议科技部、教育部、工业和信息化部通过完善技术转移行业规范并加强宣传教育，提高科技成果持有人与承载企业对科技经纪服务重要性与市场价值的认识。②建议科技部制定政策，鼓励科技成果持有人、科技服务平台与承载企业灵活采用比例佣金、购买服务、成果买断等多元化激励机制，保障技术经理人的合法权益，激发技术经理人的主观能动性，提升科技成果转化效率和成功率。③建议科技部制定科技服务人才激励政策，通过创业补贴鼓励既有专业素养又懂风险投资的复合型人才进行科技服务创业；通过人才补贴吸引国际高水平技术经理人加盟来华创业；通过增加科技服务业的人才称号（如青年科技新星）评奖名额，使优秀的技术经理人能够获得广泛的社会认可与公共关注。

（3）基于线上线下平台联动，为技术经理人充分利用"互联网+大数据"技术提供精准化、全天候的科技服务建立条件保障。建议科技部采取以下措施。①强化面向技术经理人与科技服务机构的科技成果撮合线上平台建设，使技术经理人能够充分利用互联网+大数据技术提供信息搜索、技术评估、风险评估、交易撮合、商业谈判与市场推广等精准化的科技经纪服务。②鼓励建立科技成果撮合线上平台与高校院所及地方科技服务平台的信息实时共享机制，构建线上线下联动的科技服务生态体系，为技术经理人提供全天候、深层次科技服务建立条件保障，最终成功打造科技成果转化生态，促进我国科技成果高质量发展。

12.10 市场导向的科技成果转化生态环境和制度优化建议

第一，坚持我国科技成果转化的发展特点，关注影响科技成果转化各主体创新的核心要素，探索以政府推动为前提，以市场导向为动力的生态环境。

结合自身独特的文化背景和市场环境，利用多学科理论和方法形成该领域的研究范式，加强与国际高水平机构的联系与合作；关注影响科技成果转化系统内各主体创新的主要因素，完善从创新效率、创新战略的选择和创新模式等方面多维度梳理政府、高校、企业的科技成果转化创新路径。在新时代中国特色的科技成果转化市场机制下，把握创新型大学、技术商业化、体制机制创新等研究热点的突破方向；探索以政府推动为前提，以市场导向为动力，激励高校、研究院所、企业、金融机构和中介服务机构协同参与，构建促进重大科技项目成果转化的良好生态环境。

第二，构建重大科技项目成果转化培育库与大数据支持，充分发挥"政产学研金服用"共同体的协同作用，对符合产业发展要求的重大科技项目成果提供孵化专项资金支持。

根据国家和省级各类重大科技项目立项,建设重大科技项目成果转化培育库,成立重大科技项目成果转化专项引导基金池,组织区域性"政产学研金服用"的长期稳定的创新联合体,采取"政府引导+市场主导+机构服务"的模式,发挥重大科技项目成果转化引导基金的牵引作用,依托专业机构团队,引入社会风险资本,优先培育重大科技项目成果;建立重大科技项目成果转化协同培育的大数据支撑体系,形成线上服务平台,举办重大科技项目系列成果对接洽谈等活动,促进企业联盟技术需求对接,对具有一定独立运营条件的重大科技项目成果群,充分发挥各专业机构作用,开展"一对一"精准对接辅导,形成示范带动效应;对具有"专精特新"特点、现阶段还不够成熟,但符合产业发展未来要求的重大科技成果,建议以重大项目孵化专项形式进行持续支持。

第三,以利益共享、风险共担为原则,打通区域性重大科技项目成果的信息壁垒,形成全国性重大科技项目成果转化的协同网络与资源要素的互动机制。

重大科技项目成果的创新性、先进性和高水平性,使得高校和科研机构承担并产出的重大科技项目成果难以在短时间内明确具有经济效应的转化应用领域,建议不同区域的高校和科研机构成立专门的重大科技项目成果转化联盟并明确各区域的沟通、协调与落实主体,共享重大科技项目的子课题产出信息和整体成果推进情况,以实现国家重大科技战略目标和突破关键产业领域核心技术瓶颈为使命,以利益共享、风险共担、实体共治为原则,形成重大科技项目成果转化的全国性协同网络与互动机制,发挥不同区域在科学研究、政策、资本、中介服务、孵化环境与产业基础方面的资源禀赋优势,在国家层面有效提升重大科技项目成果整体的转化效率。

第四,优化国家和省级重大科技项目成果转化的政策制度,构建促进重大科技项目成果转化的生态环境,实现市场导向的科技成果转化机制。

国家层面的制度障碍主要体现在两个方面。一是国家工商总局[①]规定成立新公司时技术入股必须经过第三方评估机构对技术成果的评估认定,二是国有资产监督管理委员会规定国有资产(含无形资产)必须保值增值。前者成为障碍的原因是第三方机构难以独立地对领先市场的技术成果价值做出准确的评估,而且当前高校院所科技成果转化的价格一般都是多方协议定价的结果,因此为满足工商注册要求进行的第三方评估实质上变成了"走过场"。后者成为障碍的原因是对技术成果类无形资产的界定存在偏差,技术成果的市场价值往往具有较大的不确定性,只有通过转化进入市场后,其价值才能得到彰显,因此技术成果等无形资产类的国有资产其管理办法应与传统的有形国有资产管理办法相区别,应充分尊重无形

---

① 2018年国家工商总局改为国家市场监督管理总局。

资产的不确定性,允许一定范围内的无形资产贬值,促进大量的技术成果进入转化环节的积极性。省级层面的制度优化应体现"实事求是"原则,结合省情地况,领会政策精神,把控制度边界,综合调动各方积极性,破除地区科技成果转化制度障碍,甚至在满足条件的前提下向中央申请相关政策的先行先试,全面提升科技成果转化相关主体的积极性。

第五,科技创新要增强围绕企业和产业需求的"需求拉动"的政策设计,做到"供给推动"和"需求拉动"有效推进。

中央文件一直强化企业技术创新主体地位,但在推动创新驱动发展的政策实践过程中,仍然存在过度依赖大学和科研院所、过分重视科技成果转化的问题。这种"供给推动"的政策逻辑,认为高校科研院所保有大量的具有市场前景的科技成果,并且相信在技术和产业发展方向上,教授和研究员比企业家有更高明的见解,一再被现实证伪。因此,科技成果转化要增强围绕企业和产业需求的"需求拉动"的政策设计,要做到"供给推动"和"需求拉动"有效推进。建议支持高校的师生和科研院所的科研人员以灵活形式广泛进入企业,成为企业的"外挂"研发力量。针对有转型升级需求的产业体系,由政府构建管理机制和渠道,将青年科研人才引导到市场导向的研发活动实践中。

第六,高校加强设备统筹配置和集约化管理,明确实验技术队伍人才建设,创新设备开放共享服务科技成果实现工程化模式。

高校在设备购置的源头减少大型仪器设备资源重复配置,加强设备集约化管理,兼顾增量与存量、通用与专用设备的特性,按照用户和学科发展的需求,尽可能多地将通用增量设备配置到公共平台,将存量通用设备纳入网络管理体系,更好地服务校内外用户需求,将专用型设备留在分散管理体系,针对性地服务学科前沿发展。高校明确实验技术队伍在开放共享、学科发展中的定位,加快实验技术队伍建设,有效提升实验技术队伍的专业服务水平和能力,激发技术人员钻研服务业务的热情。通过不同的激励手段激发开放共享涉及所有角色的主观能动性,让实验技术人员、科研教师、行政人员等各尽所能,积极围绕大型仪器设备资源输出高校智力服务,创新设备开放共享服务科技成果工程化实现模式。

第七,强化众创空间顶层设计,打造专业队伍,提高服务能力,完善评估机制,切实发挥众创空间孵化科技成果的效能。

引导众创空间通过顶层设计发挥自身优势走特色化发展道路,明确细分市场定位与盈利模式,构建垂直细分领域的众创空间集群,实现品牌优势和规模效应。制定补助政策促进众创空间入驻企业与高校开展产学研深度融合,承载科技成果转化实际落地,完善并落实利益分配机制,通过签订具有法律效力的契约,明确各主体责权利关系,鼓励众创空间与高校建立科技成果转化对接渠道。基于大数据和人工智能技术建设众创空间联盟平台,精准识别在孵企业需求,撮合众创空间创业资源交易。强调孵化企业的标志性创造成果；提升创业辅导、投融资等增值服务考核指标的权重，降低工位、物业、公共设施等基本服务指标的权重。尽快出台政府对众创空间相关补贴和奖励发放依据的标准，加强众创空间优胜劣汰动态管理的执行力。

第八，落实职业化、专业化、复合化导向的技术经理人综合培养体系，完善技术经理人职业认证和信用管理制度，调动技术经理人的积极性。

建议科技部与人力资源和社会保障部联合制定中国技术经理人业务能力评估指导意见，内容涉及对技术经理人的业务能力的评估指标体系；建议科技部鼓励地方科技厅及下属事业单位基于技术经理人的实际水平进行差异化、层次化、针对性的培训，从实操的角度熟知成果转化过程中涉及的各种法律法规；在培训形式方面，建议地方科技厅及下属事业单位结合地区科技、经济、教育发展水平的差异，探索建立系统的、又有当地特色的培训机制、课程安排和培训考核办法。在条件允许的地区，积极利用网络学习与现场培训相结合的形式，设置常态化技术转移专业会议的培训项目，通过技术经理人沙龙、讲座，交流经验，提升技术经理人能力，同时开展个性化课程选择，着眼学术界与产业界长期稳定合作关系与交流网络的培育。将高校技术交易平台和地方成果转化平台结合起来，充分挖掘当地技术信息需求，有效打破技术到市场的壁垒，形成较完善的成果转化体系；建议科技部与人力资源和社会保障部制定以职业能力为核心的技术经理人职业认证标准，完善整套技术经理人信用管理体系，依托技术转让机构，对技术经理人进行登记、注册和管理，加强对技术经理人的管理和监督，规范技术交易流程；积极探索技术经理人的职称认定制度，稳步推进技术转移专业职称评定试点工作。尽快健全相关法制，对科技成果转移转化机制及实施流程进行详细说明，规范技术转移行为，明确规定科技成果转移转化的基本收益分配比例，保障技术经理人的合法权益，提升科技成果转化效率和成功率。以点带面形成专题案例库，加强技术经理人自身的维权意识，普及相关维权案例，使技术经理人能够在实际工作中有为自己或他人申诉的权利。

第九，建设多元化与专业化并举的科技服务体系，采取多种方式培养和激励科技成果转化的人才队伍建设。

我国科技中介服务及其机构无论从数量和功能上都远远不能适应科技成果转化的需要，直接影响了科技成果转化的成功率。建议明确不同类型的科技服务机构定位，做到对机构的专业化分工，避免其功能模糊和重复导致的效率低下；加大对科技服务机构和人才的金融财政政策扶持，在收益分配和激励机制中给予更多倾斜，鼓励更多社会力量加入，通过信贷、税金、人才评定等激励手段引导一批示范机构做大做强，提升工作人员积极性，吸引复合型人才加入，提升行业服务水平和质量。通过不断发展科技服务体系，切实满足科技成果转化的需求，实现产业链、创新链的闭环，不同环节的主体通过整体协调共同完成科技成果的精准高效转化。高校应关注科研人员的个人价值实现，如果科研人员的研究成果能够变成产品在市场上被广泛应用，切实解决很多实际问题，这对社会、对世界可能具有更大的影响力，得到更高的评价。为了更好地激发科研人员参与科技成果转化工作的积极性，可以加入除经济激励外的其他激励方式，拓宽现有的科研评价体系，这是政策制定需要考虑的方向。

第十，加强科技成果定价专业人才的培养，持续完善科技成果定价交易的管控体系。

建议以行业科技成果转化的案例为依托，培养更多科技成果转化定价专业人才，支撑科技成果以更多的形式完成定价。同时，针对科技成果信息不对称问题，加强信息流通渠道建设，避免单方市场定价。在定价形式方面，建议采取现金股权结合模式，以少量现金保障科研人员投入回报，以股权激励双方合作，形成良好共赢关系。科研人员在成果转化的过程中需要持续投入很多精力，做很多的技术研发工作将科技成果形成产品。因此科研人员希望企业在交易中尽可能提供现金，避免因公司不分红或是做假账而导致得不到回报甚至造成损失的问题。企业则希望尽可能采取股权的形式，使科研人员的利益与企业形成长期绑定关系，以此激励科研人员在科技成果转化后续工作中的投入。在定价时采取现金股权结合的形式，既在一定程度上分散了高校和科研团队可能面对的股份不分红或贬值的风险，以少量现金保障科研人员投入回报，又以股权激励双方合作，有助于形成良好的互利共赢的信任关系。

参 考 文 献

[1] Miller K, McAdam R, McAdam M. A systematic literature review of university technology transfer from a quadruple helix perspective: toward a research agenda[J]. R&D Management, 2018, 48(1): 7-24.

[2] Mendoza X P L, Sanchez D S M. A systematic literature review on technology transfer from university to industry[J]. International Journal of Business and Systems Research, 2018, 12(2): 197-225.

[3] McAdam M, Galbraith B, McAdam R, et al. Business processes and networks in university incubators: a review and research agendas[J]. Technology Analysis & Strategic Management, 2006, 18(5): 451-472.

[4] 原长弘, 杨鹏, 惠龙, 等. 高等学校科技成果转化研究新进展: 1994～2002[J]. 研究与发展管理, 2003, (6): 94-101.

[5] 陈璐, 张玉清, 于海燕, 等. 我国高校科技成果研究现状、热点和趋势的可视化研究: 基于科学知识图谱分析[J]. 科技管理研究, 2019, 39(17): 99-109.

[6] Zhong B T, Wu H T, Li H, et al. A scientometric analysis and critical review of construction related ontology research[J]. Automation in Construction, 2019, 101: 17-31.

[7] Small H. Co-citation in the scientific literature: a new measure of the relationship between two documents[J]. Journal of the American Society for Information Science, 1973, 24(4): 265-269.

[8] Huang L, Kelly S, Lv K J, et al. A systematic review of empirical methods for modelling sectoral carbon emissions in China[J]. Journal of Cleaner Production, 2019, 215: 1382-1401.

[9] He Q. Knowledge discovery through co-word analysis[J]. Library Trends, 1999, 48(1): 133-159.

[10] Liu J H, Li J, Fan C G. A bibliometric study of pool fire related publications[J]. Journal of Loss Prevention in the Process Industries, 2020, 63: 104030.

[11] Chen C M, Ibekwe-Sanjuan F, Hou J H. The structure and dynamics of cocitation clusters: a multiple-perspective cocitation analysis[J]. Journal of the American Society for Information Science and Technology, 2010, 61(7): 1386-1409.

[12] 喻登科, 刘希宋, 曹霞. 科技成果转化知识管理的产出绩效及其梯度转化过程[J]. 情报杂志, 2011, 30(1): 141-145.

[13] 李玥, 刘希宋. 科技成果转化与知识管理的耦合关系研究[J]. 图书情报工作, 2011, 55(8): 117-120.

[14] 郭英远, 张胜, 杜垚垚. 高校职务科技成果转化权利配置研究: 基于美国常青藤大学的实证研究[J]. 科学学与科学技术管理, 2018, 39(4): 18-34.

[15] 尹航. 基于 BP 神经网络的科技成果转化项目技术经济可行性评价研究[J]. 科学学与科学技术管理, 2008, (5): 99-106.

[16] 周荣, 喻登科, 涂国平. 基于加权交叉效率 DEA 的国家大学科技园科技成果转化效率评价[J]. 科技管理研究, 2015, 35(20): 67-72.

[17] 刘希宋, 成勇. 基于神经网络的科技成果转化评价[J]. 科技进步与对策, 2007, (1): 47-49.

[18] 杜蓉, 姜树凯. 基于模糊积分的科技成果转化风险的评价研究[J]. 科技管理研究, 2008, (10): 55-56.

[19] 刘希宋, 王辉坡. 科技成果转化促进产业技术进步的路径及对策研究[J]. 未来与发展, 2006, (12): 27-29.
[20] 孙卫, 肖红, 原长弘. 美国高校科技成果转化的成功经验及其启示[J]. 科学管理研究, 2006, (3): 114-117.
[21] 田国华, 张胜. 中国大型科技成果转化模式研究: 来自煤制低碳烯烃技术的案例[J]. 科技进步与对策, 2019, 36(5): 26-32.
[22] 张树满, 原长弘, 徐海龙. 转制科研院所如何加速科技成果转化?[J]. 科学学研究, 2018, 36(8): 1366-1374.
[23] 张胜, 郭英远. 简政放权:健全国有科研事业单位科技成果转化的市场导向机制[J]. 科学管理研究, 2014, 32(5): 16-19.
[24] 张树满, 原长弘, 李妍, 等. 协同科技创业与科技成果的有效转化: 基于西安光机所的案例研究[J]. 科学学研究, 2018, 36(4): 644-653.
[25] 郭晓川. 高等学校科技成果转化研究现状评述[J]. 研究与发展管理, 1996, (3): 25-29.
[26] Grimaldi R, Kenney M, Siegel D S, et al. 30 years after Bayh-Dole: reassessing academic entrepreneurship[J]. Research Policy, 2011, 40(8): 1045-1057.
[27] Thursby M C, Fuller A W, Thursby J. An integrated approach to educating professionals for careers in innovation[J]. Academy of Management Learning & Education, 2009, 8(3): 389-405.
[28] Fini R, Grimaldi R, Sobrero M. Factors fostering academics to start up new ventures: an assessment of Italian founders' incentives[J].The Journal of Technology Transfer, 2009, 34(4): 380-402.
[29] Mowery D C, Nelson R R, Sampat B N, et al. The growth of patenting and licensing by U.S. universities: an assessment of the effects of the Bayh-dole act of 1980[J]. Research Policy, 2001, 30(1): 99-119.
[30] Agrawal A, Henderson R. Putting patents in context: exploring knowledge transfer from MIT[J]. Management Science, 2002, 48(1): 44-60.
[31] Ankrah S, Al-Tabbaa O. Universities-industry collaboration: a systematic review[J]. Scandinavian Journal of Management, 2015, 31(3): 387-408.
[32] Petruzzelli A M. The impact of technological relatedness, prior ties, and geographical distance on university-industry collaborations: a joint-patent analysis[J]. Technovation, 2011, 31(7): 309-319.
[33] Laursen K, Reichstein T, Salter A. Exploring the effect of geographical proximity and university quality on university-industry collaboration in the United Kingdom[J]. Regional Studies, 2011, 45(4): 507-523.
[34] Guerrero M, Urbano D. The development of an entrepreneurial university[J]. The Journal of Technology Transfer, 2012, 37(1): 43-74.
[35] Audretsch D B. From the entrepreneurial university to the university for the entrepreneurial society[J]. The Journal of Technology Transfer, 2014, 39(3): 313-321.
[36] Walter A, Auer M, Ritter T. The impact of network capabilities and entrepreneurial orientation on university spin-off performance[J]. Journal of Business Venturing, 2006, 21(4): 541-567.
[37] Di Gregorio D, Shane S. Why do some universities generate more start-ups than others? [J]. Research Policy, 2003, 32(2): 209-227.
[38] O'Shea R P, Allen T J, Chevalier A, et al. Entrepreneurial orientation, technology transfer and spinoff performance of U.S. universities[J]. Research Policy, 2005, 34(7): 994-1009.
[39] Yang Y, Meng G F. A bibliometric analysis of comparative research on the evolution of

international and Chinese ecological footprint research hotspots and frontiers since 2000[J]. Ecological Indicators, 2019, 102: 650-665.
[40] Moore J F. Predators and prey: a new ecology of competition[J]. Harvard Business Review, 1993, 71(3): 75-86.
[41] Adner R. Match your innovation strategy to your innovation ecosystem[J]. Harvard Business Review, 2006, 84(4): 98-107, 148.
[42] Zahra S A, Nambisan S. Entrepreneurship and strategic thinking in business ecosystems[J]. Business Horizons, 2012, 55(3): 219-229.
[43] 陈劲. 企业创新生态系统论[M]. 北京: 科学出版社, 2017.
[44] 周全. 生态位视角下企业创新生态圈形成机理研究[J]. 科学管理研究, 2019, 37(3): 119-122.
[45] 柳卸林, 杨培培, 王倩. 创新生态系统: 推动创新发展的第四种力量[J]. 科学学研究, 2022, 40（6）: 1096-1104.
[46] 柳卸林, 王倩. 创新管理研究的新范式: 创新生态系统管理[J]. 科学学与科学技术管理, 2021, 42(10): 20-33.
[47] 郑帅, 王海军. 模块化下企业创新生态系统结构与演化机制: 海尔集团2005—2019年的纵向案例研究[J]. 科研管理, 2021, 42(1): 33-46.
[48] 张杰, 吉振霖, 高德步. 中国创新链"国进民进"新格局的形成、障碍与突破路径[J]. 经济理论与经济管理, 2017, (6): 5-18.
[49] 丁雪, 杨忠, 徐森. 创新链概念的核心属性与边界: 一项提升概念清晰度的文本分析[J]. 南京大学学报(哲学·人文科学·社会科学), 2020, 57(3): 56-64.
[50] 杨忠, 李嘉, 巫强. 创新链研究:内涵、效应及方向[J]. 南京大学学报(哲学·人文科学·社会科学), 2019, 56(5): 62-70, 159.
[51] 余义勇, 杨忠. 如何有效发挥领军企业的创新链功能: 基于新巴斯德象限的协同创新视角[J]. 南开管理评论, 2020, 23(2): 4-15.
[52] 代明, 梁意敏, 戴毅. 创新链解构研究[J]. 科技进步与对策, 2009, 26(3): 157-160.
[53] 李雨晨, 陈凯华. 面向创新链的国家创新力测度体系构建研究: 多维创新指数的视角[J]. 科学学与科学技术管理, 2019, 40(11): 45-57.
[54] 陈平, 韩永辉. 粤港澳大湾区创新链耦合协调度研究[J]. 学术研究, 2021, (9): 100-106.
[55] 周雪亮, 张纪海, 韩志弘. 创新链驱动的科技园区军民科技协同创新发展模式研究[J]. 科技进步与对策, 2021, 38(6): 105-112.
[56] 王玉冬, 刘雪蕾, 李思泓. 高新技术产业创新链与资金链融合机理综述[J]. 财会通讯, 2021, (12): 19-23, 48.
[57] 蒋欣娟, 吴福象, 丛海彬. 异质性研发、知识溢出与企业创新产出: 基于创新链视角的实证分析[J]. 科技进步与对策, 2020, 37(24): 80-89.
[58] 白京羽, 刘中全, 王颖婕. 基于博弈论的创新联合体动力机制研究[J]. 科研管理, 2020, 41(10): 105-113.
[59] 吴晓波, 张馨月, 沈华杰. 商业模式创新视角下我国半导体产业"突围"之路[J]. 管理世界, 2021, 37(3): 123-136, 9.
[60] 周岩, 赵希男, 冯超. 基于横纵技术溢出的创新联合体合作研发博弈分析[J]. 科技管理研究, 2021, 41(17): 57-68.
[61] 关士续. 基于消费动因的技术创新研究[J]. 中国软科学, 2001, (5): 105-108.
[62] Radicic D, Pugh G, Douglas D. Promoting cooperation in innovation ecosystems: evidence from European traditional manufacturing SMEs[J]. Small Business Economics, 2020, 54: 257-283.

[63] Sandberg B, Aarikka-Stenroos L. What makes it so difficult? A systematic review on barriers to radical innovation[J]. Industrial Marketing Management, 2014, 43(8): 1293-1305.
[64] Katila R, Ahuja G. Something old, something new: a longitudinal study of search behavior and new product introduction[J]. Academy of Management Journal, 2002, 45(6): 1183-1194.
[65] Chattergi A K, Fabrizio K R. Using users: when does external knowledge enhance corporate product innovation?[J]. IEEE Engineering Management Review, 2015, 43(4): 145-162.
[66] Sher P J, Yang P Y. The effects of innovative capabilities and R&D clustering on firm performance: the evidence of Taiwan's semiconductor industry[J]. Technovation, 2005, 25(1): 33-43.
[67] Zobel A K, Hagedoorn J. Implications of open innovation for organizational boundaries and the governance of contractual relations[J]. Academy of Management Perspectives, 2020, 34(3): 400-423.
[68] Hung K P, Chou C. The impact of open innovation on firm performance: the moderating effects of internal R&D and environmental turbulence[J]. Technovation, 2013, 33(10/11): 368-380.
[69] 李新, 李柏洲, 赵健宇. 产学研合作视角下企业技术获取协同及其与创新绩效的关系研究[J]. 运筹与管理, 2017, 26(7): 183-192.
[70] 黄璐, 王康睿, 于会珠. 并购资源对技术并购创新绩效的影响[J]. 科研管理, 2017, 38(S1): 301-308.
[71] Moreira S, Klueter T M, Tasselli S. Competition, technology licensing-in, and innovation[J]. Organization Science, 2020, 31（4）: 1012-1036.
[72] Lee S U, Kang J N. Technological diversification through corporate venture capital investments: creating various options to strengthen dynamic capabilities[J]. Industry and Innovation, 2015, 22(5): 349-374.
[73] Dechenaux E, Thursby J, Thursby M. Inventor moral hazard in university licensing: the role of contracts[J]. Research Policy, 2011, 40(1): 94-104.
[74] 胡国栋, 王晓杰. 平台型企业的演化逻辑及自组织机制：基于海尔集团的案例研究[J]. 中国软科学, 2019, (3): 143-152.
[75] 吕文晶, 陈劲, 刘进. 智能制造与全球价值链升级：海尔 COSMOPlat 案例研究[J]. 科研管理, 2019, 40(4): 145-156.
[76] 杨升曦, 魏江. 企业创新生态系统参与者创新研究[J]. 科学学研究, 2021, 39(2): 330-346.
[77] 马天月, 丁雪辰. 中美贸易摩擦与中国企业创新路径分析[J]. 科学学与科学技术管理, 2020, 41(11): 3-15.
[78] 徐晓丹, 柳卸林. 大企业为什么要重视基础研究？[J]. 科学学与科学技术管理, 2020, 41(9): 3-19.
[79] 高锡荣, 刘思念. 企业基础研究行为驱动模型构建[J]. 科技进步与对策, 2018, 35(20): 64-71.
[80] 眭纪刚, 连燕华, 曲婉. 企业的内部基础研究与突破性创新[J]. 科学学研究, 2013, 31(1): 141-148.
[81] 苏屹, 李柏洲. 大型企业原始创新支持体系的系统动力学研究[J]. 科学学研究, 2010, 28(1): 141-150.
[82] 赵胜超, 曾德明, 罗侦. 产学研科学与技术合作对企业创新的影响研究：基于数量与质量视角[J]. 科学学与科学技术管理, 2020, 41(1): 33-48.
[83] Brettel M, Mauer R, Engelen A, et al. Corporate effectuation: entrepreneurial action and its impact on R&D project performance[J]. Journal of Business Venturing, 2012, 27(2): 167-184.

[84] Chandler G N, DeTienne D R, McKelvie A, et al. Causation and effectuation processes: a validation study[J]. Journal of Business Venturing, 2011, 26(3): 375-390.

[85] Dew N, Read S, Sarasvathy S D, et al. Effectual versus predictive logics in entrepreneurial decision-making: differences between experts and novices[J]. Journal of Business Venturing, 2009, 24(4): 287-309.

[86] Reymen I M M J, Andries P, Berends H, et al. Understanding dynamics of strategic decision making in venture creation: a process study of effectuation and causation[J]. Strategic Entrepreneurship Journal, 2015, 9(4): 351-379.

[87] Tavares-Gärtner M, Pereira P J, Brandão E. Optimal contingent payment mechanisms and entrepreneurial financing decisions[J]. European Journal of Operational Research, 2018, 270(3): 1182-1194.

[88] Lukas E, Reuer J J, Welling A. Earnouts in mergers and acquisitions: a game-theoretic option pricing approach[J]. European Journal of Operational Research, 2012, 223(1): 256-263.

[89] Dixit A K, Pindyck R S. Investment Under Uncertainty[M]. Princeton: Princeton University Press, 1994.

[90] 郭菊娥, 王梦迪, 冷奥琳. 企业布局搭建创新联合体重塑创新生态的机理与路径研究[J]. 西安交通大学学报（社会科学版）, 2022, 42(1): 76-84.

[91] Banerjee S, Güçbilmez U, Pawlina G. Optimal exercise of jointly held real options: a Nash bargaining approach with value diversion[J]. European Journal of Operational Research, 2014, 239(2): 565-578.

[92] 谷晓燕. 基于实物期权的研发项目动态投资决策模型[J]. 中国管理科学, 2015, 23(7): 94-102.

[93] 方奕华, 刘波, 彭瑾. 科技成果转化中试效果影响因素研究：以陕西省为例[J]. 科技进步与对策, 2018, 35(1): 50-58.

[94] Casamatta C. Financing and advising: optimal financial contracts with venture capitalists[J]. The Journal of Finance, 2003, 58(5): 2059-2085.

[95] 晏文隽, 郭菊娥. 基于估值调整协议的风险投资权益分配[J]. 管理工程学报, 2015, 29(4): 186-193.

[96] 阳军, 孟卫东, 熊维勤. 不确定条件下最优投资时机和最优投资规模决策[J]. 系统工程理论与实践, 2012, 32(4): 752-759.

[97] 王玲, 张金锁, 邹绍辉. 序列投资下的石油勘探投资最优时机选择[J]. 中国管理科学, 2020, 28(10): 54-64.

[98] van Norman G A, Eisenkot R. Technology transfer: from the research bench to commercialization: part 1: intellectual property rights-basics of patents and copyrights[J]. JACC: Basic to Translational Science, 2017, 2(1): 85-97.

[99] van Norman G A, Eisenkot R. Technology transfer: from the research bench to commercialization: part 2: the commercialization process[J]. JACC: Basic to Translational Science, 2017, 2(2): 197-208.

[100] Bradley S R, Hayter C S, Link A N. Models and methods of university technology transfer[J]. Foundations and Trends® in Entrepreneurship, 2013, 9(6): 571-650.

[101] 王凯, 邹晓东. 美国大学技术商业化组织模式创新的经验与启示：以"概念证明中心"为例[J]. 科学学研究, 2014, 32(11): 1754-1760.

[102] 吕建秋, 王宏起, 王雪原. 科技成果转化系统的生态化策略[J]. 学习与探索, 2017, (5): 146-149.

[103] 刘启雷, 郭鹏, 李苗, 等. 高校科研院所基础研究成果转化生态系统构建研究: 基于西安市成果转化生态的分析[J]. 科学管理研究, 2018, 36(3): 24-27.

[104] Banker R D, Khosla I, Sinha K K. Quality and competition[J]. Management Science, 1998, 44(9): 1179-1192.

[105] Fudenberg D, Tirole J. Game Theory[M]. Cambridge: MIT Press, 1991.

[106] Dreves A. An algorithm for equilibrium selection in generalized Nash equilibrium problems[J]. Computational Optimization and Applications, 2019, 73(3): 821-837.

[107] Yan W J, Xu X Q, Guo J E. Influencing factors and approaches of public capital income under the guidance fund mode[J]. EURASIA Journal of Mathematics, Science and Technology Education, 2017, 13(12): 8283-8293.

[108] 孟卫东, 王利明, 熊维勤. 创业投资引导基金中公共资本对私人资本的补偿机制[J]. 系统工程理论与实践, 2010, 30(9): 1572-1578.

[109] 李吉栋. 创业投资引导基金的理论与实践[M]. 北京: 冶金工业出版社, 2011.

[110] Fu H, Yang J, An Y B. Made for each other: perfect matching in venture capital markets[J]. Journal of Banking & Finance, 2019, 100: 346-358.

[111] 王健, 盛积良, 庄新田. 基金销售市场双边道德风险、理财经理过度自信与投资者利益保护[J]. 管理工程学报, 2016, 30(2): 133-141.

[112] 陈逢文, 徐纯琪, 张宗益. 基于创投双方潜在努力的最优融资契约研究[J]. 系统工程理论与实践, 2013, 33(3): 642-649.

[113] 燕志雄, 张敬卫, 费方域. 代理问题、风险基金性质与中小高科技企业融资[J]. 经济研究, 2016, 51(9): 132-146.

[114] 赵黎明, 张涵. 基于 Lotka-Volterra 模型的科技企业孵化器与创投种群关系研究[J]. 软科学, 2015, 29(2): 136-139, 144.

[115] Fu H, Yang J, An Y B. Contracts for venture capital financing with double-sided moral hazard[J]. Small Business Economics, 2019, 53(1): 129-144.

附　　录

附录1　成果发明人访谈提纲

（一）背景信息

1. 姓名：
2. 职称/职务：
3. 研究领域/方向：
4. 您所商业化的科技成果是不是在本校做出：

（二）项目立项

1. 该科技项目的立项背景是什么？项目得到哪些资金支持？研究问题是否从产业的实际需求出发，是否与产业的发展紧密结合？预先设定的研究目标是否合理？

2. 项目立项过程是否有企业参与？参与途径和参与程度如何？是否为主动参与？企业是否与研发团队有正式或者非正式（私人）的关系？

（三）转化前期

1. 项目成果的形式有哪些？是单一成果还是一系列成果？如果是一系列成果，是所有成果打包实现转化，还是部分成果实现了转化？

2. 在科技成果转化过程中，您所遇到的障碍来自哪些层面和部门？（管理部门/职员/学校/商业生态环境）

3. 转化的想法是在哪一阶段产生的？是立项阶段、研究阶段，还是已经有明显成果的时候？转化的想法产生的原因是什么？是看到了政策的改变，还是有企业主动联系？

4. 科技成果转化的主要渠道是什么？

5. 您是如何保护知识产权的？

（四）转化对接

1. 该科技成果转化的动力主体是谁？是研发团队主动要求转化，还是高校、科研院所搭桥？或者是企业、政府推动？是否可以将推动科技成果转化主体按重要性进行排序？

2. 该科技成果转化如何寻求对接企业？是通过线上或者线下的服务平台？或者是私人关系等？（推介路演会、成果登记宣传等）

3. 该科技成果转化谈判主体是研发团队还是学校科研院（技术转移办）？研

发团队的话语权有多少?

4. 在和学校技术转移办公室进行合作时,您遇到了哪些问题?

5. 该科技成果转化是如何定价的?转化收益形式有哪些?对收益分配方案是否满意?

(五)持续研发

成果转化过程中是否存在工程问题?如何破解?承载企业能否给予有效支持来合作解决问题?如资金支持、共建工程中心等。

(六)外界帮助

1. 政府部门在转化过程中扮演什么角色?提供了什么帮助?

2. 产学研合作平台(校地共建、校企共建)和产学研技术联盟等对转化过程是否有影响,发挥了什么作用?

3. 该科技成果是否有科技服务机构参与?例如,高校技术转移办公室、中介信息、银行、担保、投资机构等。如果有,其介入的时机和形式是如何的?尤其是融资过程和转化的服务过程,是否有专业的转化服务机构参与?

4. 科技成果转化情况是否作为研发团队的考核晋升(绩效考评、奖励报酬、科研资金支持、职称评定)的参考依据?学校层面政策规定的科技成果转化资产管理制度,科研人员兼职兼薪、在职创业、离岗创业方面有没有实际落地?如果没有,最大的阻碍是什么?您如何看待这个问题?

(七)转后运营

1. 成果转化后研发团队内是否有人在企业内担任职务?在企业负责技术研发,还是管理职务?其原有工作和薪酬如何管理执行?

2. 市场对产品的反响如何?有无在现有基础上对产品进一步改善的计划?在转后运营中有无和企业进行更深入的产学研合作?比如共建产学研合作平台,组建产学研技术联盟等完善政策产学研的合作长效机制。

(八)开放问题

请您谈一谈该科技成果转化中遇到的最大问题是什么?您认为还能从哪些方面入手提升转化的效果?

附录2 主导企业的访谈提纲

(一)企业基本情况

1. 企业性质:

A. 国有及国有控股企业

B. 集体所有制企业

C. 民营企业

D. 混合所有制企业

E. 外商投资、中外合资或港澳台投资企业

F. 其他

2. 企业规模：

A. 1～10 人　　　　　　　　B. 11～50 人

C. 51～100 人　　　　　　　D. 101～500 人

E. 501～1000 人　　　　　　F. 1000 人以上

3. 企业年龄：

A. 成立 1 年及以下　　　　　B. 成立 1 年至 3 年内

C. 成立 3 年以上至 5 年内　　D. 成立 5 年以上至 10 年内

E. 成立 10 年以上

4. 您的职务：

A. 董事长/副董事长　　　　　B. 总经理/副总经理

C. 企业高管　　　　　　　　D. 员工

5. 您的年龄：

A. 25 岁以下　　　　　　　　B. 26～35 岁

C. 36～45 岁　　　　　　　　D. 46～55 岁

E. 56 岁及以上

6. 企业所属行业：

A. 农、林、牧、渔业

B. 采矿业

C. 制造业

D. 电力、热力、燃气及水生产和供应业

E. 建筑业

F. 批发和零售业

G. 交通运输、仓储和邮政业

H. 住宿和餐饮业

I. 信息传输、软件和信息技术服务业

J. 金融业

K. 房地产业

L. 租赁和商务服务业

M. 科学研究和技术服务业

N. 水利、环境和公共设施管理业

O. 居民服务、修理和其他服务业

P. 教育

Q. 卫生和社会工作

R. 文化、体育和娱乐业

S. 其他

7. 企业 2018 年营业收入（万元）：

A. 500 以下　　　　　　B. 501～1000

C. 1001～3000　　　　　D. 3001～5000

E. 5001 及以上

（二）立项研究

1. 是否了解成果背后依托科技项目的立项背景与研究过程？

2. 项目立项和研究过程是否参与？参与途径和参与程度如何？是否为主动参与？企业是否与研发团队有正式或者非正式（私人）的关系？

（三）项目转化

1. 该科技成果转化的动力主体是谁？是研发团队主动要求转化，还是高校、科研院所搭桥？或者是企业、政府推动？是否可以将推动科技成果转化主体按重要性进行排序？

2. 企业是如何对接该科技成果的？是通过线上或者线下的服务平台，还是私人关系等？（推介路演会、成果登记宣传等等）

3. 该科技成果转化对方谈判主体是研发团队还是学校科研院（技术转移办）？

4. 该科技成果转化是如何定价的？您认为影响科技成果转化定价的因素包括哪些？（A 成果发明人的声誉、B 成果质量、C 技术成熟度、D 预期收益、E 市场容量）

5. 企业如何支付转化成果的费用？出让股权还是现金？

6. 目前高校院所科技成果转化的障碍因素都有哪些？重要性排序是什么？（如 A 技术成熟度低、B 国有资产转让审批报备手续烦琐、C 估值过高、D 企业研发人员与高校院所科研人员沟通障碍、E 融资困难）

（四）持续研发

成果转化过程中以及转化后产品的完善过程中是否存在工程难题？如何破解？是否给予有效支持来合作解决问题？如资金支持、共建工程中心等。

（五）多元主体

1. 政府部门在转化过程中扮演什么角色？提供了什么帮助？

2. 产学研合作平台（校地共建、校企共建）和产学研技术联盟等对转化过程是否有影响，发挥了什么作用？

3. 该科技成果是否有中介服务机构参与？如高校技术转移办公室、中介信息、银行、担保、投资机构等。如果有，其介入的时机和形式是如何的？尤其是融资过程和转化的服务过程，是否有专业的转化服务机构参与？

（六）转后运营

1. 成果转化后研发团队内是否有人在企业内担任职务？在企业负责技术研发，还是管理职务？新成立的企业是否引进技术经理人管理？

2. 市场对产品的反响如何？有无在现有基础上对产品进一步改善的计划？在转后运营中有无和高校进行更深入的产学研合作？比如共建产学研合作平台，组建产学研技术联盟等完善政策产学研的合作长效机制。

（七）开放问题

请您谈一谈该科技成果转化中遇到的最大问题是什么？您认为还能从哪些方面入手提升转化的效果？